中国残疾分型谱系：时空格局

Atlas of Classified Disability in China: Spatial Statistics and Pattern

郑晓瑛　王劲峰　编著

科 学 出 版 社

北 京

内 容 简 介

本书共分为三个部分：第一部分为绪论，概述谱系编制的背景、意义与方法；第二部分为序图，展示与残疾研究相关的我国地理、人口、社会经济因素的基本情况；第三部分为中国残疾分型谱系，从总计及分性别的角度，分别展示我国总体残疾、视力残疾、听力残疾、言语残疾、肢体残疾、智力残疾、精神残疾和多重残疾的粗现患率与年龄标化现患率的分布状况。

本书是一部高精度、全覆盖的残疾空间流行谱系，对于全面认知我国各类残疾水平时空分布格局具有重要意义，可供残疾防控决策人员和研究人员参考。

审图号：GS 京（2023）0899 号

图书在版编目（CIP）数据

中国残疾分型谱系：时空格局 / 郑晓瑛，王劲峰编著 . —北京：科学出版社，2023.5

ISBN 978-7-03-074189-9

Ⅰ. ①中… Ⅱ. ①郑… ②王… Ⅲ. ①残疾人－抽样调查－统计资料－中国 Ⅳ. ① D669.69

中国版本图书馆 CIP 数据核字（2022）第 236911 号

责任编辑：彭胜潮 沈红芬 / 责任校对：张小霞

责任印制：肖 兴 / 封面设计：图阅盛世

科 学 出 版 社

北京东黄城根北街 16 号

邮政编码：100717

http://www.sciencep.com

北京汇瑞嘉合文化发展有限公司 印刷

科学出版社发行 各地新华书店经销

*

2023 年 5 月第 一 版 开本：880×1230 1/16

2023 年 5 月第一次印刷 印张：11 1/2

字数：400 000

定价：280.00 元

（如有印装质量问题，我社负责调换）

“积极应对人口老龄化：发展老年学”丛书

（供公共卫生与预防医学、老年医学、康复医学、空间统计学、社会保障、社会工作、公共管理与政策、社会人口学、经济学等专业使用）

本书出版得到以下机构支持：

中国老年学和老年医学学会

中国残疾人康复协会

中国康复技术转化及发展促进会

中华预防医学会残疾预防与控制专业委员会

特此致谢！

《中国残疾分型谱系：时空格局》
编著工作组

主　　任　郑晓瑛　王劲峰

副 主 任　汪　洋　罗雅楠

秘 书 长　范慧芸

副秘书长　梁雨廷

成　　员　（按姓氏汉语拼音排序）

陈　晨　中国医学科学院北京协和医学院群医学与公共卫生学院

范慧芸　北京大学人口研究所 / 北京大学 APEC 健康科学研究院

郭　超　北京大学人口研究所 / 北京大学 APEC 健康科学研究院

郭建刚　中国科学院地理科学与资源研究所

类延辉　中国科学院地理科学与资源研究所

梁雨廷　中国科学院地理科学与资源研究所

刘运铎　北京大学人口研究所 / 北京大学 APEC 健康科学研究院

罗雅楠　北京大学公共卫生学院，北京大学 APEC 健康科学研究院

苏彬彬　中国医学科学院北京协和医学院群医学与公共卫生学院

汪　洋　中国科学院地理科学与资源研究所

王劲峰　中国科学院地理科学与资源研究所

王一然　北京大学人口研究所 / 北京大学 APEC 健康科学研究院

闫　滨　中国科学院地理科学与资源研究所

赵艺皓　中国医学科学院北京协和医学院群医学与公共卫生学院

郑晓瑛　中国医学科学院北京协和医学院群医学与公共卫生学院

责任编辑　彭胜潮　沈红芬

制　　图　高晓梅

序　一

回忆起20世纪90年代中期，中国国家残联致力于开展和推动残疾人“人人享有康复服务”的规划制定时，就是因为缺乏中国残疾分型谱系，没能做到规划的精准化。由此可见，及时、准确地掌握残疾水平分布格局等信息，是中国乃至全球范围内残疾人事业建设推进过程中长期面临的难题。残疾大规模流行病学调查需要耗费大量的人力、物力，实现难度大、成本高，给残疾信息化管理和残疾风险精准定位带来了巨大挑战。从全球范围来看，不仅发达国家空间区域残疾发生水平、分布、模式等轨迹谱系证据缺位，发展中国家关于全国性残疾调查的数据资料更是缺乏。中国作为唯一拥有全国性残疾人口调查数据的发展中国家，现阶段最全面、最新的全国性大规模残疾人口调查也停留在2006年的第二次全国残疾人抽样调查。虽然，中国每年针对持证残疾人和新纳入持证残疾人进行动态更新，并在一定程度上掌握了残疾人口服务需求利用等情况，但由于持证率较低等原因，使动态更新中能追踪到的残疾人规模远小于实际。2006年第二次全国残疾人抽样调查数据显示，中国残疾人口超过8 000万；但截至2020年底，实际持证残疾人仅3 781万，还不足根据调查测算的残疾人规模的一半。

20余年来，郑晓瑛教授和王劲峰研究员率领的团队一直坚守在人口健康、残疾研究与空间分析技术等交叉学科领域研究，取得了一系列的创新成果。2022年两个团队再度合作开展研究，并编著了《中国残疾分型谱系：时空格局》，为探索中国人口残疾水平及分布做出了新的贡献。该研究成果属全球范围对残疾谱系研究的一次创新，它基于残疾流行病学和空间统计学等多学科理论与方法，利用局部抽样调查数据以最优精度还原了中国2 842个县的分类型、分性别残疾谱系，是一次关于残疾领域空间流行病学的探索，为中国乃至全球残疾信息化管理开拓了新思路。回想起这些年来王劲峰研究员团队参与《中国癌症地图》的研制，进行耐药结核等专题流行病学、空间统计学等多学科研究项目的探讨，通过这一《中国残疾分型谱系：时空格局》研制，又将该理论与方法扩展到人口残疾领域，这是十分可喜可贺的。

致残机制极为复杂，不仅涉及从病理、损伤、功能受限到残疾等动态变化过程，也涉及社会经济、文化、环境、政策等方方面面。《中国残疾分型谱系：时空格局》从多学科、多领域和多维度，将残疾流行病学与空间分析技术有机融合，运用空间统计三位一体分析框架和空间分异统计理论，综合考量残疾的空间分布和影响因素，科学创建了多层级、全方位的人口健康结局空间无偏最优估算体系。利用734个样本县信息，推算了全国2 842个县的总体残疾、视力残疾、听力残疾、言语残疾、肢体残疾、智力残疾、精神残疾和多重残疾水平，突破性地形成了一套完整的中国人口残疾分型谱系，深度挖掘既往调查数据的新价值。

《中国残疾分型谱系：时空格局》不仅是对残疾数据信息的可视化表达，更是对学科交叉融合研究的推进，以及残疾发生发展空间变异性解析思想、科学理论方法的展现。该成果基于有限的局部调查资料无偏最优估算全局分布，避免了大规模横断面流行病学普查耗时耗力问题。研究成果所呈现的各类残疾发生发展轨迹的空间变异模式，无论对政策制定者还是研究者而言，都是极其宝贵的科学文献。该研究作为全球范围内首次针对残疾空间流行病学研究开展的创新尝试，将为世界各国开展残疾研究和残疾信息化管理提供重要思路，特别是对发展中国家利用局部调查资料推断全区域结果提供了高效益、低成本的研究路径和范式。该成果的发布与传播，是推动中国在全球残疾治理领域话语权提升的重要契机，将对全球残疾问题研究产生深远的影响。

北京大学公共卫生学院

2023年3月

序　二

残疾是人类的一种生存状态，几乎每个人在生命某一阶段都会经历残疾风险。残疾是生命全过程中因病理、损伤等导致功能受限或功能障碍等状态的延续，残疾风险在人口增龄过程中不断累积，严重威胁人类的生存发展。人口老龄化背景下，残疾尤其是与老龄相关的残疾给社会经济发展和人民健康水平提升带来了巨大挑战。随着现代化进程高速推进、人口老龄化程度不断加深及慢性病水平持续增长，残疾人口规模仍在不断扩大。据调查，我国残疾人口规模由1987年的5 164万增长到2006年的8 296万；据中国残疾人联合会推算，2010年末我国约有8 502万残疾人。进入21世纪，残疾人事业发展状况已成为制约各国经济发展的短板及衡量社会文明程度的标杆之一，做好残疾人工作任重而道远。

残疾预防是成本最低、效果最好的社会战略，是提升人口老龄化背景下健康储量和生存质量的重要举措。党的十八大以来，推动残疾人事业高质量发展始终是我国“五位一体”总体布局和“四个全面”战略布局的重要内容，残疾防控成为贯彻党中央和国务院决策部署的关键之举。作为中国第一个残疾预防的顶层设计，《国家残疾预防行动计划（2016—2020年）》对加强残疾预防和有效减少、控制残疾发生发展从国家战略高度进行了统筹部署，强调要以人民为中心、以基层为重点，将残疾预防融入经济社会发展各领域，提高全社会残疾风险综合防控能力，有力保障人民群众生命安全和身体健康。新一轮的《国家残疾预防行动计划（2021—2025年）》特别强调了人口老龄化背景下残疾治理和防控的重要意义。精准实施残疾防控不仅是贯彻国家部署、实现全面推进健康中国建设、实施积极应对人口老龄化国家战略等目标的重要举措，更是推进实现世界卫生组织“健康老龄化行动十年”目标和联合国“千年发展目标”的关键。

精准实施残疾防控，需要精准研判各类残疾的发生水平、分布模式和发展格局，从而为覆盖全人口及贯穿生命全程早预防、早发现和早干预的科学精准残疾防控提供支撑，也为残疾防控资源配置进一步优化提供参考依据。当前，研判各类型残疾构成谱阶和发生发展过程是国内外残疾研究与治理亟待解决的重点和难点。我国作为人口大国和残疾统计信息调查走在前列的发展中国家之一，应承担起为残疾防控工作提供科学证据的责任，积极传播残疾相关研究成果，以提升全球范围在残疾防控方面的相关治理能力。

郑晓瑛教授团队和王劲峰研究员团队扎根于人口健康和残疾领域，协同研究20余载，产出了大量学术成果，为攻克从出生到生命后期阶段残疾防控难题奠定了重要的科学基础。近期，郑晓瑛教授和王劲峰研究员率领团队开展了中国人口残疾空间流行谱系的相关研究，完成了《中国残疾分型谱系：时空格局》的编制。该研究成果融合了人口学、流行病学、空间统计三位一体框架和空间分异统计理论、群医学和公共医学等多学科理论方法，首次全面、立体、无偏最优高精度地还原了我国2 842个县域的人口残疾流行规律和空间区域内各类型残疾构成谱系。这将助力于解决当前残疾精准防控的瓶颈问题，对残疾精准防控重点的确立和政策制定及实现因地制宜的残疾防控资源配置优化具有重大意义。

中国工程院院士

中国疾病预防控制中心传染病预防控制所所长

传染病预防控制国家重点实验室主任

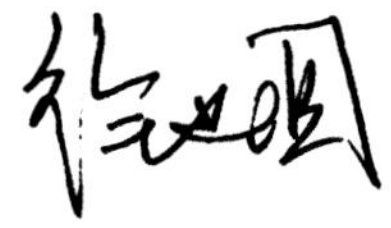

2023 年 3 月

前　言

残疾风险伴随着每个人的整个生命历程，年龄越大风险越高。人口预期寿命的显著延长让更多人可能由于不同原因、在不同的生命阶段经历残疾。世界上现有约1/7人口患有某种形式的残疾（WHO，2020），在全球老龄化背景下，“残疾老龄化”和“老龄残疾化”叠加效应所带来的双重负担日益凸显。在中国，残疾人口规模已由1987年的5 164万增长到2006年的8 296万（乔尚奎 等，2014）。据预测，如果不进行有效防控，2030年我国残疾人口规模将超过1.36亿（Luo et al，2021）。因此，精准有效的残疾防控十分紧迫而必要。

长期以来，各国关于各类型残疾构成谱系和发生发展过程并不清晰，使得残疾精确防控和防控资源配置优化难以进一步推进：发达国家的空间区域残疾发生水平、分布、模式等轨迹谱系证据缺位，发展中国家关于全国性残疾调查的数据资料缺乏。全球范围内都亟待开展残疾谱系相关研究，以厘清空间、时间和人群中残疾水平与分布格局，为残疾精准防控提供科学依据。中国在1987年和2006年开展两次全国残疾人抽样调查，作为少数拥有全国范围残疾人口抽样调查数据的发展中国家和人口大国，有责任为世界人口残疾的精细化研究与治理提供科学的理论和方法证据。

郑晓瑛教授和王劲峰研究员团队在残疾研究领域合作研究20余年，不断探索和总结残疾研究中的科学问题及亟待解决的关键科学问题，已在人口健康和残疾防控领域发表了大量学术成果，并于2022年组成医学健康与空间统计交叉学科团队，从事中国人口残疾空间流行谱系研究工作，包括开源数据收集整理、专业数据库建设、统计模型构建、数据处理与验证、后期资料整理、制图及文字编撰等，完成《中国残疾分型谱系：时空格局》的编制。为了最大程度地保证基础数据的可靠性，研究使用的残疾数据均来源于公开发表、经过同行评议的文献（年鉴）资料，以我国有数据信息的734个县（市、区、旗）为基础，基于空间抽样与统计推断三位一体框架和空间分异性统计方法，考虑残疾性质和样本条件，选择和构建最佳适配模型，对残疾调查样本数据进行无偏最优推断得到全局结果，通过统计学严格的真值交叉检验，实现中国残疾水平在县级分辨率的三间分布，全面立体地高精度还原我国2 842个县级人口残疾水平与分布格局，形成一套系统、精细的国家级残疾谱系。

《中国残疾分型谱系：时空格局》共分为三个部分：第一部分为绪论，概述谱系编制的背景、意义与方法；第二部分为序图，展示与残疾研究相关的我国地理、人口、社会经济因素的基本情况；第三部分为中国残疾分型谱系，从总计及分性别的角度，分别展示我国总体残疾、视力残疾、听力残疾、言语残疾、肢体残疾、智力残疾、精神残疾和多重残疾的粗现患率与年龄标化现患率的分布状况。这是我国迄今为止第一部高精度、全覆盖的残疾空间流行谱系，对全面认知我国各类残疾水平时空分布格局具有重要意义，冀望能够助力于我国残疾研究和精准防控工作进一步发展。

《中国残疾分型谱系：时空格局》编著工作组

2023年3月

摘　要

全民健康是社会发展的基本保障，而残疾风险给人口健康带来了沉重的负担和挑战。作为人类的一种生存状态，残疾影响着每一个人。几乎每个人在生命的某一阶段都可能发生暂时或永久的损伤，而步入老龄的人更将经历不断增加的功能障碍。随着中国老龄化进程的不断深化，“残疾老龄化”和“老龄残疾化”叠加效应带来的双重负担日益凸显，促使残疾规模加速增大。因此，及时有效的残疾防控需要精准定位人群年龄、性别、区域结构中的“健康—疾病—残疾”风险，从而真正实现纵向贯穿全生命周期和横向全空间无缝到边的早预防、早发现和早干预，避免其积累到老年时期和地理空间聚集性暴发。残疾不是孤立存在的，不仅由残疾人口自身的遗传、疾病和伤害等原因导致，也与其所处的社会经济环境和自然环境等因素密切相关。对残疾风险进行精准定位，需要全方面、多维度地考察残疾发生的人口特征、原因和危险因素，探寻其在一定时间、空间和人群中发生发展的轨迹。

本研究以734个县级数据为基础，全面立体地高精度还原我国2 842个县的人口残疾水平与分布格局。研究基于全国残疾人抽样调查年鉴数据及相关开源资料，通过文献回顾和专家意见咨询，筛选并确定性别年龄结构、致残原因、社会经济状态、居住地区等作为解释变量，解释变量数据来源于第五次人口普查。残疾调查数据及解释变量数据经过行政区划编码，纵向连接构成可供查询、统计分析和可视化的数据库。样本推断总体的模型选择的基本思路遵循空间统计三位一体框架和《地理信息 空间抽样与统计推断》国家标准，以保证给定空间精度条件下的统计精度最优。其原理是样本推断总体的误差由总体性质、样本条件、估计量及其相互作用三位一体所决定。本研究综合考虑不同种类残疾特性及样本条件，利用统计量识别解释变量基本特性（空间分层异质性、空间自相关性和变量解释力），进而选择最佳适配的方法与模型（本研究中备选的主要方法模型为三明治模型、克里金模型及贝叶斯层次模型），对残疾调查样本数据进行无偏最优推断，最终得到全局分布结果，实现中国残疾水平在县级层面的时空分布可视化，全面立体地展现一定时期内我国人口残疾分类别、分性别的流行强度及分布特征。

本研究从多学科、多领域和多维度将空间分析技术与人口健康流行病学研究有机结合，科学构建出多层级、全方位的人口健康结局空间估算体系，形成一套完整的中国人口残疾谱系。本研究突破了横断面数据的常规研究方法，全面立体地反映一定时间、空间和人群的残疾分布特征，更为深入地探究了全生命周期人口残疾的数量、结构、分布、发展与转归的同质性和异质性。首次实现了残疾水平在全国2 842个县的县级层面精细表达，克服了数据短缺所带来的局限性，由有限的残疾局部调查资料得到无偏最优的全局估算结果，更契合我国基层治理的现实需要，为残疾的精准防控及效果评价、公共政策制定及资源配置优化提供科学依据。研究创立的全龄人口残疾数据及其相关变量数据仓库，将进一步提升对残疾人口分类型发生发展的研究水平，对中国特色残疾人事业信息化建设起到推动作用。本研究是对人口残疾流行病学数据多层面发掘技术的融合与探索，结合了人口学、流行病学、空间统计学、群医学、公共医学和数学等多学科研究方法，是对残疾空间流行病学研究方法的丰富和发展，并为健康领域其他研究提供实践经验与科学参考。

Abstract

Population health is the basic guarantee for social development, while the risk of disability leads to a high burden and challenge to population health. As part of the human condition, disability influences each individual. Almost everyone will be temporarily or permanently impaired at some point in life, and those living into old age will experience increasing difficulties in functioning. In China, with the rapid development of population aging, the double burden from "aging with disability" and "aging into disability" has become increasingly prominent, accelerating the rise of the amount of disability.

Therefore, timely, effective and precise prevention and control of disability is necessary. Accurately locating the risks during the process from "health-morbidity-disability" by population structures (age, sex and region) is one of the most important ways to truly realize early prevention, early detection and early intervention for disability throughout the whole life course, avoiding outbreaks for the aggregated risks of disability in later life.

The incidence of disability is not only caused by genetic abnormalities and disease and injury risk factors but is also closely related to socioeconomic conditions and the natural environment. To accurately locate the risk factors for disability, exploring its population distribution and risk factors from multiple dimensions and its spatial epidemiological spectrum of the development trajectory in a certain time, space and population is essential.

This study obtained data from the Second National Sample Survey on Disability, 2006, to estimate the prevalence of disability in 734 counties. Through the literature review and expert opinions, the factors of sex and age structures, causes of disability, socioeconomic status, and residence were selected as the explanatory variables obtained from the Fifth National Population Census in China. The disability survey data and explanatory variables were coded by administrative divisions in China and vertically connected to form a database for query, statistical analysis and visualization. The basic idea of model selection for sample extrapolation to the population follows the spatial statistic trinity (SST) framework and *Geographic information—Spatial sampling and statistical inference*. The principle is that the error in the inference of the sample to the population is determined by the trinity of the nature of the population, the conditions of the sample, and estimator and their interactions. In this study, we considered the characteristics of different types of disabilities and sample conditions and used statistics to identify the basic characteristics of explanatory variables (spatial heterogeneity, spatial autocorrelation, etc.). Then, we selected the most suitable method and model (the main alternative models in this study were sandwich model, Kriging model, and Bayesian hierarchical model), chose the combination of explanatory variables with the best explanatory power to make unbiased and optimal extrapolations on disability survey sample data, finally obtained global results to visualize the spatial distribution of disability levels in China at the county level, and presented a comprehensive picture of the epidemic, distribution characteristics and influencing factors of disability in China's population.

Combining techniques from spatial analysis with epidemiology, we constructed a multiple stratified and dimensional spatial estimation system for population health outcomes and created the spatial epidemiological spectrum of disability in China. The strengths of this study include the following:

First, this study breaks through the conventional research methods of cross-sectional data, comprehensively and stereotypically reflects the distribution characteristics of disability in a certain time, space and population, and further explores the homogeneity and heterogeneity of the number, structure, distribution, development and health outcome of disability in the whole life cycle population. Second, it is the first study to present the regional distribution of disability status in 2 842 counties in China, overcoming the shortage of disability data sources. The unbiased and optimal global estimation results obtained from the limited disability survey data provide a reliable database and spatial spectrum for the precise prevention and control of disability and effect evaluation. In addition, it provides a strong basis for national and local relevant departments to implement disability prevention, formulate public policies and optimize resource allocation. Third, this study creates a disability data warehouse covering the whole age population, which increases the capacity of precision gradient management for population health and disability risk datasets and enhances the level of capacity of disability development research. Then, the informatization construction of disability in China is promoted.

This study is an interdisciplinary exploration for epidemiological data excavation, with the interdisciplinary methods of demography, epidemiology, spatial statistics, population medicine, public health and math, which enriches and develops the spatial epidemiology methods for disability. It will also provide important practical experience and value for other health research.

目　　录

第一部分

绪　论

· 引言

· 数据与方法

· 价值与意义

引　言

根据《国际功能、残疾和健康分类》（ICF）定义，残疾（disability）是一种涵盖损伤、活动受限和参与局限在内的概括性术语。残疾（功能减弱或丧失）是人类的一种生存状态，几乎每个人在生命的某一阶段都可能发生暂时或永久的损伤，而步入老龄的人们更将经历不断增加的功能障碍（WHO，2011）。残疾风险伴随着每一个人，随着社会经济的快速发展，生活条件不断改善，人口预期寿命显著延长，从全生命周期的角度来看，更多的人可能由于不同的原因、在不同的生命阶段进入残疾状态，而采取适当措施可以有效预防多数残疾的发生（世界卫生组织，2014）。

全民健康是社会发展的基本保障，残疾防控与个人健康、家庭幸福、国家经济社会持续发展息息相关。在我国，党和国家高度重视残疾防控工作。近年来，为加强残疾预防工作，有效减少、控制残疾的发生发展，推进健康中国建设，先后出台《中共中央 国务院关于促进残疾人事业发展的意见》、《国务院关于加快推进残疾人小康进程的意见》（国发〔2015〕7号）、《国务院办公厅关于印发国家残疾预防行动计划（2016—2020年）的通知》（国办发〔2016〕66号）、《国务院关于印发“十四五”残疾人保障和发展规划的通知》（国发〔2021〕10号）、《国务院办公厅关于印发国家残疾预防行动计划（2021—2025年）的通知》（国办发〔2021〕50号）等一系列政策规划，并取得了卓越成效。“十四五”时期，进入全面建设社会主义现代化国家新征程、向第二个百年奋斗目标进军的第一个五年，《国务院办公厅关于印发国家残疾预防行动计划（2021—2025年）的通知》（国办发〔2021〕50号）进一步强调了包括预防为主、以基层为重点、以改革创新为动力在内的指导思想，明确提出了进一步健全全人群全生命周期残疾预防服务网络等一系列工作目标。

我国正处于高速发展的现代化、工业化、城镇化进程中，先天性残疾尚未有效控制，慢性病、精神障碍、意外伤害等获得性残疾的风险同时也在显著增加，与此同时，中国老龄化程度的不断加深，更使得“残疾老龄化”和“老龄残疾化”叠加效应带来的双重负担日益凸显。据报道，我国有超过8 500万残疾人（国发〔2021〕10号），数量多、负担重，进一步加强了实现残疾预防目标的艰巨性和复杂性。及时有效的残疾防控需要精准定位人群年龄、性别、区域结构中的“健康—疾病—残疾”风险，如此才能够真正实现贯穿全生命周期的早预防、早发现和早干预，避免积累到老年时期聚集性暴发。受到客观条件的限制，对全人口进行全方位的跟踪和监测只是一种理想状态，难以真正实现。因此，需要探寻更低成本和更高效率的方法，以解决精准防控残疾这一科学问题。

残疾不是孤立存在的，不仅由残疾人口自身的遗传、疾病和伤害等原因导致，也与所处的社会经济环境和自然环境等因素密切相关。对残疾风险进行精准定位，需要全方位、多维度地考察残疾发生的人口特征、原因和危险因素，探寻残疾在一定时间、空间和人群中发生发展的轨迹谱。本研究基于全国残疾人抽样调查年鉴数据及相关文献资料，以734个县的总体残疾水平，以及视力、听力、言语、肢体、智力、精神和多重残疾等主要类型残疾水平作为基本研究对象。通过大量查阅国内外文献资料，咨询专家意见，筛选并确定性别年龄结构、致残原因、社会经济状态、居住地区等作为解释变量。残疾调查数据及解释变量数据经过行政区划编码，纵向连接构成可供查询、统计分析和可视化的数据库。基于空间抽样与统计推断三位一体原理和空间分异性统计，考虑残疾性质和样本条件，选择和构建最佳适配的方法与模型，对残疾调查样本数据进行无偏最优推断得到全局结果，并通过交叉验证法对结果进行检验。最终，首次实现中国残疾水平在县级层面的空间谱系可视化，全面立体地展现一定时期内我国人口残疾分类型、分性别的流行强度及分布特征，从而为人口健康促进与残疾预防研究、国家或地区健康状况评价、卫生政策制定和资源配置优化提供重要依据，对构筑残疾预防体系、提高全社会残疾风险精准防控能力、保障人民群众生命安全和身体健康具有重要意义。

数据与方法

一、数据说明

1. 变量说明及数据来源

残疾水平是衡量国家社会经济发展和人口健康水平的一个重要指标，本研究分别对总体残疾、视力残疾、听力残疾、言语残疾、肢体残疾、智力残疾、精神残疾和多重残疾展开研究，分别以其总体及分性别现患水平作为研究对象。

残疾不是孤立存在的，不仅由残疾人口自身的遗传、疾病和伤害等原因导致，也与所处社会经济环境和自然环境等因素密切相关（郑晓瑛 等，2008；Zheng et al，2011；张蕾 等，2012）。因此，在残疾数据空间估算代理变量选择时，需要从多维度、多途径收集反映残疾发生的人口特征、直接致残原因和相关危险因素作为重要参考依据。通过对残疾研究领域已有的国内外成果和专家共识进行剖析与论证，考虑到人口年龄结构老化对残疾人口规模的增加具有重要的推动作用，各类残疾均具有较为明显的性别差异，各类残疾都有显著的城乡差异，且农村地区的残疾现患率均高于城市，区域社会经济发展水平与医疗卫生条件对残疾的地区分布有着显著影响（郑晓瑛 等，2008；崔斌 等，2009；张蕾 等，2012；Zheng et al，2011；Loyalka et al，2014；Guo et al，2020），最终选取性别、年龄、婚姻等人口特征指标，文化、职业、收入等社会经济指标，以及遗传发育、疾病和伤害等致残原因指标作为解释变量，并分别通过出生性别比、65岁及以上老年人口占比、离婚率、丧偶率、死亡率、城镇化率、平均受教育年限、文盲率、三次产业从业人员比例、造成残疾的遗传和发育问题、各类疾病，以及中毒、意外伤害等在某一类残疾的构成比作为解释变量。各类残疾选取的代理变量详见附录A。

研究所使用的残疾数据来源于第二次全国残疾人抽样调查年鉴数据（附录C）及相关研究成果（郑晓瑛 等，2008；Zheng et al，2011；Fan et al，2022），解释变量数据来源于第五次全国人口普查数据。受研究数据限制，港澳台地区的人口残疾情况未纳入本次研究。

（1）第二次全国残疾人抽样调查调查方法说明

第二次全国残疾人抽样调查是我国近20年来最大规模的残疾人调查，调查的标准时间为2006年4月1日0时（北京时间），在31个省、自治区、直辖市同时进行。调查以全国为总体，调查对象是具有中华人民共和国国籍的常住人口，以家庭户为基本单位，采用分层、多阶段、整群、概率比例抽样方法，共抽取734个县级单位、2 980个乡级单位、5 964个调查小区，共计调查771 797户、2 526 145人，抽样比为1.93‰。调查内容包括住户调查、残疾人调查和社区调查：住户调查包括住户一般状况和住户成员基本特征，并按照残疾评定标准评定住户成员是否患有残疾及残疾类别；残疾人调查评定了各类残疾人的残疾等级，重点调查了残疾人的致残原因、活动和参与能力、生活状况及主要需求；社区调查包括残疾人所在社区的人口状况、社区康复和公共服务机构情况等方面。调查数据核查结果显示，登记人数漏报率为1.31‰，残疾人数漏报率为1.12‰，相对误差符合数据质量要求，调查结果整体具有较高的代表性、完整性、可靠性和准确性（第二次全国残疾人抽样调查办公室，2007）。

（2）第五次全国人口普查调查方法说明

第五次全国人口普查登记以2000年11月1日0时（北京时间）为标准时间，普查登记的对象是具有中华人民共和国国籍并在中华人民共和国境内常住的人口。第五次全国人口普查采用了长短两种普查表。普查表短表为反映人口基本状况的项目，普查表长表包括所有短表内容和有关迁移、受教育、经济活动、婚姻家庭、生育和住房等情况的项目。各省、自治区、直辖市按10%的抽样比例在每个调查小区的家庭户和集体户中抽取普查表长表调查户。普查后的质量抽查结果显示总人口漏登率为1.81%（国家统计局，2002）。

2. 数据库构建

本研究以2006年行政区划为基准，对全部残疾现患率数据及其相应的解释变量数据进行匹配整理。解释变量数据经2006年行政区划编码后，与残疾指标纵向连接构成可供查询、统计分析和可视化的基础数据库，为后续建立空间估算模型体系准备空间数据基础。

二、空间统计三位一体框架

样本推断总体的模型选择遵循“空间统计三位一体框架”（spatial statistic trinity，SST）（Wang et al，2020）和《地理信息 空间抽样与统计推断》国家标准（GB/Z 33451—2016）。其原理：样本推断总体的误差由总体性质、样本条件、估计量及其相互作用三位一体所决定的（图1-1、图1-2）。

图1-1示意空间信息从总体流向样本再流向估计量。其中，红色的IID、SAC、SSH和MIX分别代表独立同分布、空间自相关性（spatial autocorrelation，SAC）、空间分异性（spatial stratified heterogeneity，SSH），以及同时存在空间自相关性和空间分异性的四种典型地学对象类型；蓝色的是抽样方法，分别代表简单随机抽样、系统抽样、分层随机抽样等；绿色的是估计量，代表简单随机抽样的推断、分层随机抽样的推断、克里金法和MSN等；魔方中的每个方块代表总体、抽样方法和推断的一个组合，表示一个统计推断结果；最右边一列的字母是三者组合的例子，第一个字母代表总体，中间的字母代表抽样方法，第三个字母代表统计推断方法。

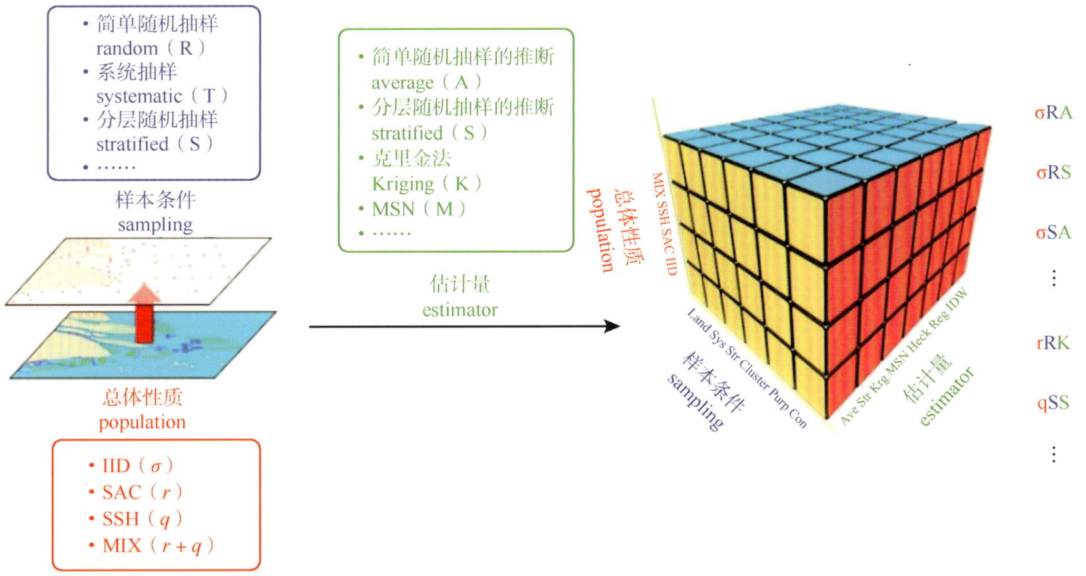

图1-1　空间统计三位一体框架（Wang et al，2020）

IID（σ）. 独立同分布；SAC（r）. 空间自相关性；SSH（q）. 空间分异性；MIX（$r+q$）. 同时存在空间自相关性和空间分异性

图1-2是空间统计三位一体框架查表。其中“行”表示总体是否存在空间自相关性（SAC），用莫兰指数（Moran，1950）或半变异函数（Mathron，1963）进行判断，如$I=0$或$I\neq 0$分别表示不存在或存在SAC，存在SAC的总体用阴影表示；“列”表示总体是否存在空间分异性（SSH），用地理探测器q统计（Wang et al，2016）判断，如$q=0$或$q\neq 0$分别表示不存在或存在SSH；空间分层用曲线多边形示意。又根据样本是否覆盖所有层划分为两列：点代表样本单元，所有层均有样本则样本无偏（右数第二列），有些层没有样本则样本有偏（最右列）。不同总体和不同样本条件的最佳估计量写在格子中，例如简单随机抽样（simple Ave）、克里金模型、三明治模型、MSN模型、Heckman模型、B-Shade模型、SPA模型等。如果解释变量强，用皮尔逊相关系数度量，则用贝叶斯层次模型（BHM）。

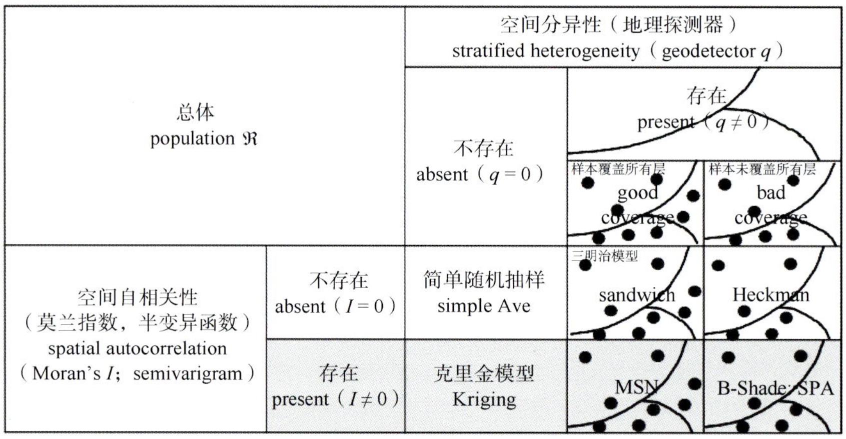

图 1-2 基于SAC（阴影填充的单元格）和SSH（由曲线划分的单元格）的空间模型选择（Wang et al，2020）

三、模型选择与构建

样本推断总体的模型选择基于空间统计三位一体框架（Wang et al，2020），见上文和图1-1、图1-2。首先对不同种类残疾总体的性质进行检验，再根据样本条件选择最佳空间外推（spatial prediction）模型（图1-2），达到误差最小。

若残疾的变量解释力强，则选择贝叶斯层次模型；由空间自相关性主导，选择克里金模型；由空间分层异质性主导，则选择三明治模型。而在多种特征都不是很明显的情况下，则使用融合的思路，在每个报告单元以方差反比加权的形式对三种方法的计算结果进行融合，从而得到最终结果。这样能够最大程度地将不同方法的特点结合，得到最优估算结果。

1. 三明治估算模型

三明治估算（sandwich estimation）模型用于具有分层异质性总体的多单元报告空间估计（图1-3）。它由样本层、知识层和报告层三层组成，因此被称为三明治估算模型（Wang et al，2013）。知识层是根据总体的空间分异性对研究区各单元分类，通常情况下分类遵循类内方差最小而类间方差最大的原则，同时兼顾各类内有样本。对总体的分类可以使用先验知识、历史数据或协变量建立（Wang et al，2016），例如，气候带分区（regionalization）、城乡分类（classification）等。报告层由行政单位、格网或者其他根据研究需求的多边形组成，例如全国县域单元、1km格网等。从样本层到知识层再到报告层，信息流和误差流携带着估计均值与采样误差逐层传递。三明治估算模型的优点在于利用空间分异性可以用较少的采样量实现多单元报告，提供了一种非常直接且相对简单的方法以解决多报告单元的估算问题，并在多边形系统之间传输数据。

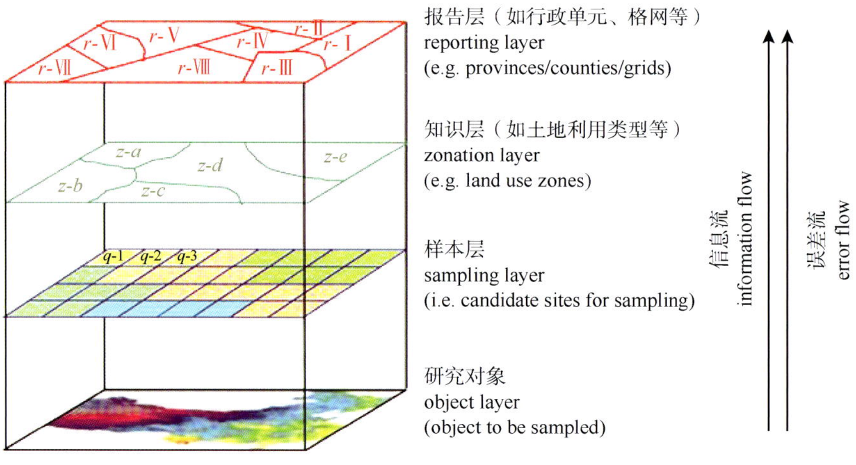

图 1-3 三明治模型估算原理示意图（Wang et al，2013）

在确定了特定残疾类型的影响因素代理变量后，对每个筛选出的解释变量，按照类，统计学称为层，使得层内（within stratum）残疾现患率方差最小、不同层间（between strata）方差最大为原则进行分层（stratification），预期分层数目为L。分层计算之后，利用地理探测器衡量初始分层所反映的分层异质性强度，用值度量，即

$$q = 1 - \frac{1}{N\sigma^2}\sum_{h=1}^{L} N_h \sigma_h^2$$

式中，N和σ^2分别表示总体的单元数目和方差，下角标h=1，…，L表示层（stratum）。q的范围为[0，1]，q = 0表示不存在分层异质性，q = 1表示完美分层，层内呈现均质状态（homogeneous），即层内所有单元该残疾类型的现患率完全相同。对该残疾类型的每个解释变量按照最优分层（即q值最大所对应的分层）选拔出最佳分层变量及其最佳分层方案（分层数目和最佳划分），计算每层残疾监测样本点的均值和方差，作为该残疾类型该解释变量所对应的结果。

首先，样本空间分层抽样放置到各层中，层h的均值和方差为

$$\bar{y}_h = (1/n_h)\sum_{p=1}^{n_h} y_p$$

$$v(\bar{y}_h) = (1 - r_h)v_h(y_p)/n_h$$

$$v_h(y_i) = (1/n_h)\sum_{p=1}^{n_h}(y_p - \bar{y}_h)^2$$

式中，y_p为第p个单元值；n_h为第h层的单元数；r_h为第h层空间自相关系数。各报告单元的均值和方差为

$$\bar{y}_r = \sum_{z=1}^{N_{rh}} W_{rh}\bar{y}_h$$

$$v(\bar{y}_r) = \sum_{z=1}^{N_{rh}} w_{rh}^2 v(\bar{y}_h)$$

$$W_{rh} = N_{rh} / N_r$$

式中，N_r和N_{rh}分别为第r报告单元中总体单元数和报告单元与知识层相切形成的新的多边形中的总体单元数目；rh表示报告单元r与层h叠加相切所形成的空间多边形单元；W_{rh}为rh多边形中总体单元数占第r个报告单元中总体单元数的比例；$\bar{y}_h$为第h层的样本均值。

基于几个空间分异变量分别做出几个三明治插值图。最后采用信息融合方法，按照每个三明治方差反比加权求和，形成融合三明治插值图。

空间三明治模型是一种能够有效解决在总体分异条件下小样本多报告单元报告问题，可以用较少的样本量实现多报告单元报告，并为不同多边形单元之间的数据传输提供了简单且直接的方法。报告单元可以是任何感兴趣的空间多边形，并且不要求每个报告单元中都有样本。针对残疾率样本覆盖度偏低，且残疾分布普遍存在分异性的特点，选择三明治估算模型作为特定残疾现患率估算的首选方法。如何找到合理的知识层分层标准提升估算的精度，是三明治估算的关键。

2. 克里金插值模型

克里金插值（Matheron，1963）是以半变异函数理论和结构分析为基础，在有限区域内对区域化变量进行无偏最优估计的一种方法，属于地统计插值方法。该方法根据已知观测点的数据、显式或隐含的空间点群之间的关联性、数学模型等，预测未知空间位置的数据值，以达到对不足或者缺失的数据进行估计的目标。克里金插值根据采样数据求最优、线性、无偏插值估计量。

在克里金插值方法中，一个待插值点属性的预测值就是其周围影响范围内的几个已知样本点变量值

的线形组合（图1-4）。其估计值为

$$\hat{Z}(S_0)=\sum_{i=1}^{n}\lambda_i Z_i$$

式中，λ_i是待求权重，使得估计值均方根误差最小，受限于无偏约束。

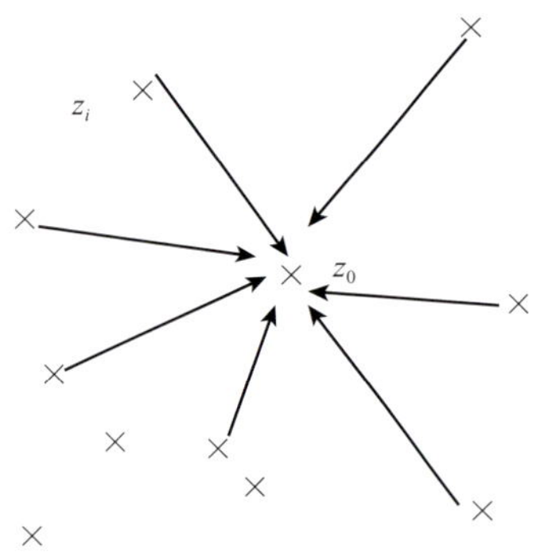

图1-4 克里金插值原理（Matheron，1963）

在克里金插值方法中假设对于所有点：①一阶矩$\boldsymbol{E}(z_i)=m$为未知常数；并且②假设（i，j）两点之间协方差只与这两点之间的距离d有关，而与绝对位置无关，即二阶矩$\boldsymbol{C}(z_i, z_j)=\boldsymbol{C}(d)$。假设①和②一起被称作二阶平稳假设。

克里金插值模型的目的是求出诸权重系数λ_i，$i=1$，…，n，使估计值$\hat{z}_0$为真实值z_0的无偏估计，且其估计方差最小。在二阶平稳条件下，即空间相关性只与两点距离有关，与点位无关。为使预测值无偏差，即$\boldsymbol{E}(\hat{z}_0)=\sum\lambda_i\boldsymbol{E}(z_i)=z_0$，必有

$$\sum_i^n\lambda_i=1$$

克里金插值方法估计方差的计算公式为

$$\sigma^2=\boldsymbol{E}(\hat{z}_0-z_0)^2=\boldsymbol{C}(z_0,z_0)-2\sum_i^n\lambda_i\boldsymbol{C}(z_0,z_i)+\sum_i^n\sum_j^n\lambda_i\lambda_j\boldsymbol{C}(z_i,z_j)$$

式中，$\boldsymbol{C}(z_0, z_i)$为两点（0, i）之间协方差平均值；类似地，有$\boldsymbol{C}(z_i, z_j)$和$\boldsymbol{C}(z_i, z_i)$。

在无偏条件约束下，使估计方差σ^2达到极小的诸权重系数λ_i是一个求条件极值的问题，得到以下代数方程组：

$$\begin{cases}\sum_j^n\lambda_j\boldsymbol{C}(z_i,z_j)+\mu=\boldsymbol{C}(z_i,z_j)\\ \sum_j^n\lambda_j=1\end{cases}\quad i=1,\cdots,n$$

λ_i和μ为待求系数，由以上代数方程组式解出。将λ_i代入以上$\hat{z}_0$和σ^2两式，即可得到普通克里金在各点插值和及其方差。

克里金插值方法的优点是其具有坚实的统计理论基础，能够对误差做出逐点的理论估计。克里金插值方法派生出许多变种，如协克里金（coKriging）、泛克里金（universal Kriging）等。当空间自相关性占主导时，空间自相关性指标值越大，此时克里金空间插值模型为理论最佳模型。当总体不满足二阶平稳假设时，克里金的无偏最优性质不复存在。

3. 贝叶斯层次模型

贝叶斯层次模型（Bayesian hierarchical model，BHM）是在贝叶斯统计思想的框架下，为分析时空数据资料中蕴含的时间和空间信息而建立的数学模型（Bernardinelli et al，1995；Knorr-Held et al，1998）。BHM可用于时空分布规律分析、空间插值和预测，在公共卫生领域广泛应用。BHM包括三个层次：

$$数据模型：Y_{it}(i,t)\sim P(y_{it}\mid\theta_{it},\Theta)$$

$$过程模型：\theta_{it}=S(i)+\omega(t)+\Omega_{it}(i,t)+\varepsilon_{it}$$

$$参数（超参数）模型：\Theta\sim P(\Theta)$$

式中，Y_{it}为时空观测样本数据；θ_{it}为时空过程变量；$S(i)$和$\omega(t)$分别测度总体空间格局和总体随时间变化趋势；$\Omega_{it}(i,t)$为时空局域效应；ε_{it}为随机噪声；Θ为（超）参数集。

BHM分析空间问题时，空间和时间的相关性，以及时空过程中的不确定性通过先验知识的形式纳入分析，从而可定量估计出时空过程中的总体空间分布格局$S(i)$、总体变化趋势$\omega(t)$及每个统计单元所具有的局部变化$\Omega_{it}(i,t)$，细致地刻画时空演变过程。

针对不同类型的疾病时空数据，BHM也会随之变化。在利用BHM分析时空现象时，观测样本似然分布形式的确定十分重要。一般而言，观测样本可分为离散计数观测和连续变量观测。对于前者而言，样本似然分布一般采用离散分布，如泊松分布、负二项分布等；对于连续观测数据而言，多采用多维正态分布为样本似然分布形式。针对全国县级人口残疾现患率估算问题，公式构建如下：

$$Y_i\sim \text{Poisson}(p_i\cdot\theta_i)$$

$$\log(\theta_i)=\alpha+\beta X_i+\mu_i+\varepsilon_i$$

式中，Y_i表示区县i的残疾人数，假设Y_i符合泊松分布（Poisson distribution）分布，使用log作为连接函数；p_i表示区县i的人口数；θ_i为区县i的残疾现患率；α为全局截距，用于量化研究区的整体平均效应；β包含了所有解释致残因素的现有可用的部分；X_i是关于区县i解释变量的向量；μ_i是各个区县的随机截距，表示空间结构效应，是θ_i中可以根据空间依赖关系建模解释的部分；ε_i是随机高斯噪声，表示空间非结构效应。空间结构效应的先验分布多为条件自回归（CAR）过程（Besag et al，1991），该先验分布认为，残疾的现患率受到相邻区域的影响，分别利用空间相关性表示，条件自回归模型于1991年由Besag等提出，公式如下：

$$\mu_i\mid\mu_{j\neq i}\sim \boldsymbol{N}\left(\sum_{j=1}^{n_i}w_{ij}\mu_j,\sigma_\mu^2/n_i\right)$$

式中，$\mu_i\mid\mu_{j\neq i}$左侧代表区域i和区域j之间的空间效应；w_{ij}为空间邻接矩阵，多采用一阶后式邻接（Queen邻接）模式，若相邻$w_{ij}=1$，不相邻，$w_{ij}=0$；$\sum_{j=1}^{n_i}w_{ij}\mu_j$代表区域$i$受到相邻$m$个单位空间效应影响的平均值；$\sigma_\mu^2/n_i$代表区域$i$受到相邻$m$个区域空间效应影响的方差平均值，一个区县的空间邻居越多，则对应的方差越小。空间非结构效应反映的是空间异质性，可以通过正态分布建模，即$\varepsilon_i\sim\boldsymbol{N}\left(0,\sigma_\varepsilon^2\right)$。

经典统计学要求样本满足独立同分布假设，而空间或时空样本普遍存在空间自相关，且时空样本在每个时空点仅可实现一次观察，往往不满足该假设。BHM将未知参数看作随机变量，能够综合总体信息、样本信息和先验信息，可利用小样本空间数据进行推断，同时考虑空间自相关和协变量信息，可用于空间或时空数据建模。BHM适合于单调关系，即如果Y本身或与解释变量之间是非单调关系，运用该模型将可能产生混杂。

4. 全局模型融合方法

对以上多种差值图进一步融合，以降低误差。采用信息融合的方法，以每个插值方差反比作为权重，将每个区县对应的各模型估计结果权重加和，得到该区县所对应的最终残疾现患率粗率或标率估计结果，作为最终空间分布图。

四、精度评估

交叉验证是把样本数据进行切分，组合成互不交叉的训练集和测试集：训练集不参加测试，测试集不参加模型训练。用训练集来训练模型，用测试集来评估模型对全新数据的预测好坏。通过重复使用数据和不同的切分组合方式，可以得到多组不同的训练集和测试集，一次训练集中的样本单元可能在下次成为测试集中的样本单元。交叉验证作为一种模型验证技术，用于在训练阶段测试模型的精度。交叉验证可分为两种：一是k折交叉验证（k-fold cross-validation），将训练集分割成k个子样本，一个子样本作为测试集，其他k–1个子样本作为训练集。循环重复k次，保证每个子样本作为一次测试集，平均k次的结果或使用其他结合方式得到估测精度，一般常用5折或10次交叉验证。二是留一验证（leave-one-out cross-validation，LOOCV），即只使用原本样本中的一个样本单元做测试集，而剩余的所有样本单元做训练集。若样本量为N，循环这个步骤N次，直到每个样本单元都做一次测试集。

本研究选用5折交叉验证进行模型精度评估，根据测试集各残疾种类验证的预测结果与实际观察值，计算平均绝对误差（mean absolute error，MAE）、均方根误差（root mean square error，RMSE）和决定系数（R-square，R^2），采用R^2较大且MAE、RMSE较小的方法的结果作为最佳模型结果。

五、技术路线

综上所述，人口残疾谱系的相应数据分析与处理流程如图1-5所示，最终推算得到各类残疾的县级现患率，并使用STATA、R、ArcGIS等软件进行分析与可视化。

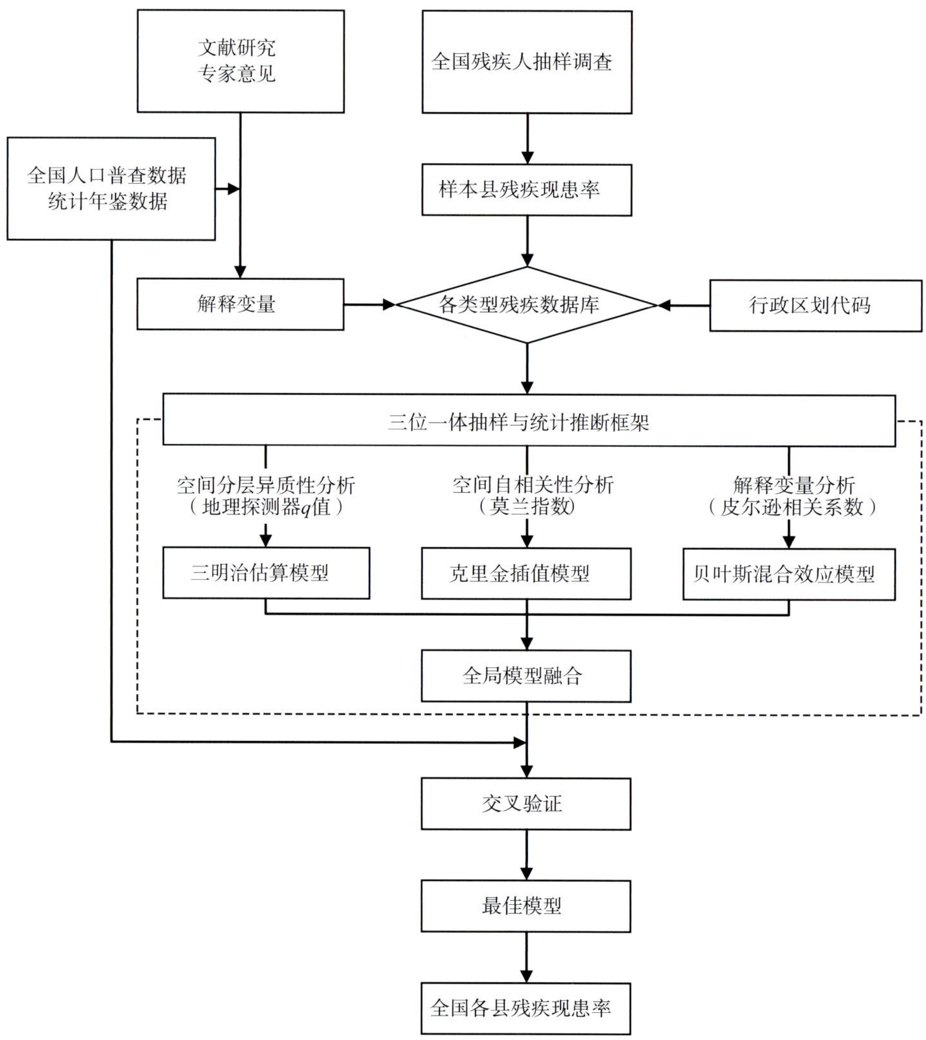

图1-5 技术路线图

价值与意义

残疾是包含残疾人自身属性，以及社会、经济、环境等多范畴在内的复杂问题。本研究基于全国残疾人抽样调查年鉴数据及相关开源资料，从多学科、多领域、多维度，将空间分析技术与人口健康流行病学研究有机结合，应用空间抽样与统计推断三位一体框架及三明治估算模型、克里金插值模型和贝叶斯层次模型等统计模型方法，科学构建出多层级、全方位的人口健康结局空间估算体系。在由样本推算总体的研究过程中，反复试验不同分层、分区方法，根据样本性质与精度评估选用最恰当的模型方法，不同类型的残疾模式采用不同的方法路径，以保障得到的结果在现有技术层面达到无偏最优。最终，基于第二次全国残疾人抽样调查年鉴数据及相关开源资料中734个样本县的残疾现患率，推算出全国2 842个县的残疾水平，精确绘制出县域层级的中国人口残疾谱系，具有重要的学术价值与现实意义。

第一，研究成果是世界范围内第一次对国家级全人口残疾发生与分布格局的系统性表达，高精度复原了中国内地县域层面的各类型残疾流行谱系集合，为进一步理解整个国家各地区人口残疾发生水平分布状况、发展特点及残疾发生转归的同质性与异质性提供理论支撑，为解析全人口残疾水平、分布格局背后的多维度复杂归因提供重要依据。研究成果给出了关于残疾模式和疾病负担空间分异与规律性的宝贵资料，将为政策制定者和研究者确立残疾精准防控重点、制定应对策略、优化资源配置、弥补资源利用不足和防止资源过度利用提供科学参考。

第二，研究方法不只是对数据信息的可视化表达，更是对学科交叉融合及残疾发生发展轨迹空间变异性解析思想的科学展现。研究将人口学、流行病学、空间统计学、群医学、公共医学、社会学和数学等多学科理论与方法有机结合，创建了利用局部抽样数据以最优精度推断残疾全局空间流行轨迹的体系和方法——创新性地利用空间抽样与统计推断三位一体框架和空间分异性统计方法，构建多维度、多层级残疾空间估算体系由样本推断总体——突破了横断面数据的常规研究方法，最大限度地将多源公开数据加以整合，克服了数据短缺所带来的局限性，由残疾调查资料得到无偏最优的全局估算结果，实现残疾水平在小测量尺度上的精确表达，形成现阶段能够反映我国人口残疾发生水平与负担情况最为直观、客观和可观的空间流行谱系，深入发掘、整合、细分历史数据的新价值。

第三，研究基于有限的局部抽样调查资料无偏最优估算还原全局结果，避免了大规模横断面流行病学调查耗时耗力等问题，为残疾信息化管理提供了经济有效的参考范式。研究完成的国家级残疾数据及其相关变量数据库的构建，解决了人口残疾数据信息历史跨度大、来源异构性强的数据融合问题，为创立中国全龄人口残疾数据仓库奠定了坚实基础。在未来，该研究成果还可应用于中国人口健康和残疾风险数据的精细化梯度管理，进一步提升残疾人口分类型发生发展的研究水平，对中国特色残疾人事业信息化建设起到推动作用。

本研究是对人口残疾流行病学数据多层面发掘技术的融合与探索，结合了流行病学、人口学、地理学和数学等多学科研究方法，使有限数据资料的价值得到进一步开发，实现我国人口残疾水平在县级层面的空间流行可视化表达，是对残疾空间流行病学研究理论和方法的丰富与发展，还将为今后健康领域的其他研究提供重要的实践经验与参考价值。同时，研究成果更加契合我国基层治理的现实需要，能够为国家和地方相关部门精准实施残疾预防、制定公共政策和优化资源配置提供科学有力的支撑。

第二部分

序图

- 中国行政区划图
- 中国地势图
- 中国东中西分区图
- 中国四大经济地带分区图
- 中国七大地理分区图
- 中国八大综合经济区分区图
- 中国总人口数量图
- 中国65岁及以上人口占比图
- 中国非农业户口人口占比图
- 研究样本点位图

中国行政区划图

1∶16 500 000

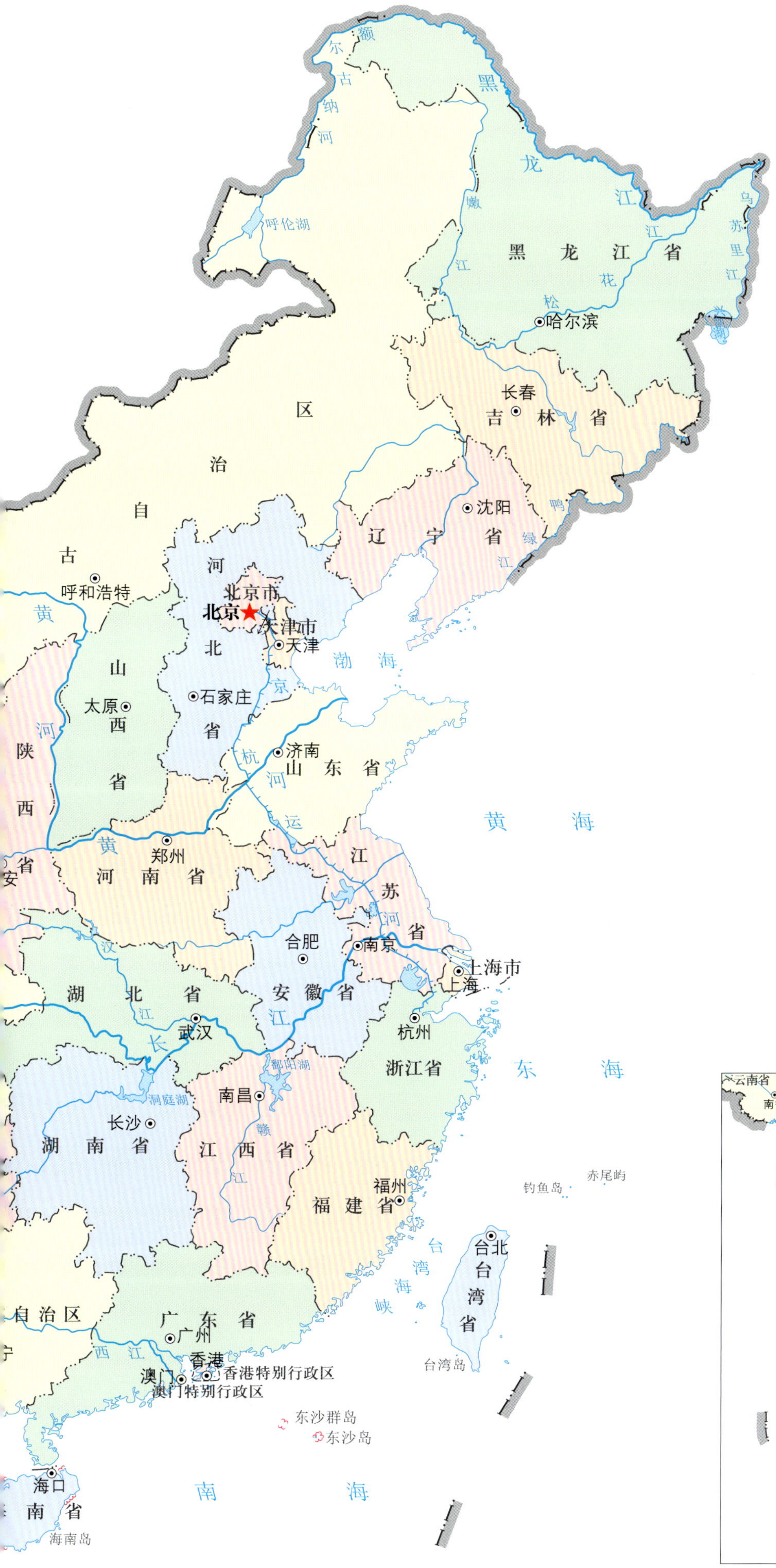
额尔古纳河
黑龙江
呼伦湖
嫩江
黑龙江省
乌苏里江
松花江
哈尔滨
兴凯湖
长春
吉林省
区
治
自
古
鸭绿江
沈阳
辽宁省
呼和浩特
河
北京市
北京
天津市
天津
北
石家庄
省
渤海
黄
山
太原
西
省
京杭运河
济南
山东省
陕
西
省
安
黄海
黄
郑州
河南省
江
苏
省
汉
合肥
南京
上海市
上海
湖北省
安徽省
长江
武汉
杭州
浙江省
东海
鄱阳湖
洞庭湖
南昌
长沙
湖南省
江西省
赣江
福州
福建省
钓鱼岛
赤尾屿
台北
台湾省
台湾海峡
台湾岛
自治区
广东省
广州
西江
香港
澳门
香港特别行政区
澳门特别行政区
东沙群岛
东沙岛
海口
南省
海南岛
南海

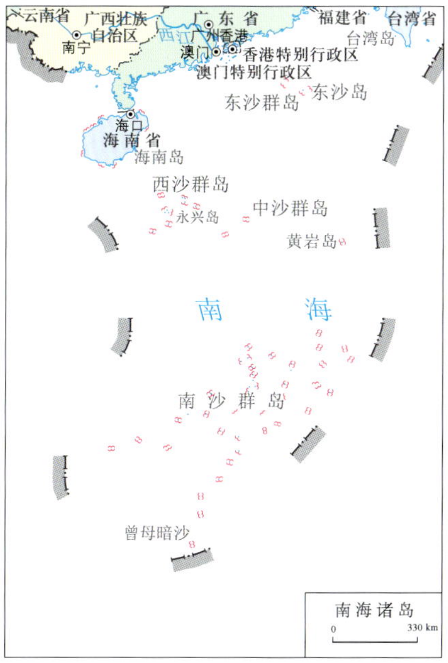
云南省
广西壮族自治区
南宁
广东省
广州
西江
香港
澳门
香港特别行政区
澳门特别行政区
福建省
台湾省
台湾岛
东沙群岛
东沙岛
海口
海南省
海南岛
西沙群岛
永兴岛
中沙群岛
黄岩岛
南海
南沙群岛
曾母暗沙
南海诸岛
0
330 km

中国地势图

1：16 500 000

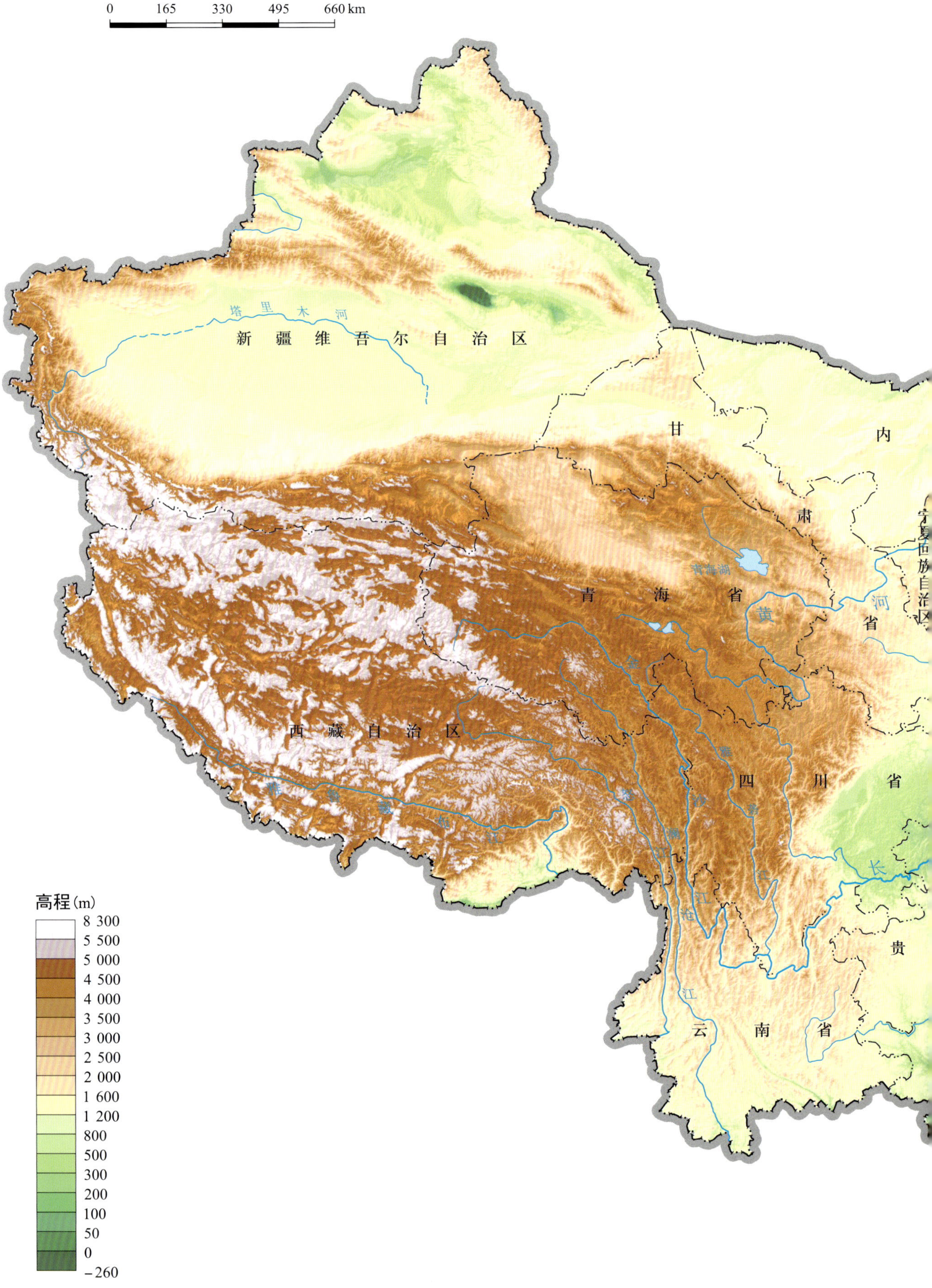

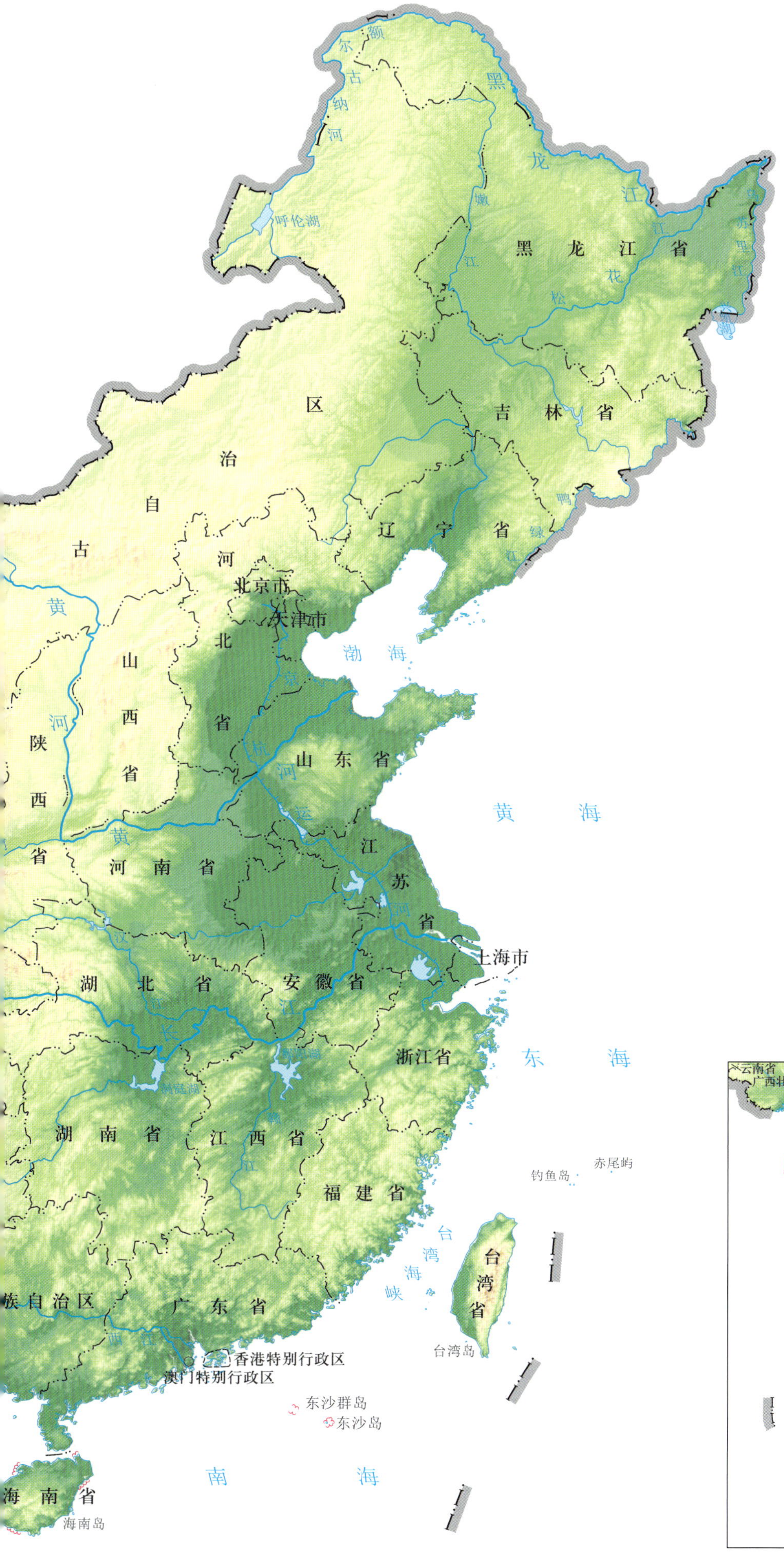
额尔古纳河
黑龙江
呼伦湖
嫩江
松花江
乌苏里江
兴凯湖
黑龙江省
吉林省
辽宁省
鸭绿江
古 自 治 区
河北省
北京市
天津市
渤海
山西省
陕西省
黄河
京杭运河
山东省
黄海
河南省
江苏省
上海市
湖北省
安徽省
汉江
长江
浙江省
东海
洞庭湖
鄱阳湖
赣江
湖南省
江西省
福建省
钓鱼岛
赤尾屿
台湾海峡
台湾省
台湾岛
族自治区
广东省
西江
香港特别行政区
澳门特别行政区
东沙群岛
东沙岛
南海
海南省
海南岛

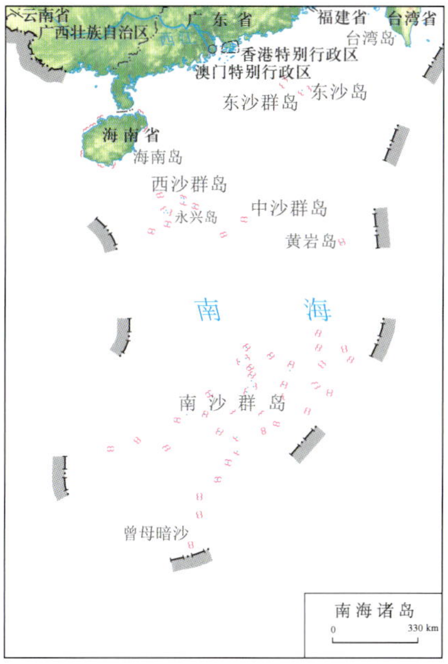
云南省
广西壮族自治区
广东省
福建省
台湾省
台湾岛
香港特别行政区
澳门特别行政区
东沙群岛
东沙岛
海南省
海南岛
西沙群岛
永兴岛
中沙群岛
黄岩岛
南海
南沙群岛
曾母暗沙
南海诸岛
0 330 km

中国东中西分区图

1∶16 500 000

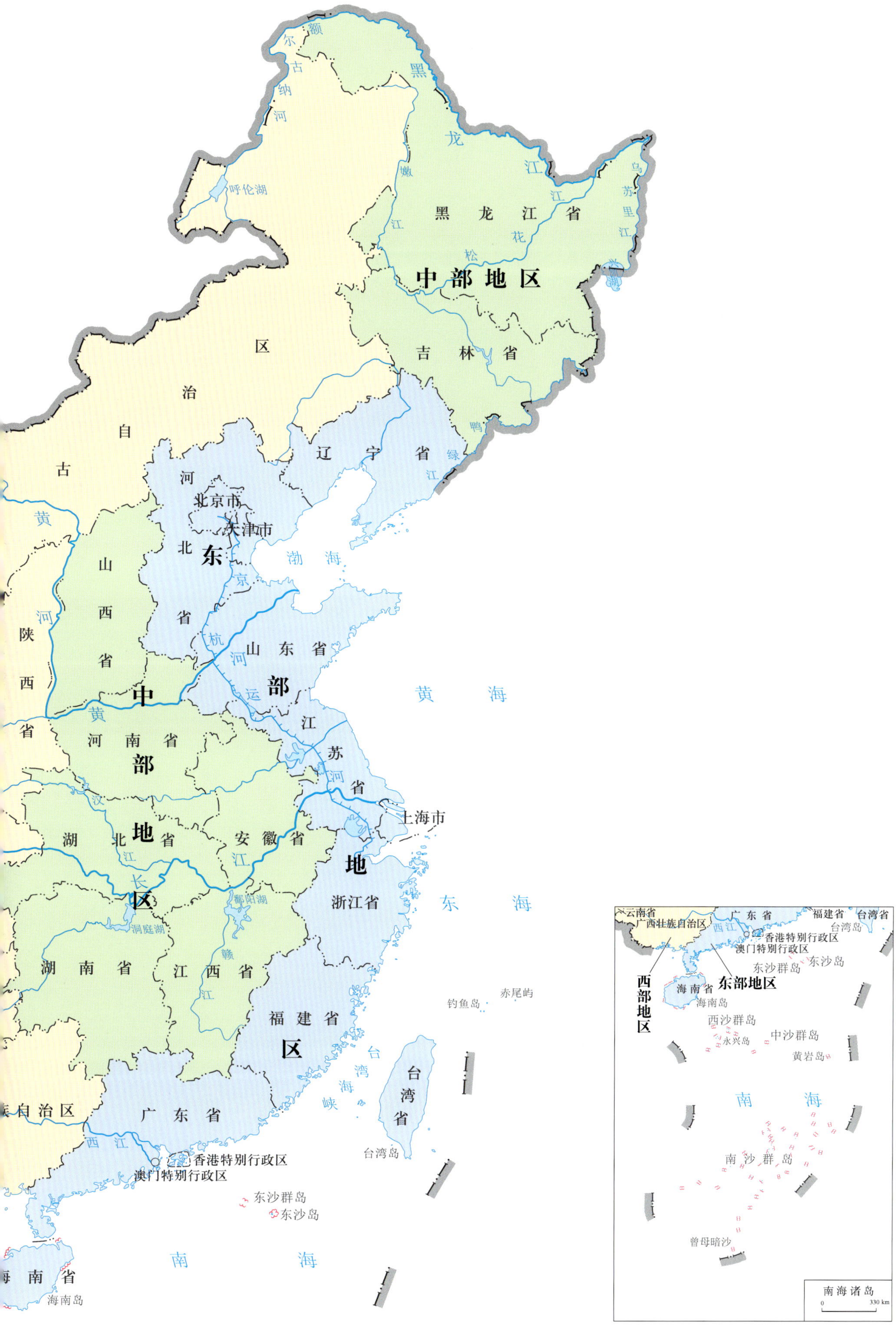

额尔古纳河
黑龙江
呼伦湖
嫩江
乌苏里江
松花江
兴凯湖
黑龙江省
中部地区
区
治
自
古
吉林省
鸭绿江
辽宁省
河北省
北京市
天津市
东
渤海
京杭运河
山西省
陕西省
黄河
山东省
部
中
江苏省
河南省
部
上海市
汉江
湖北省
安徽省
地
长江
区
鄱阳湖
洞庭湖
浙江省
黄海
东海
湖南省
江西省
赣江
钓鱼岛
赤尾屿
福建省
区
台湾海峡
台湾省
台湾岛
自治区
广东省
西江
香港特别行政区
澳门特别行政区
东沙群岛
东沙岛
南海
海南省
海南岛
云南省
广西壮族自治区
广东省
福建省
台湾省
台湾岛
西江
香港特别行政区
澳门特别行政区
东沙群岛
东沙岛
西部地区
海南省
东部地区
海南岛
西沙群岛
永兴岛
中沙群岛
黄岩岛
南海
南沙群岛
曾母暗沙
南海诸岛
0
330 km

中国四大经济地带分区图

1∶16 500 000

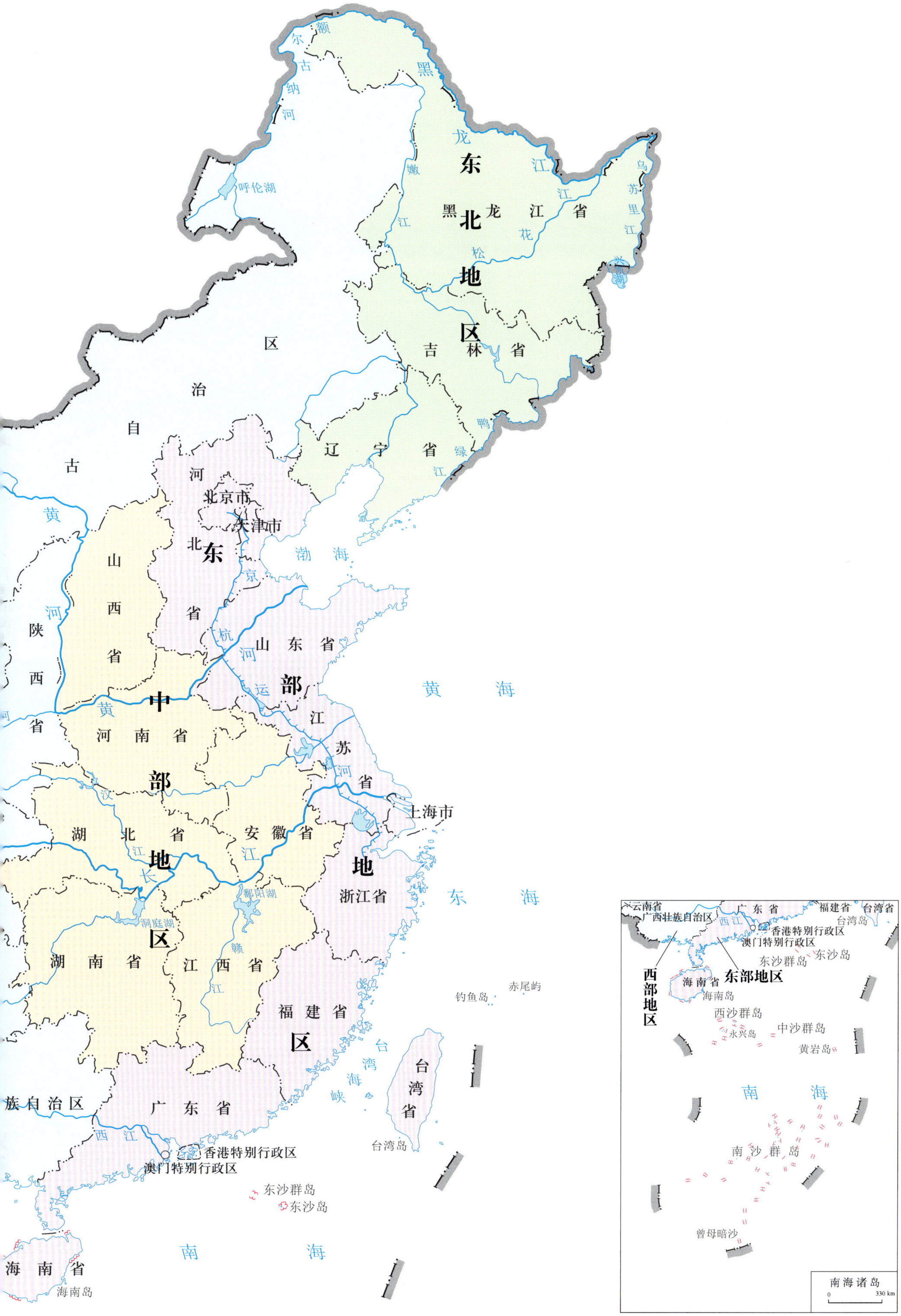

东北地区
黑龙江省
吉林省
辽宁省
额尔古纳河
黑龙江
乌苏里江
兴凯湖
嫩江
松花江
鸭绿江
呼伦湖
古自治区
北京市
天津市
河北省
东部地区
山东省
江苏省
上海市
浙江省
福建省
广东省
海南省
海南岛
台湾省
台湾岛
钓鱼岛
赤尾屿
香港特别行政区
澳门特别行政区
东沙群岛
东沙岛
渤海
黄海
东海
南海
台湾海峡
京杭运河
中部地区
山西省
河南省
湖北省
安徽省
湖南省
江西省
陕西省
族自治区
黄河
长江
汉江
赣江
西江
鄱阳湖
洞庭湖
云南省
广西壮族自治区
西部地区
西沙群岛
永兴岛
中沙群岛
黄岩岛
南沙群岛
曾母暗沙
南海诸岛
0
330 km

中国七大地理分区图

1：16 500 000

0　165　330　495　660 km

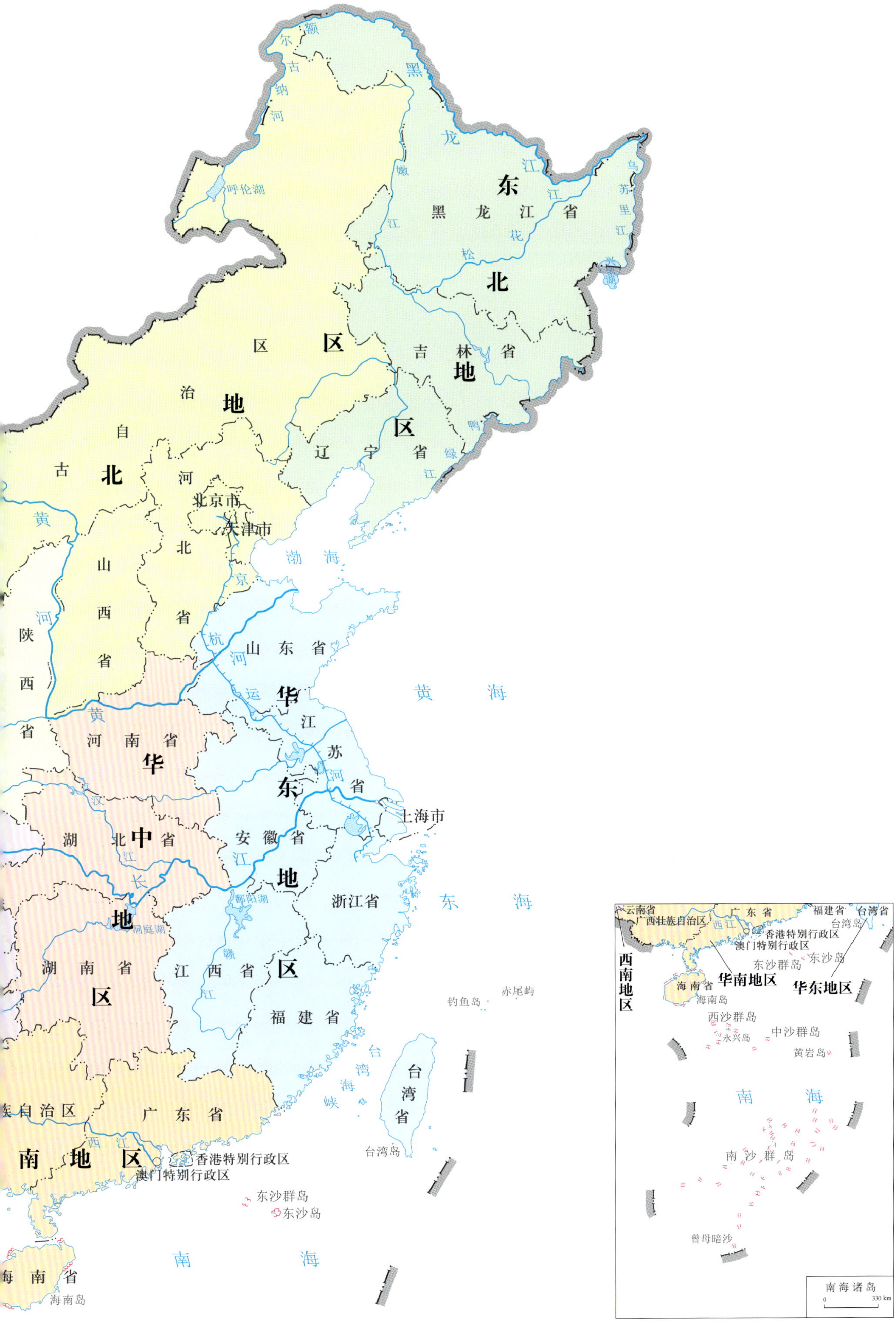
额尔古纳河
呼伦湖
黑龙江
嫩江
乌苏里江
松花江
东北地区
黑龙江省
吉林省
辽宁省
鸭绿江
古自治区
华北地区
河北省
北京市
天津市
山西省
陕西省
黄河
渤海
京杭运河
山东省
华东地区
江苏省
上海市
安徽省
浙江省
江西省
福建省
台湾省
黄海
东海
台湾海峡
钓鱼岛
赤尾屿
台湾岛
华中地区
河南省
湖北省
湖南省
汉江
长江
洞庭湖
鄱阳湖
赣江
族自治区
广东省
西江
南地区
香港特别行政区
澳门特别行政区
东沙群岛
东沙岛
南海
海南省
海南岛
云南省
广西壮族自治区
广东省
福建省
台湾省
台湾岛
香港特别行政区
澳门特别行政区
东沙群岛
东沙岛
西南地区
华南地区
华东地区
海南省
海南岛
西沙群岛
中沙群岛
永兴岛
黄岩岛
南海
南沙群岛
曾母暗沙
南海诸岛
0
330 km

中国八大综合经济区分区图

1∶16 500 000

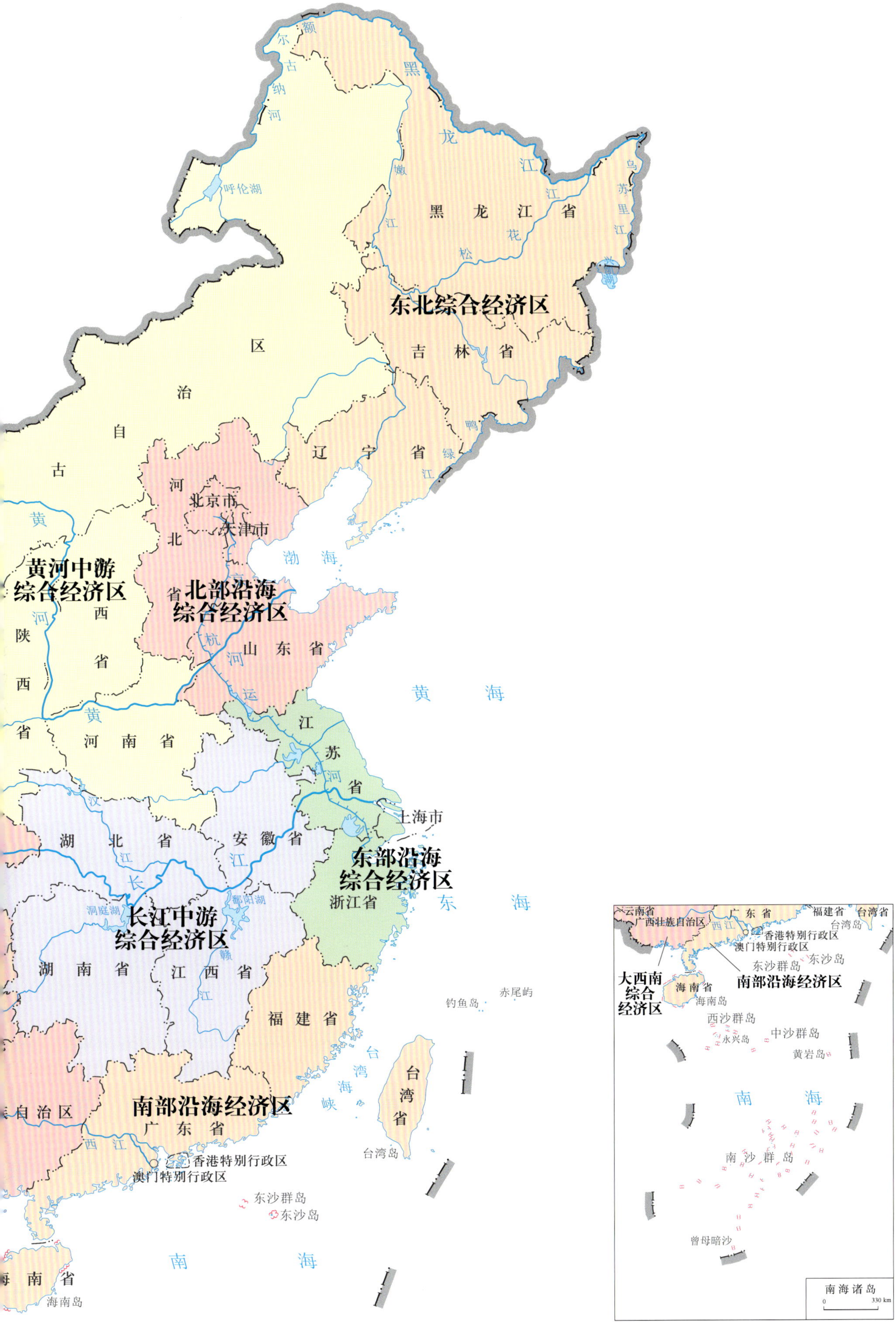
额尔古纳河
黑龙江
呼伦湖
嫩江
乌苏里江
黑龙江省
松花江
兴凯湖
东北综合经济区
吉林省
区
治
自
古
鸭绿江
辽宁省
河北省
北京市
天津市
渤海
黄河
黄河中游
综合经济区
北部沿海
综合经济区
山西省
陕西省
京杭运河
山东省
黄海
河南省
江苏省
上海市
汉江
湖北省
安徽省
长江
东部沿海
综合经济区
浙江省
东海
洞庭湖
鄱阳湖
长江中游
综合经济区
赣江
湖南省
江西省
福建省
钓鱼岛
赤尾屿
台湾海峡
台湾省
台湾岛
自治区
南部沿海经济区
广东省
西江
香港特别行政区
澳门特别行政区
东沙群岛
东沙岛
南海
海南省
海南岛
云南省
广西壮族自治区
福建省
台湾省
台湾岛
东沙群岛
东沙岛
大西南
综合
经济区
南部沿海经济区
西沙群岛
永兴岛
中沙群岛
黄岩岛
南沙群岛
曾母暗沙
南海诸岛
0
330 km

中国总人口数量图

1∶16 500 000

0 165 330 495 660 km

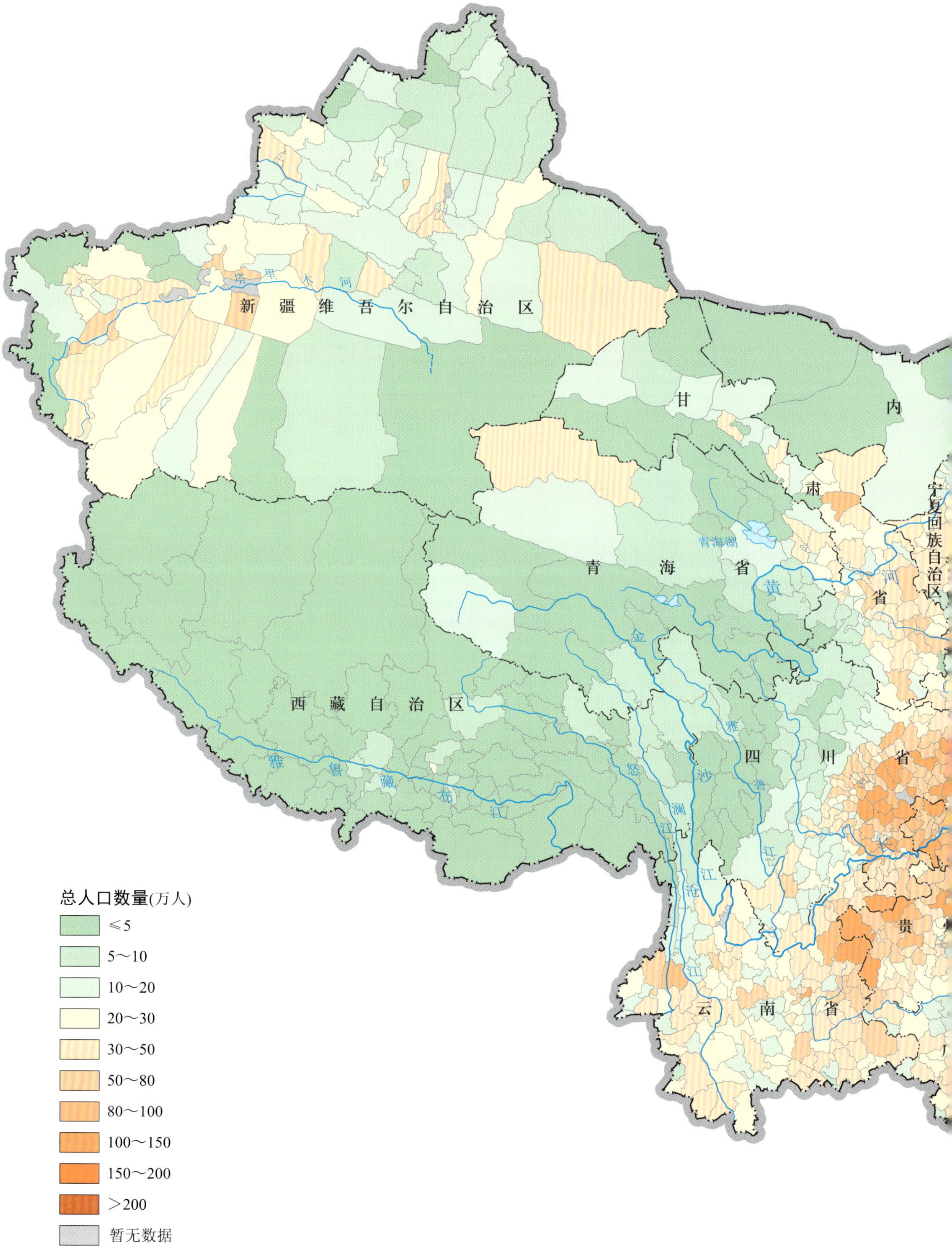

注：数据资料来源于第五次人口普查。

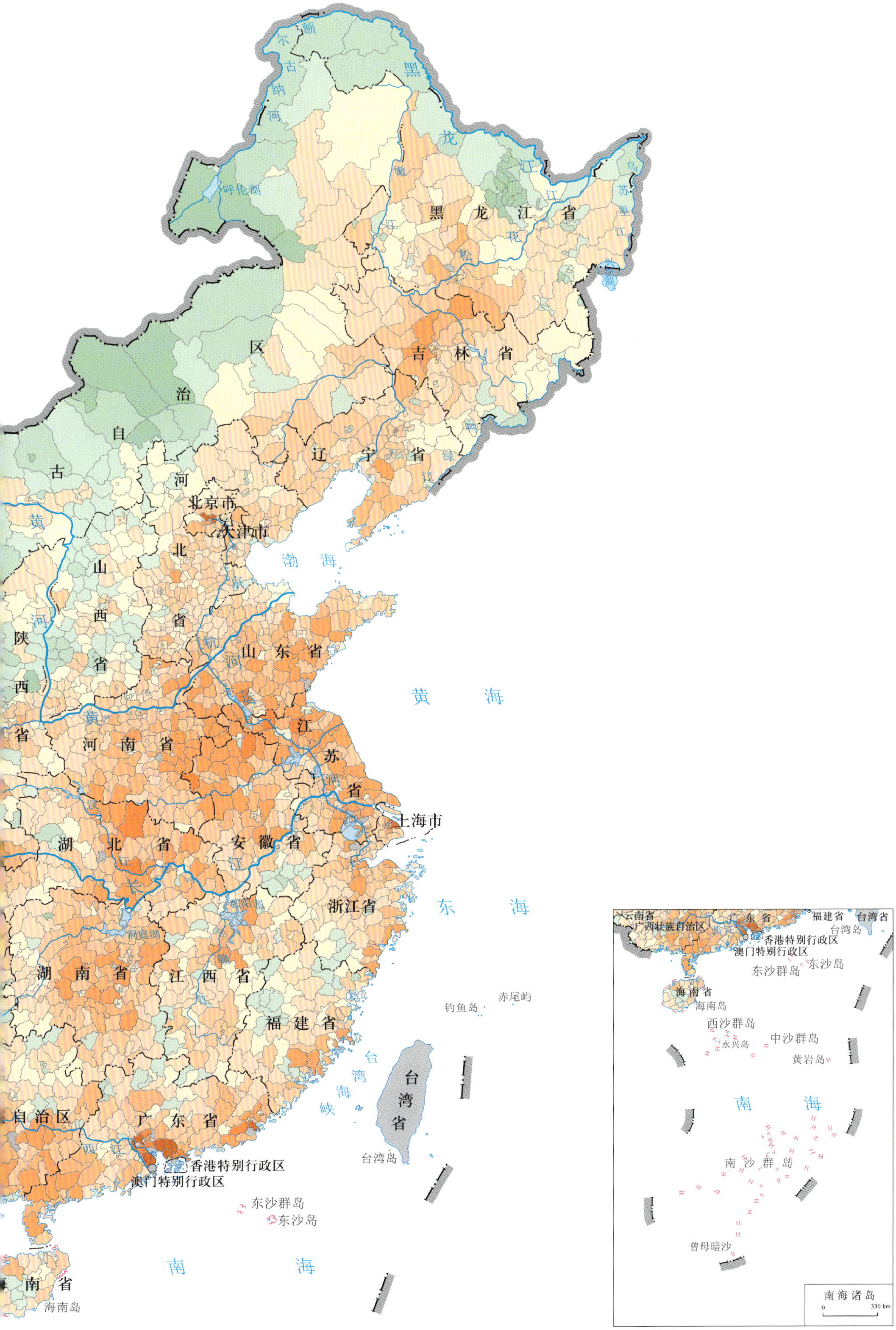
额尔古纳河
黑龙江
呼伦湖
乌苏里江
嫩江
松花江
兴凯湖
黑龙江省
吉林省
辽宁省
鸭绿江
区
治
自
古
河
北京市
天津市
北
省
渤海
黄河
山
西
省
陕
西
省
京杭运河
山东省
黄海
江
苏
省
河南省
上海市
湖北省
安徽省
长江
汉江
鄱阳湖
洞庭湖
赣江
浙江省
东海
湖南省
江西省
福建省
钓鱼岛
赤尾屿
台湾海峡
台湾省
台湾岛
自治区
广东省
西江
香港特别行政区
澳门特别行政区
东沙群岛
东沙岛
南海
南省
海南岛
云南省
广西壮族自治区
广东省
福建省
台湾省
台湾岛
香港特别行政区
澳门特别行政区
东沙群岛
东沙岛
海南省
海南岛
西沙群岛
永兴岛
中沙群岛
黄岩岛
南海
南沙群岛
曾母暗沙
南海诸岛
0
330 km

中国65岁及以上人口占比图

1：16 500 000

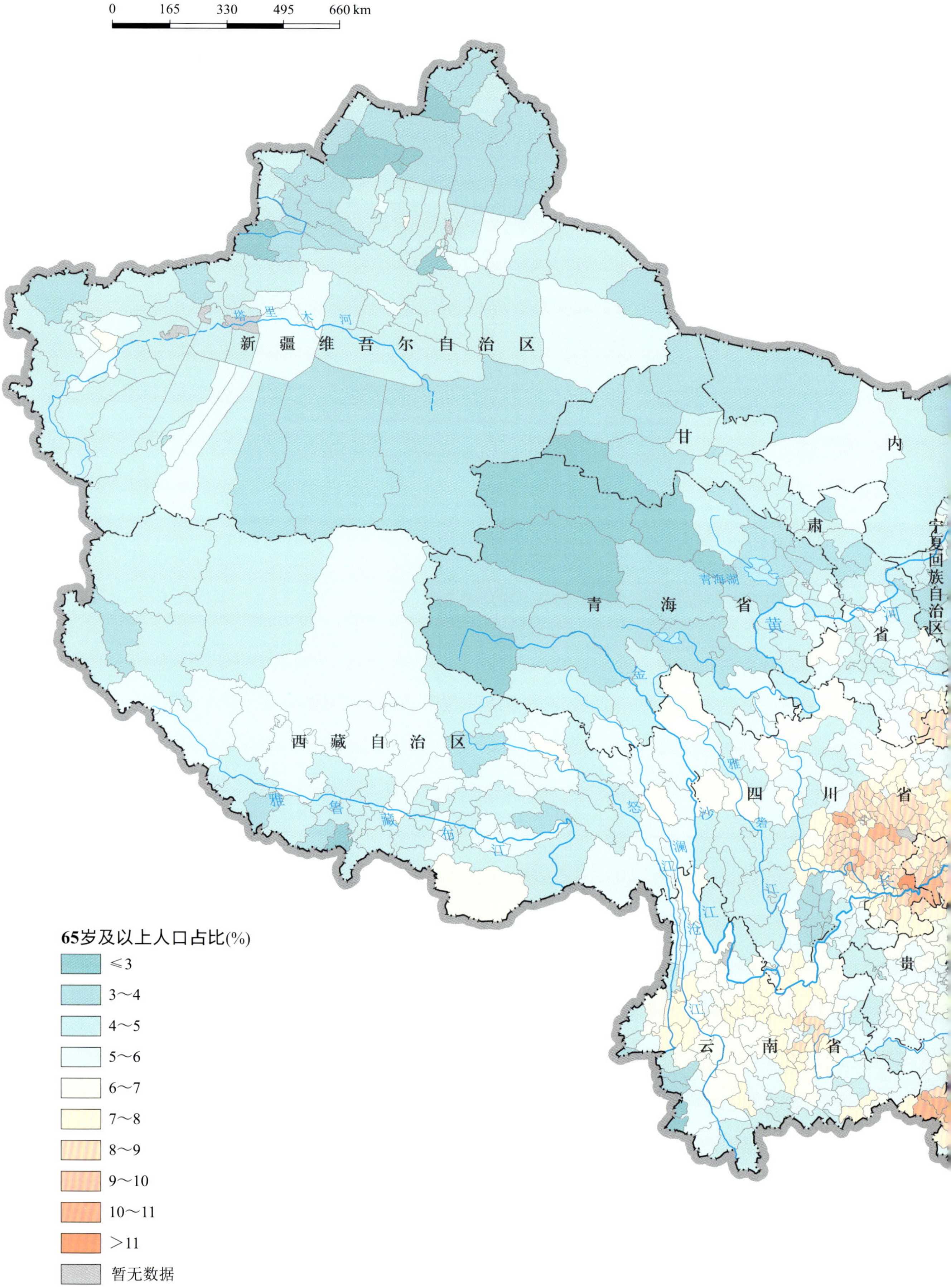

注：数据资料来源于第五次人口普查。

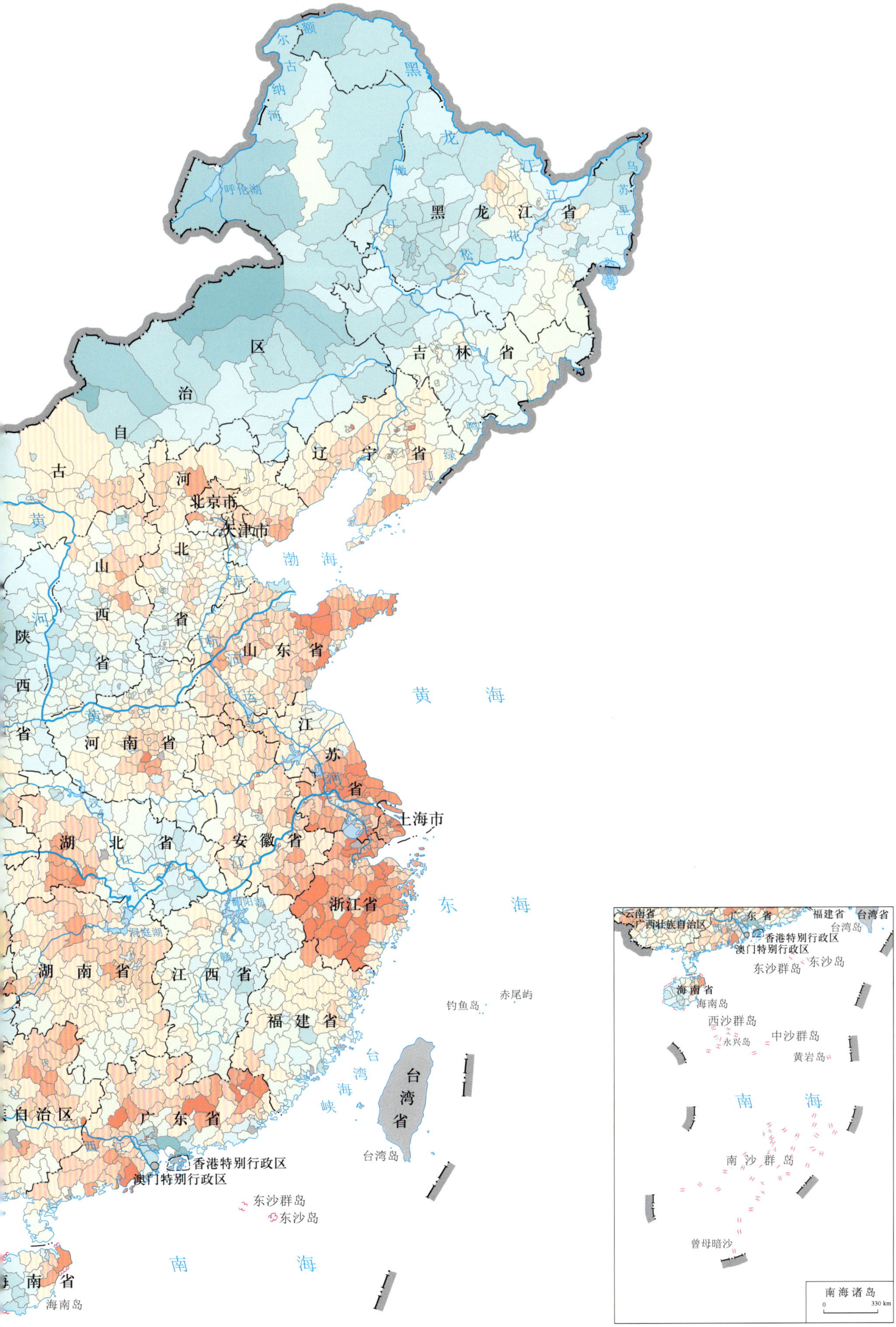
黑龙江省
吉林省
辽宁省
北京市
天津市
河北省
山西省
山东省
陕西省
河南省
江苏省
上海市
湖北省
安徽省
浙江省
湖南省
江西省
福建省
台湾省
广东省
自治区
香港特别行政区
澳门特别行政区
内蒙古自治区
海南省
海南岛
额尔古纳河
黑龙江
乌苏里江
呼伦湖
嫩江
松花江
鸭绿江
黄河
京杭运河
汉江
长江
洞庭湖
鄱阳湖
赣江
西江
渤海
黄海
东海
南海
台湾海峡
钓鱼岛
赤尾屿
台湾岛
东沙群岛
东沙岛
南海诸岛
云南省
广西壮族自治区
广东省
福建省
台湾省
台湾岛
西沙群岛
永兴岛
中沙群岛
黄岩岛
南沙群岛
曾母暗沙
0
330 km

中国非农业户口人口占比图

1∶16 500 000

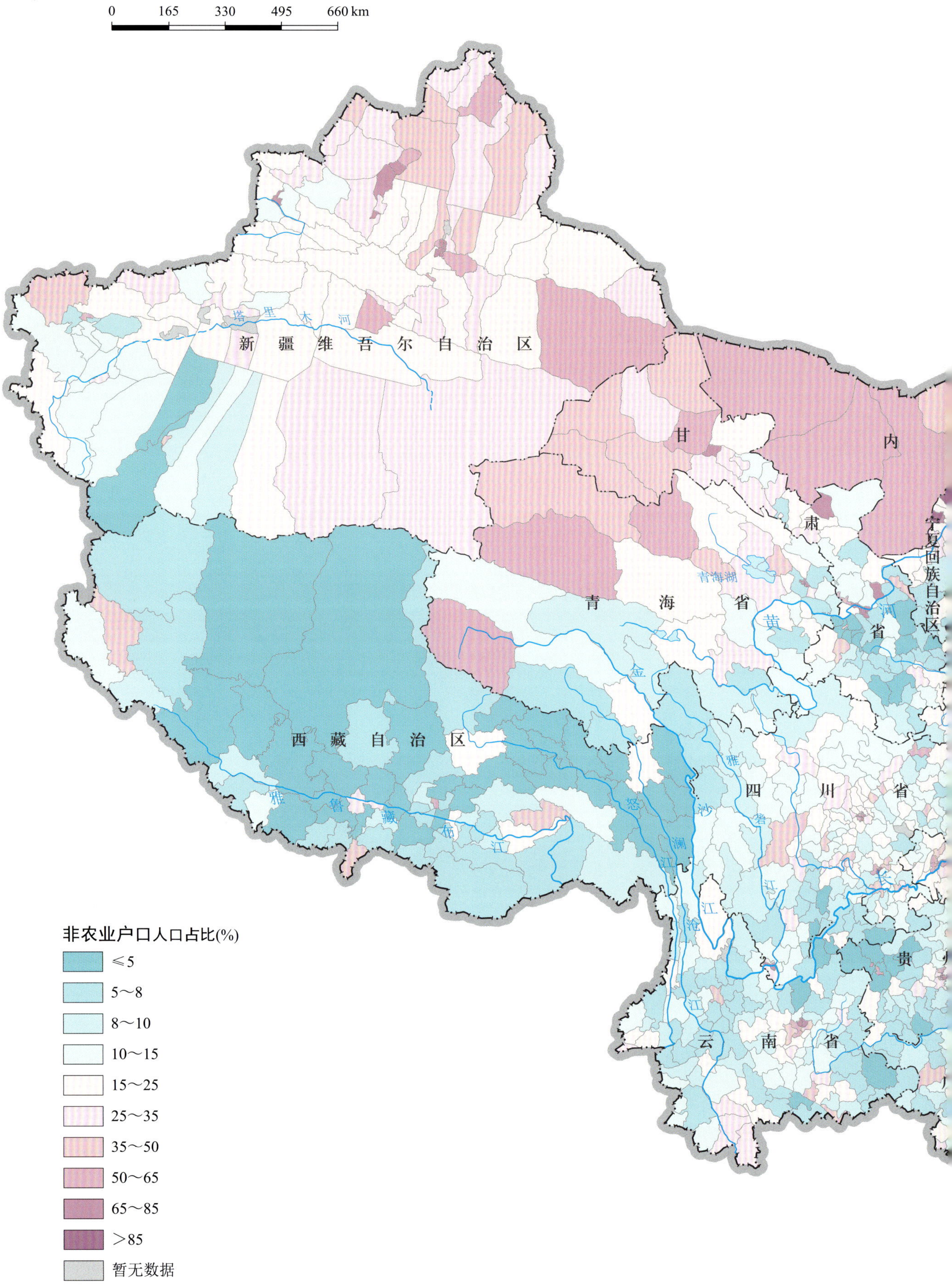

注：数据资料来源于第五次人口普查。

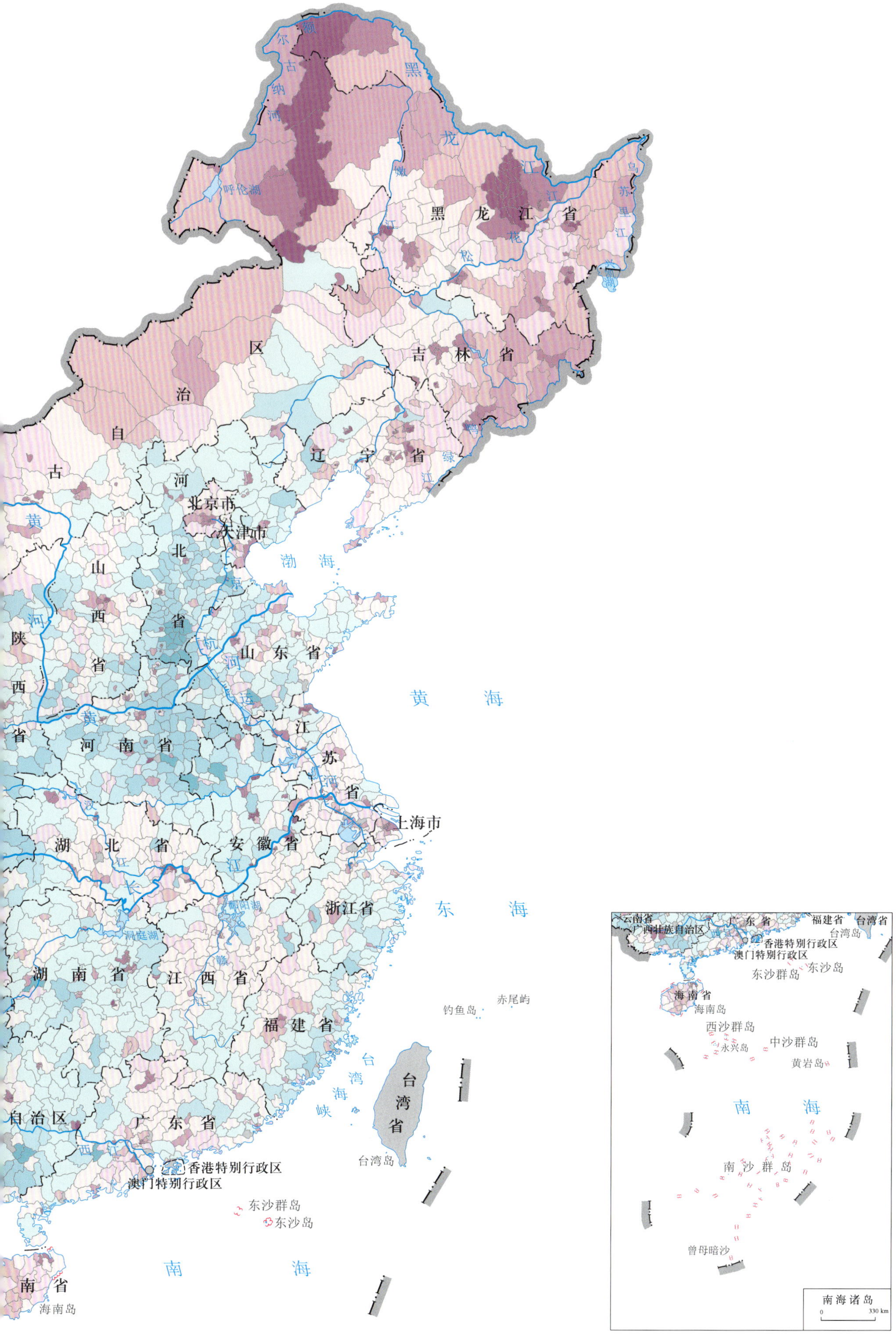
黑龙江省
吉林省
辽宁省
北京市
天津市
河北省
山西省
陕西省
山东省
河南省
江苏省
上海市
安徽省
湖北省
浙江省
湖南省
江西省
福建省
广东省
台湾省
香港特别行政区
澳门特别行政区
渤海
黄海
东海
南海
台湾海峡
钓鱼岛
赤尾屿
台湾岛
东沙群岛
东沙岛
海南岛
呼伦湖
额尔古纳河
黑龙江
乌苏里江
嫩江
松花江
鸭绿江
京杭运河
黄河
长江
汉江
洞庭湖
鄱阳湖
赣江
西江
云南省
广西壮族自治区
海南省
西沙群岛
永兴岛
中沙群岛
黄岩岛
南沙群岛
曾母暗沙
南海诸岛
0
330 km

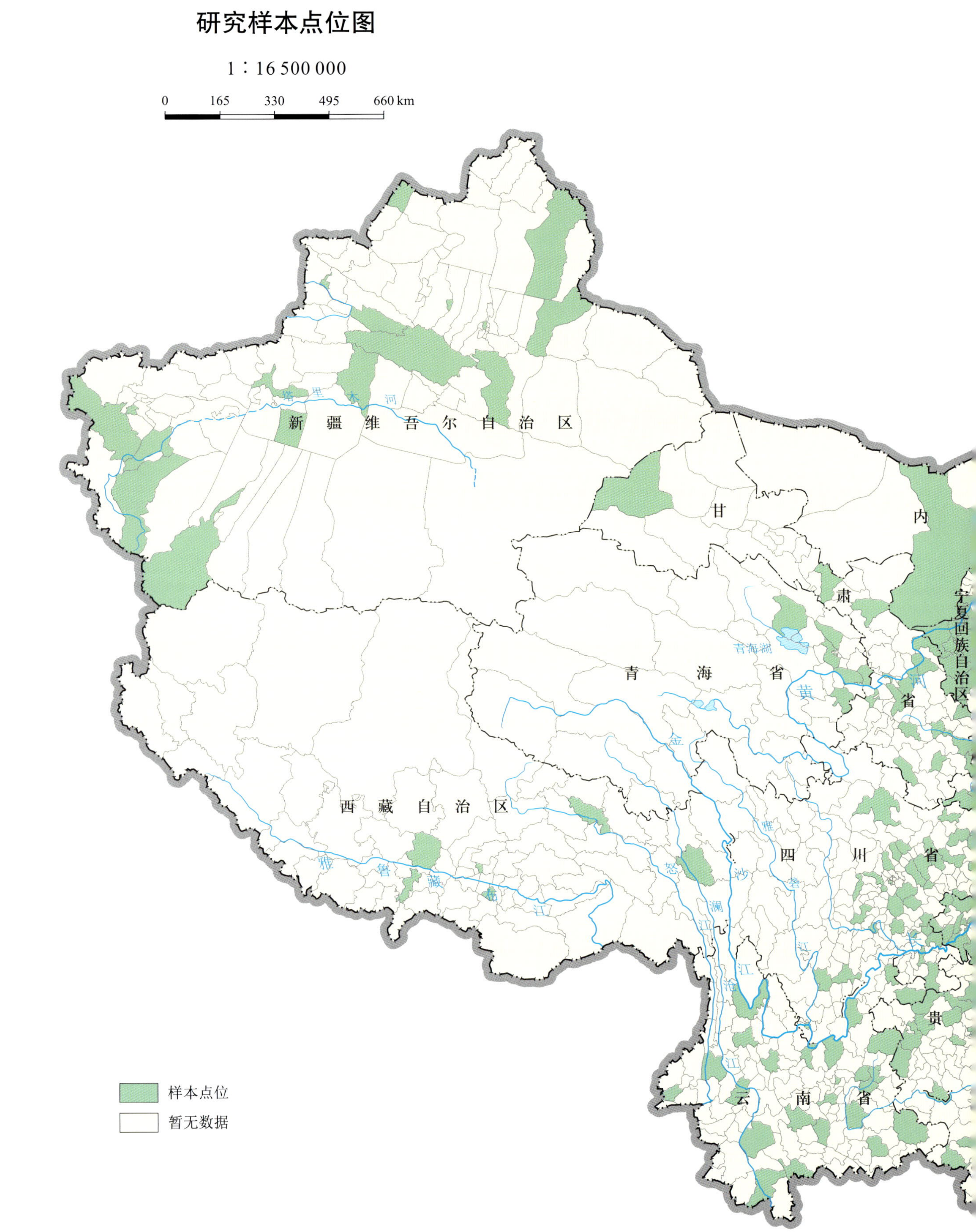
研究样本点位图
1：16 500 000
0 165 330 495 660 km
塔里木河
新疆维吾尔自治区
甘
内
肃
宁夏回族自治区
青海湖
青海省
黄
河
省
金
西藏自治区
雅鲁藏布江
怒
江
澜
沧
江
沙
雅
砻
江
四川省
贵
云南省
样本点位
暂无数据

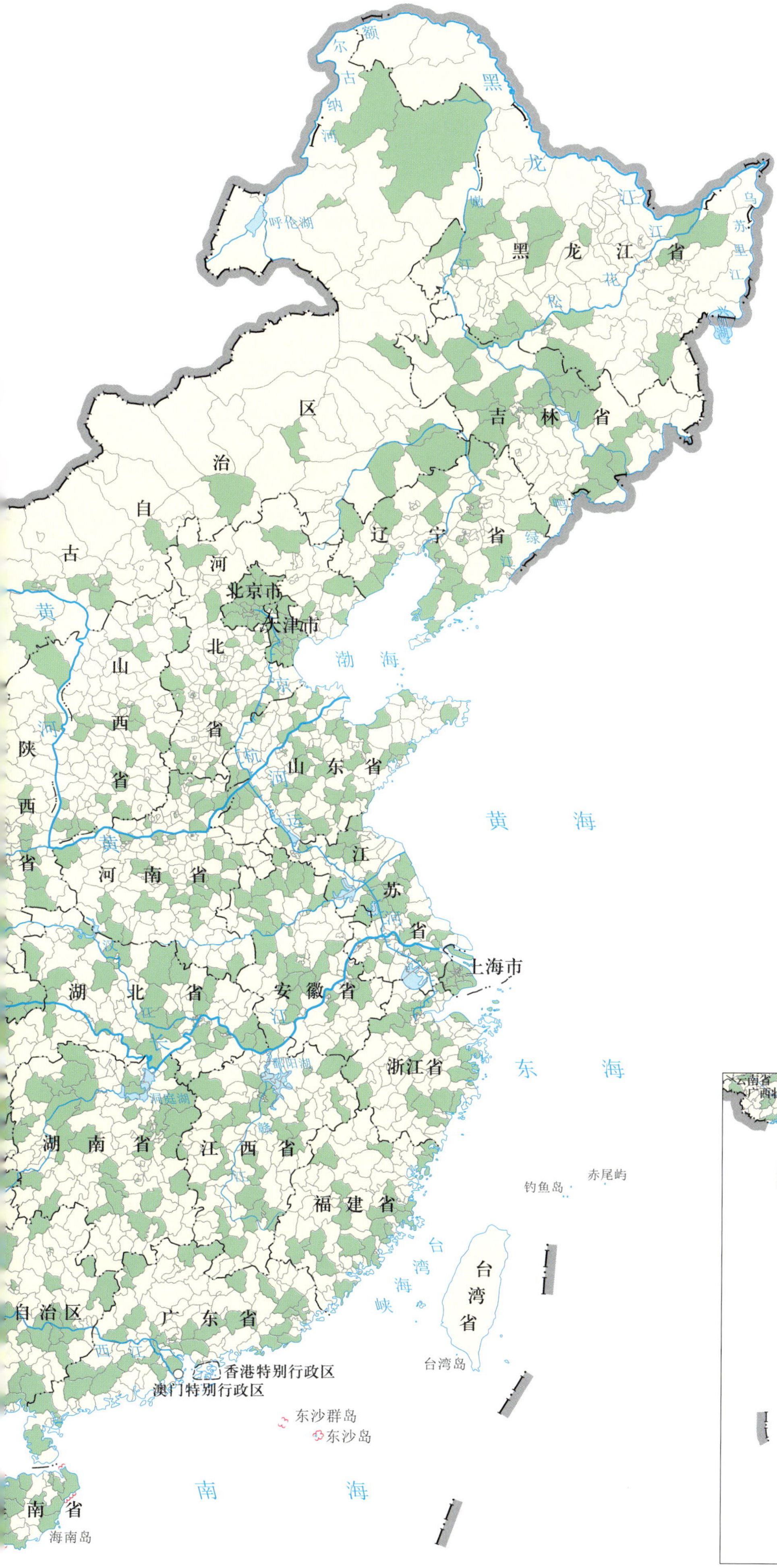
黑龙江省
吉林省
辽宁省
北京市
天津市
河北省
山西省
山东省
陕西省
河南省
江苏省
上海市
湖北省
安徽省
浙江省
湖南省
江西省
福建省
广东省
台湾省
台湾岛
香港特别行政区
澳门特别行政区
东沙群岛
东沙岛
钓鱼岛
赤尾屿
渤海
黄海
东海
南海
台湾海峡
呼伦湖
鄱阳湖
洞庭湖
黑龙江
乌苏里江
额尔古纳河
松花江
黄河
长江
京杭运河
西江
鸭绿江
南省
海南岛
自治区

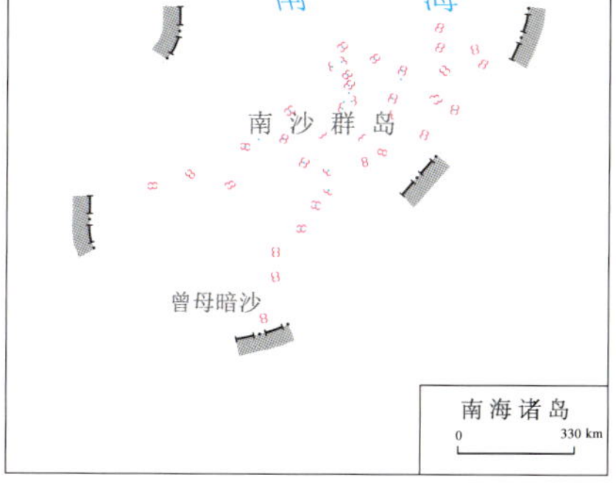
云南省
广西壮族自治区
广东省
福建省
台湾省
台湾岛
香港特别行政区
澳门特别行政区
东沙群岛
东沙岛
海南省
海南岛
西沙群岛
永兴岛
中沙群岛
黄岩岛
南海
南沙群岛
曾母暗沙
南海诸岛
0 330 km

第三部分

中国残疾分型谱系

- 残疾
- 视力残疾
- 听力残疾
- 言语残疾
- 肢体残疾
- 智力残疾
- 精神残疾
- 多重残疾

残　疾
Disability

第二次全国残疾人抽样调查年鉴数据显示，我国共有161 479人次患有至少一种类型的残疾，全国残疾现患率为6.39%，其中，农村人口残疾水平（6.95%）高于城镇人口（5.29%）。在总调查残疾人口中，男性（83 342人，51.61%）多于女性（78 137人，48.39%），并且多见于老年人，65岁及以上残疾人口约占总残疾人口的44.84%。总调查残疾人口的性别-年龄分布如图3-1所示。

According to the Second National Sample Survey on Disability（SNSSD）in China，161 479 cases suffered from at least one type of disability. The prevalence of disability was 6.39%，and the prevalence of the rural population（6.95%）was higher than that of the urban population（5.29%）. In the SNSSD，the proportion of disability in males（83 342，51.61%）was higher than that in females（78 137，48.39%）. And the proportion of disability of older adults aged 65 years and above was 44.84%. The distribution of the total population with disabilities by age and sex in survey is shown in Figure 3-1.

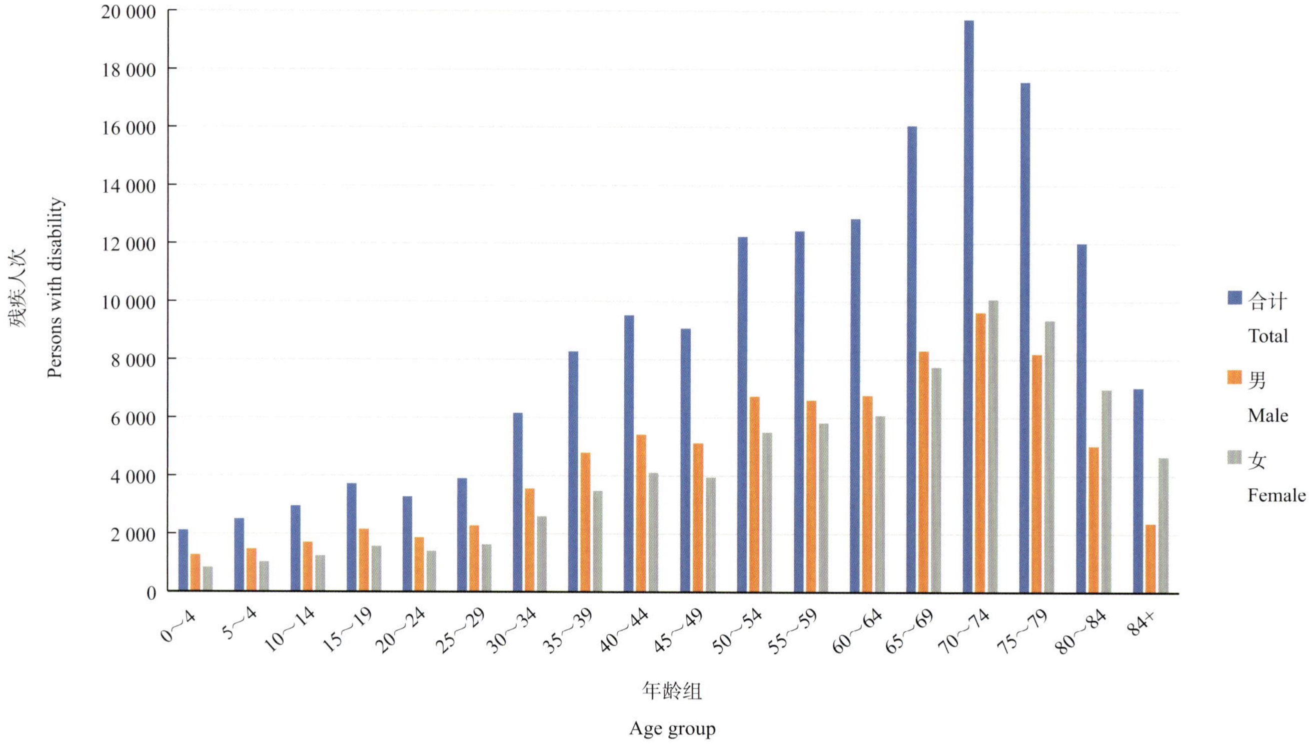

图3-1　第二次全国残疾人抽样调查残疾人口性别-年龄分布

Figure 3-1　Age-sex distribution of disability in SNSSD

从地区分布来看，残疾人口较多的省份分别为四川省（5.89%）、河南省（5.81%）、山东省（4.86%）、河北省（4.66%）和广东省（4.55%），而西藏自治区（0.98%）、青海省（1.04%）、海南省（1.52%）、新疆维吾尔自治区（1.70%）和宁夏回族自治区（1.94%）则较少，如图3-2所示。

In terms of regional distribution，the proportions of disability were higher in Sichuan Province（5.89%），Henan Province（5.81%），Shandong Province（4.86%），Hebei Province（4.66%）and Guangdong Province（4.55%）than other regions. Provinces with the lower prevalence were Xizang Autonomous Region（0.98%），Qinghai Province（1.04%），Hainan Province（1.52%），Xinjiang Uygur Autonomous Region（1.70%）and Ningxia Hui Autonomous Region（1.94%）（Figure 3-2）.

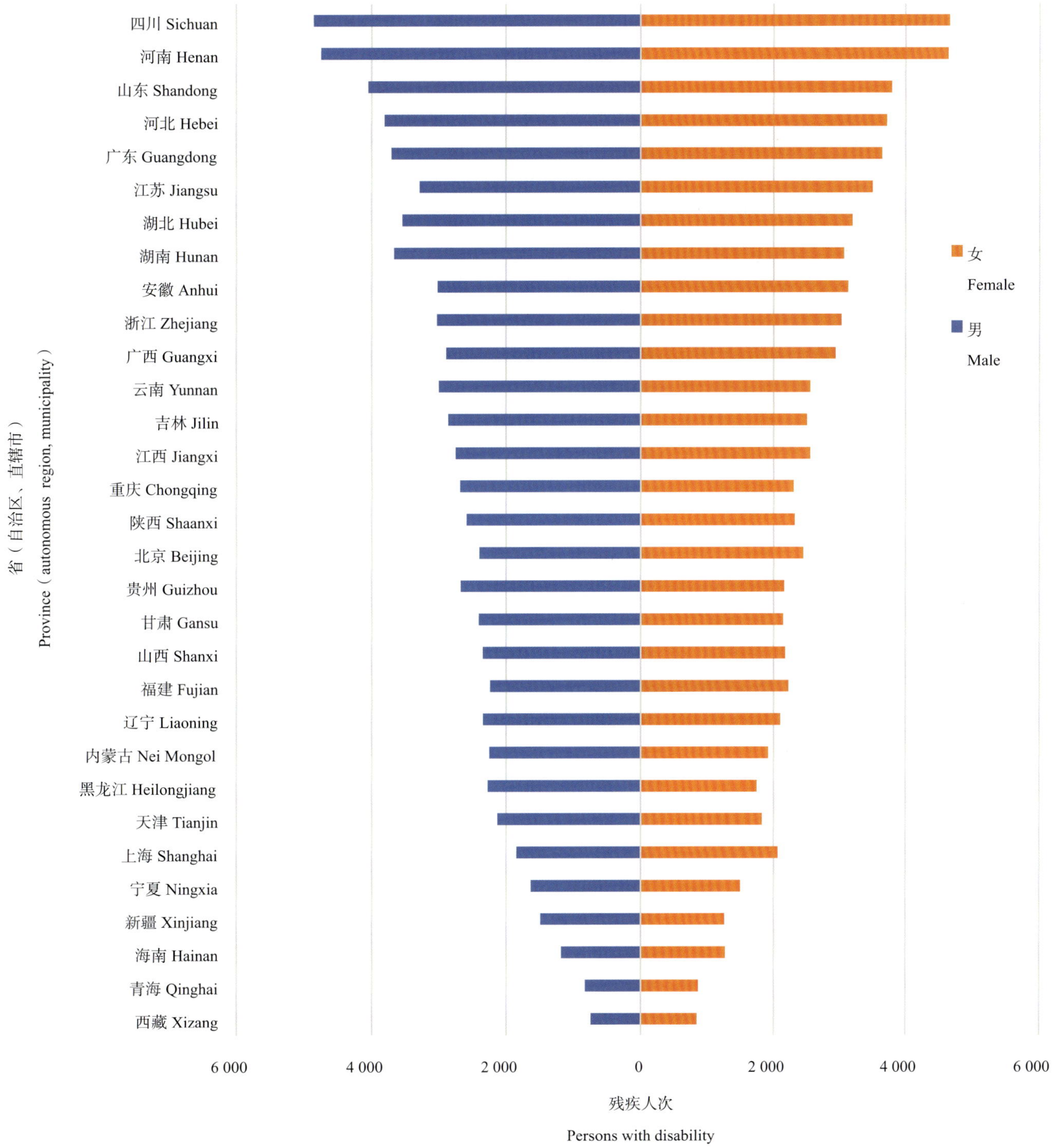

图 3-2　第二次全国残疾人抽样调查各省（自治区、直辖市）残疾人口分布情况

Figure 3-2　Regional distribution of disability in SNSSD

残疾现患率

Prevalence of Disability

1∶16 500 000

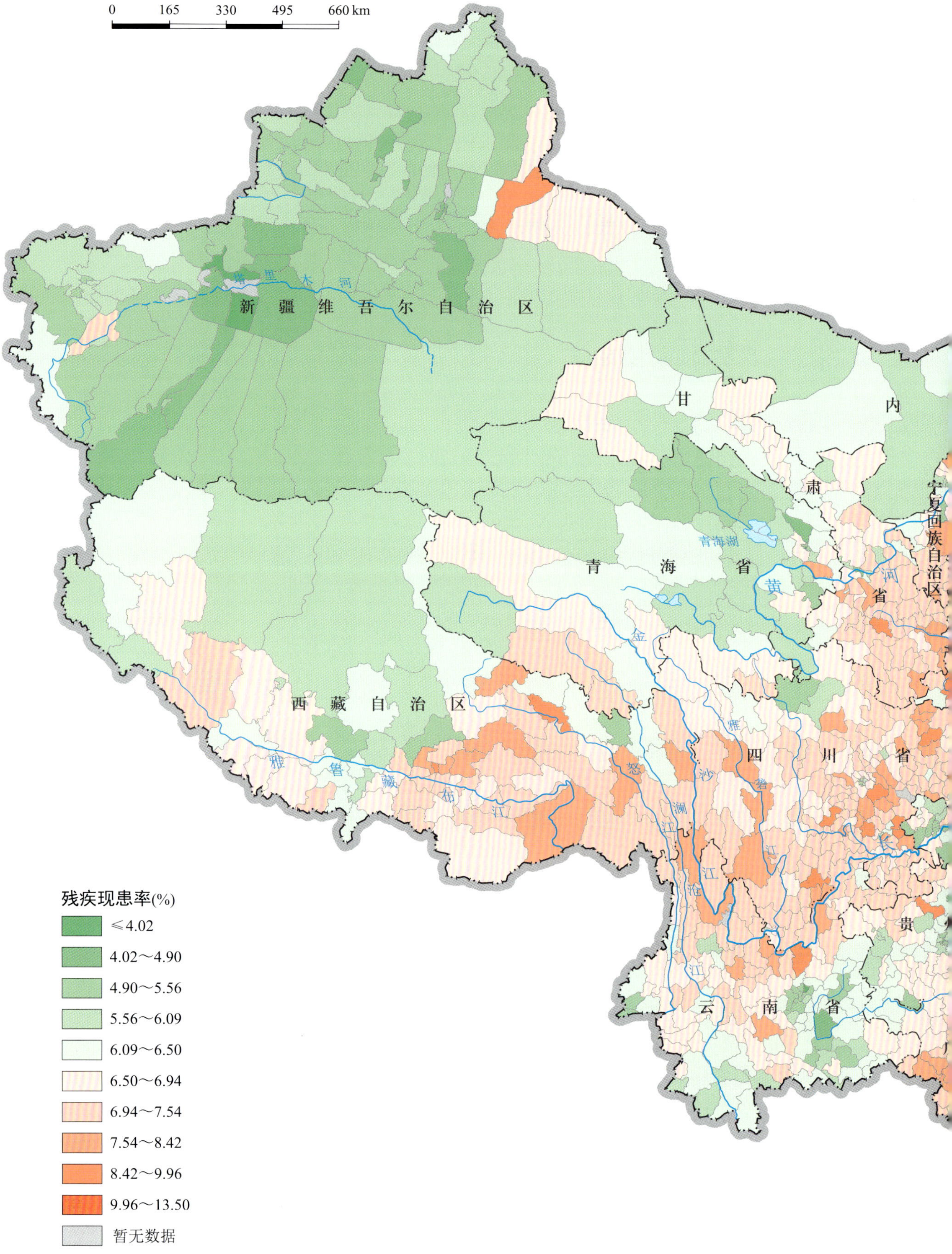

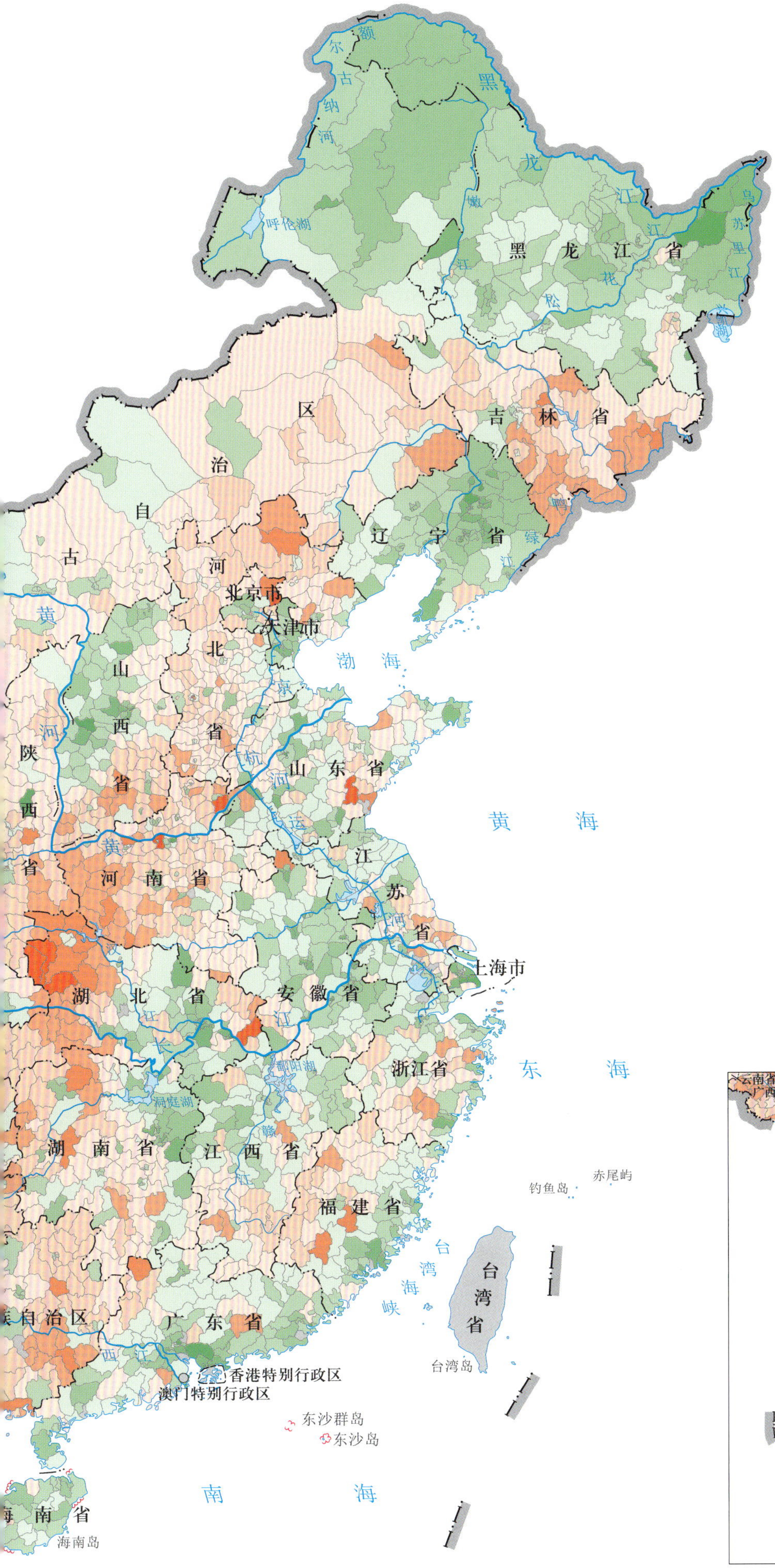
额尔古纳河
呼伦湖
黑龙江
嫩江
黑龙江省
乌苏里江
松花江
兴凯湖
区
治
自
古
吉林省
鸭绿江
辽宁省
河
北京市
天津市
渤海
黄河
山西省
北
省
京杭运河
陕西
山东省
黄海
江苏省
河南省
上海市
湖北省
安徽省
长江
汉江
鄱阳湖
洞庭湖
浙江省
东海
湖南省
江西省
赣江
福建省
钓鱼岛
赤尾屿
台湾海峡
台湾省
台湾岛
族自治区
广东省
西江
香港特别行政区
澳门特别行政区
东沙群岛
东沙岛
南海
海南省
海南岛

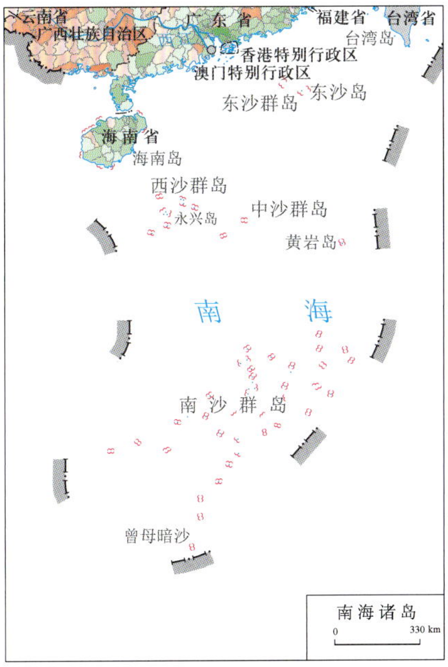
云南省
广西壮族自治区
广东省
福建省
台湾省
台湾岛
香港特别行政区
澳门特别行政区
东沙群岛
东沙岛
海南省
海南岛
西沙群岛
永兴岛
中沙群岛
黄岩岛
南海
南沙群岛
曾母暗沙
南海诸岛
0
330 km

残疾年龄标化现患率

Age-standardized Prevalence of Disability

1：16 500 000

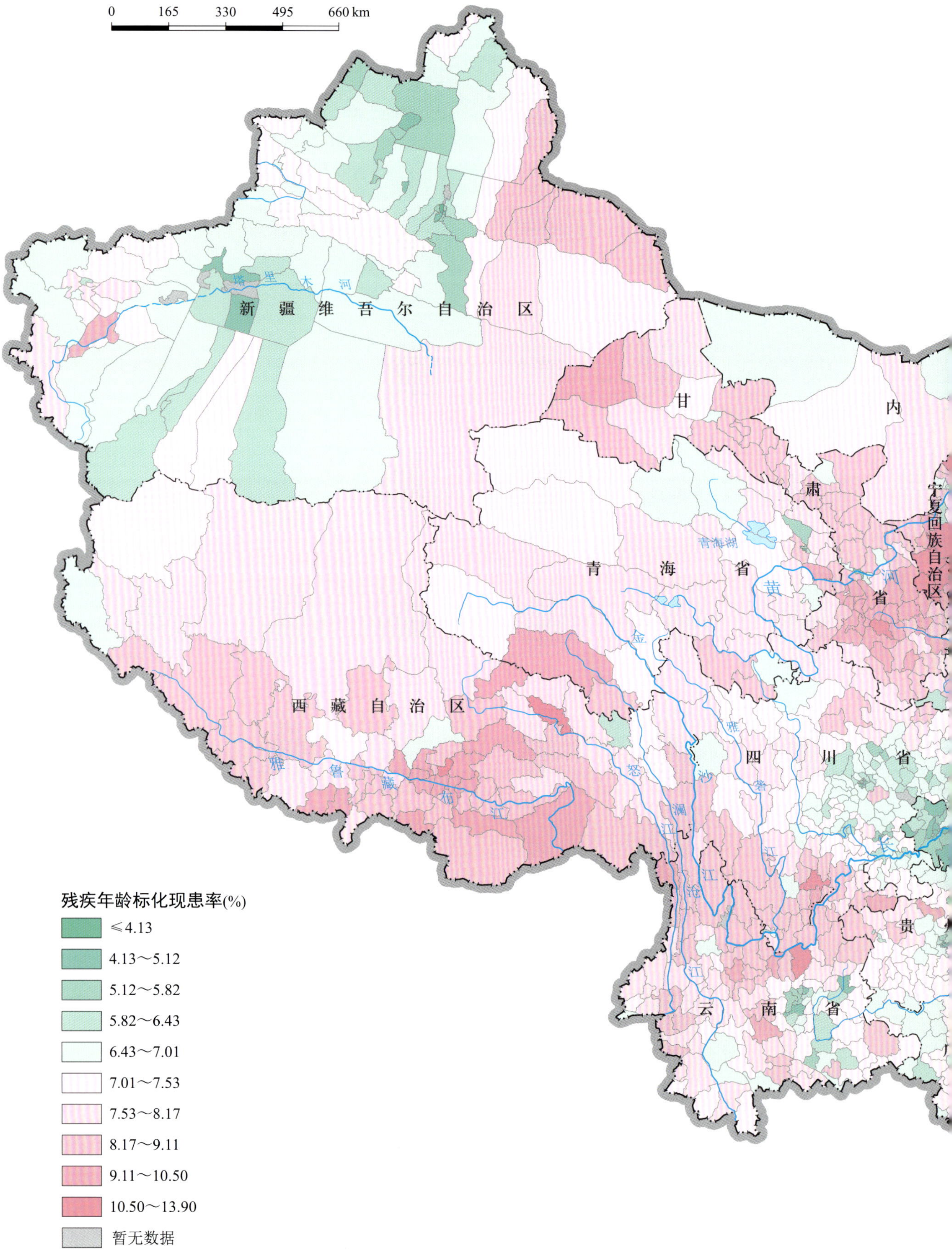

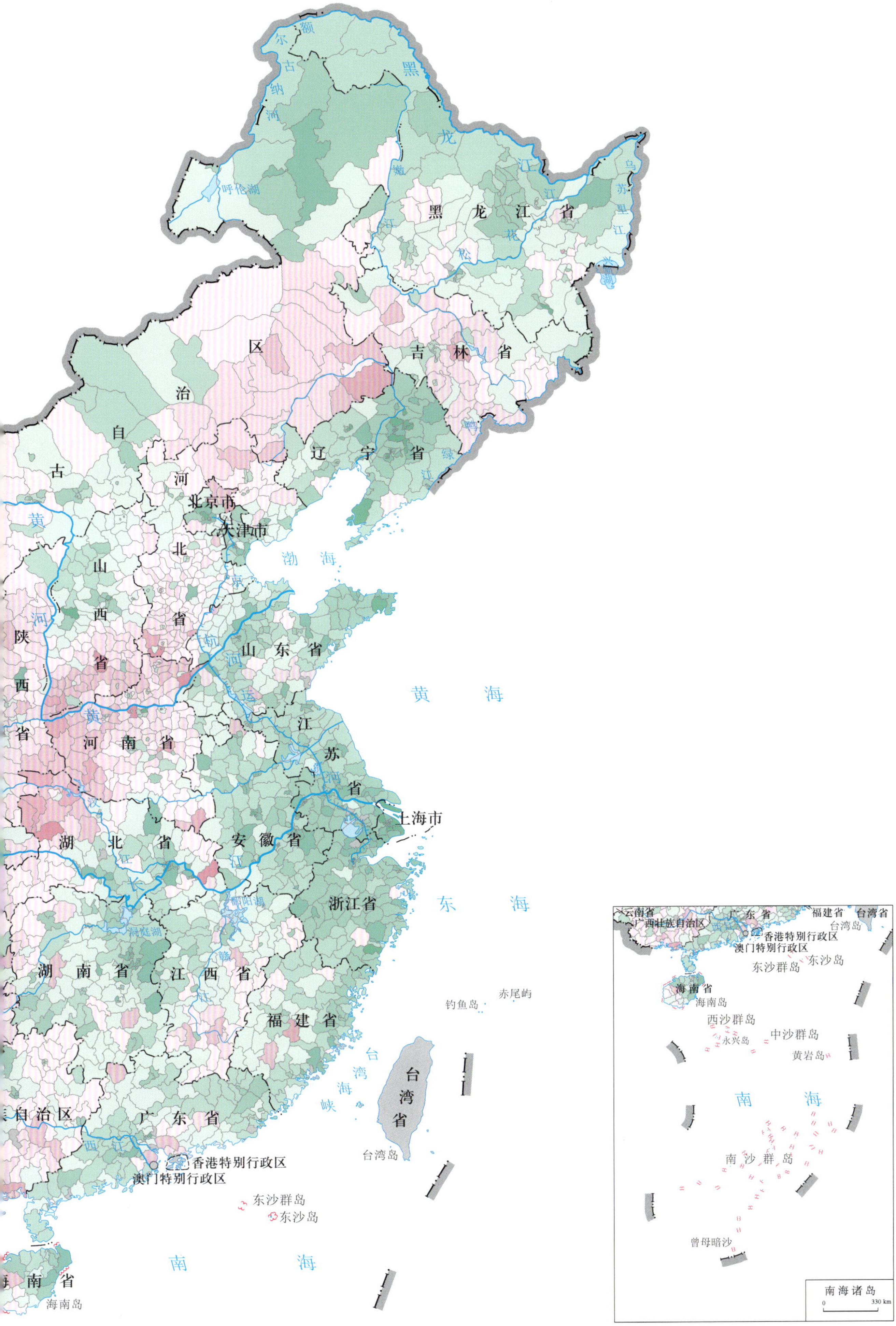

额尔古纳河
呼伦湖
黑龙江
乌苏里江
嫩江
松花江
黑龙江省
吉林省
辽宁省
鸭绿江
古自治区
北京市
天津市
河北省
山西省
陕西省
黄河
京杭运河
渤海
山东省
黄海
江苏省
上海市
河南省
湖北省
安徽省
汉江
长江
洞庭湖
鄱阳湖
赣江
浙江省
东海
湖南省
江西省
福建省
钓鱼岛
赤尾屿
台湾海峡
台湾省
台湾岛
自治区
广东省
西江
香港特别行政区
澳门特别行政区
东沙群岛
东沙岛
南海
海南省
海南岛
云南省
广西壮族自治区
广东省
福建省
台湾省
台湾岛
香港特别行政区
澳门特别行政区
东沙群岛
东沙岛
海南省
海南岛
西沙群岛
永兴岛
中沙群岛
黄岩岛
南海
南沙群岛
曾母暗沙
南海诸岛
0
330 km

男性残疾现患率
Prevalence of Disability (Male)

1：16 500 000

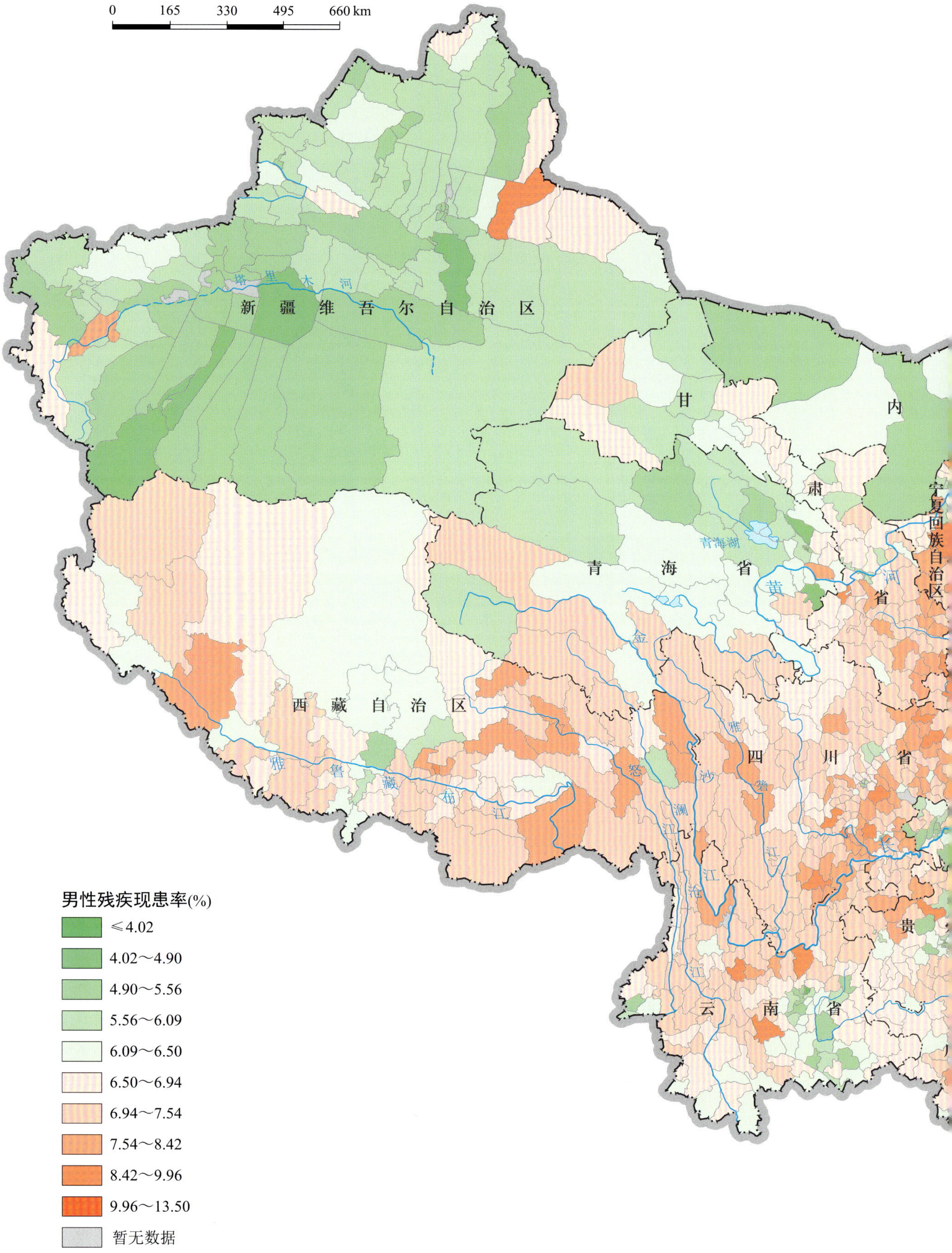

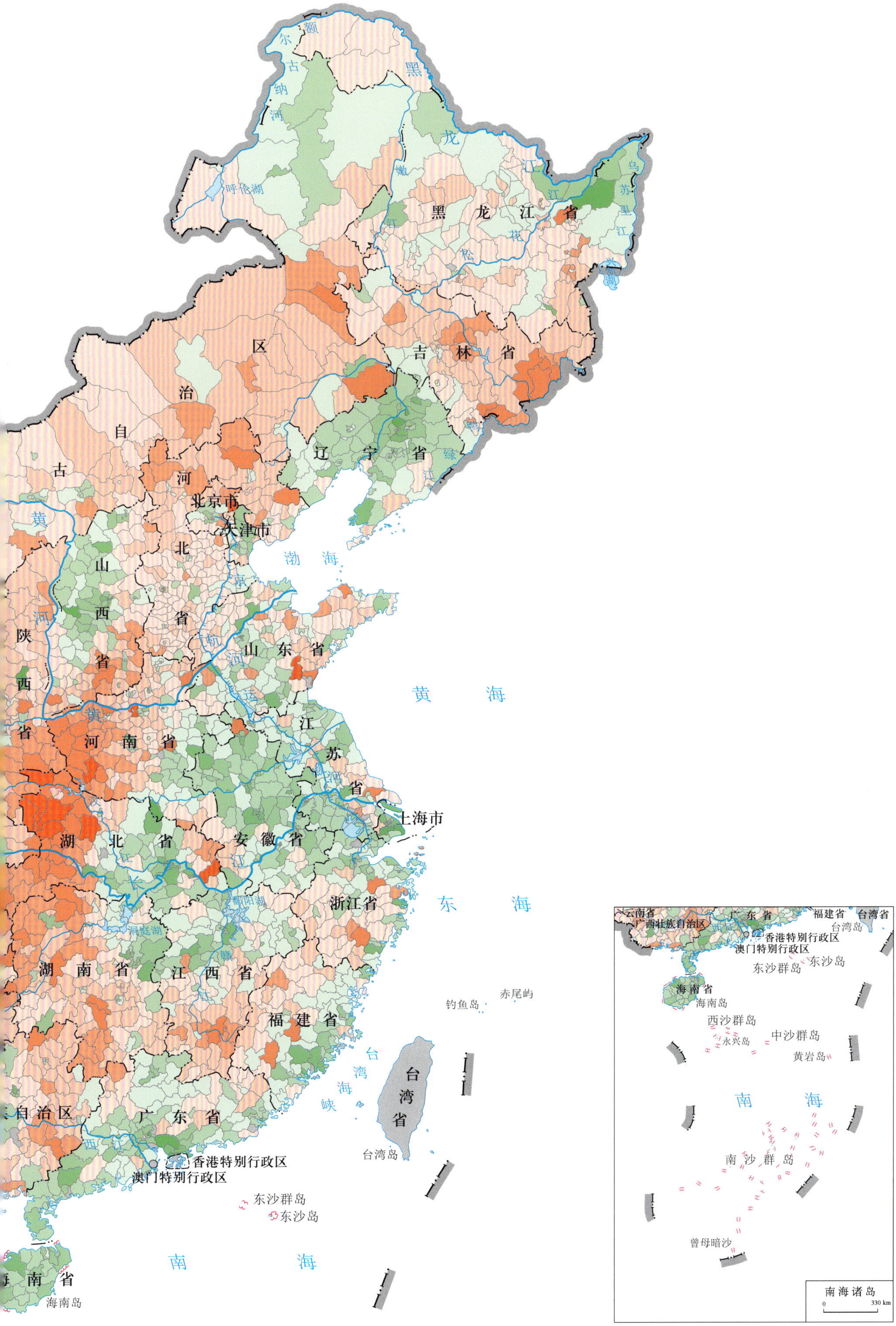
黑龙江省
吉林省
辽宁省
内蒙古自治区
北京市
天津市
河北省
山西省
陕西省
山东省
河南省
江苏省
上海市
安徽省
湖北省
浙江省
湖南省
江西省
福建省
广东省
广西壮族自治区
台湾省
海南省
香港特别行政区
澳门特别行政区
呼伦湖
额尔古纳河
黑龙江
乌苏里江
松花江
兴凯湖
鸭绿江
渤海
黄海
东海
南海
台湾海峡
黄河
长江
京杭运河
洞庭湖
鄱阳湖
太湖
钓鱼岛
赤尾屿
台湾岛
东沙群岛
东沙岛
海南岛
云南省
福建省
台湾省
广东省
西沙群岛
永兴岛
中沙群岛
黄岩岛
南沙群岛
曾母暗沙
南海诸岛
0
330 km

男性残疾年龄标化现患率

Age-standardized Prevalence of Disability (Male）

1：16 500 000

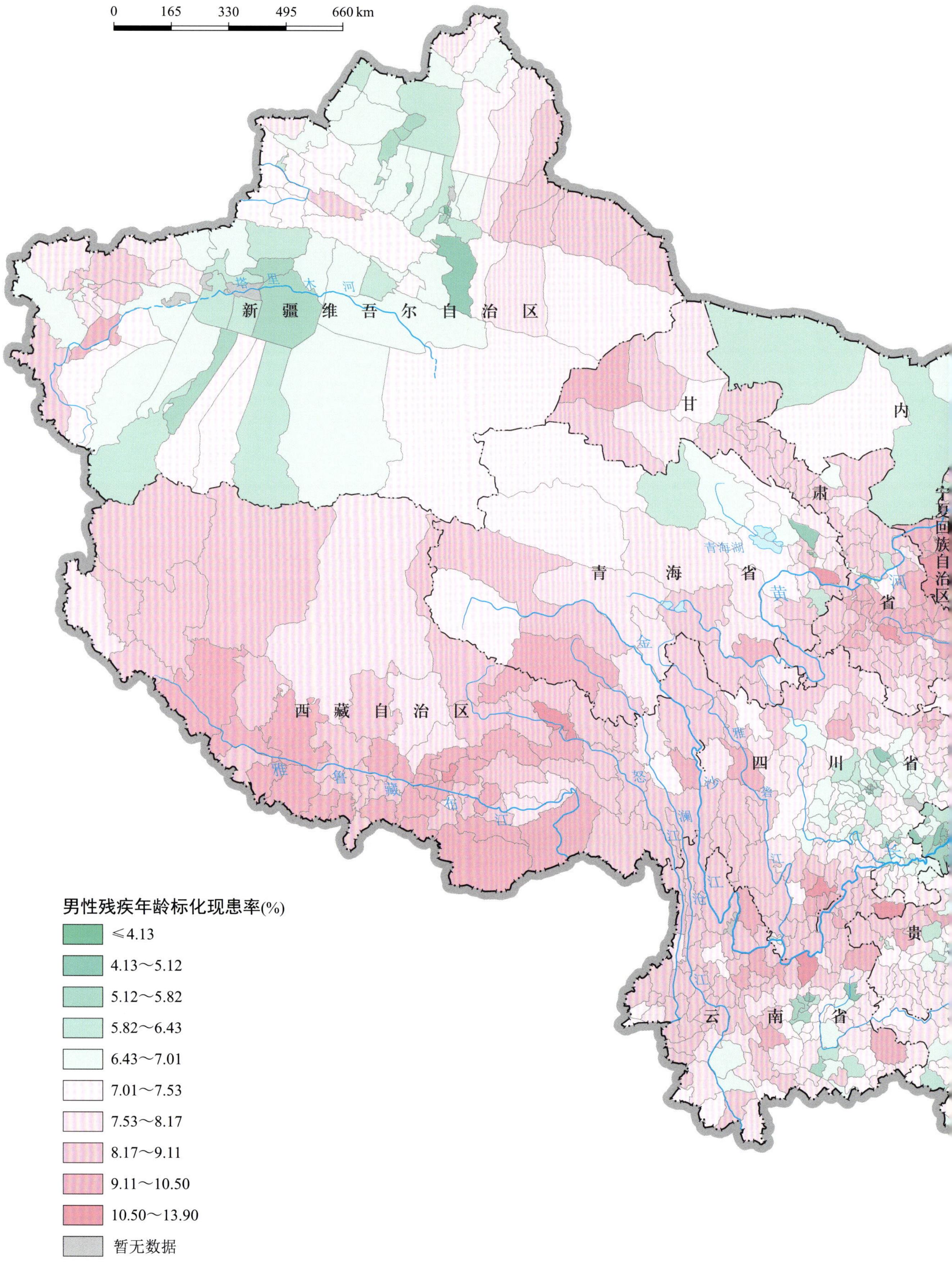

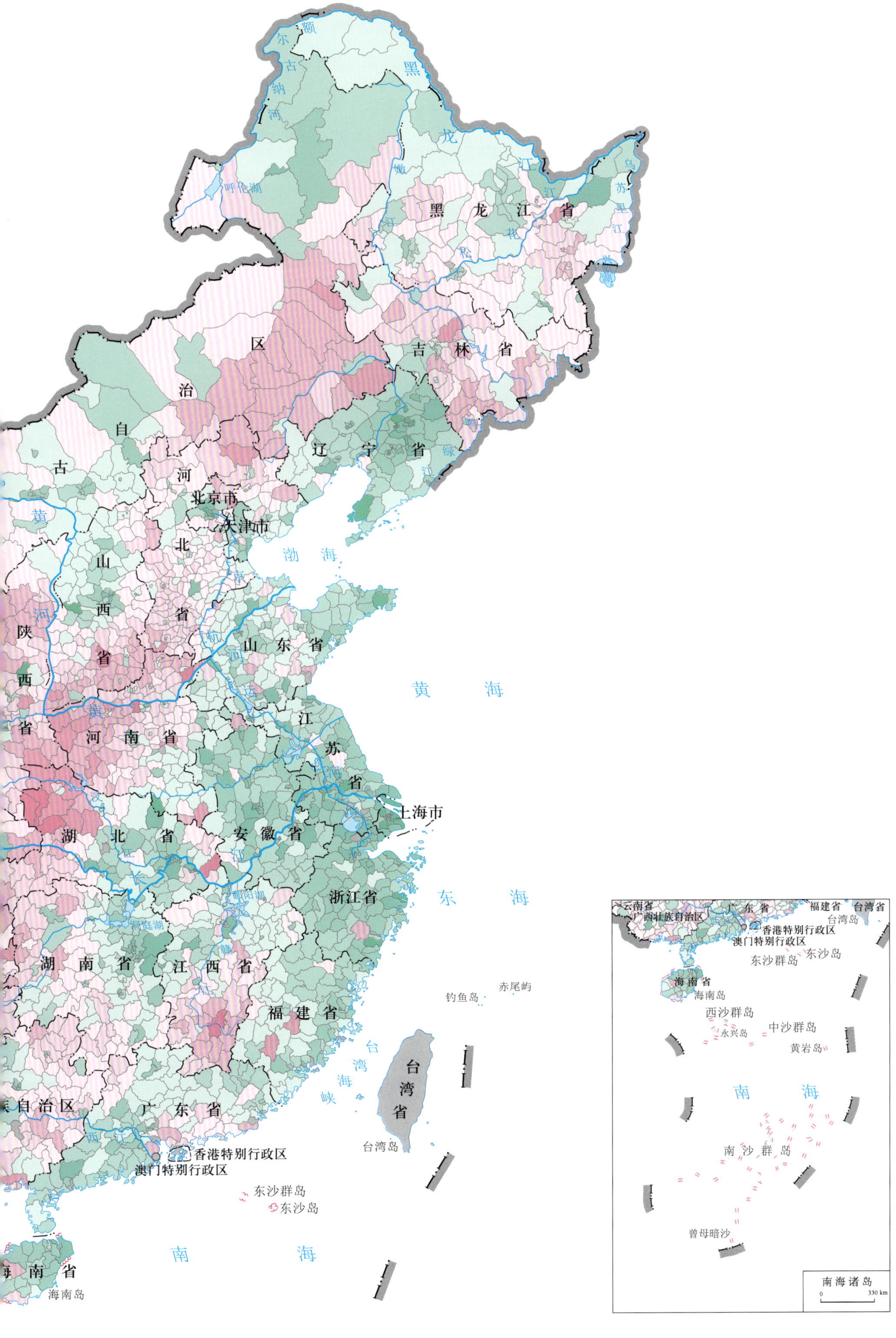

黑龙江省
吉林省
辽宁省
北京市
天津市
河北省
山西省
山东省
陕西省
河南省
江苏省
上海市
湖北省
安徽省
浙江省
湖南省
江西省
福建省
广东省
台湾省
香港特别行政区
澳门特别行政区
渤海
黄海
东海
南海
台湾海峡
钓鱼岛
赤尾屿
台湾岛
东沙群岛
东沙岛
海南岛
南海诸岛
西沙群岛
永兴岛
中沙群岛
黄岩岛
南沙群岛
曾母暗沙
0 330 km

女性残疾现患率

Prevalence of Disability (Female)

1：16 500 000

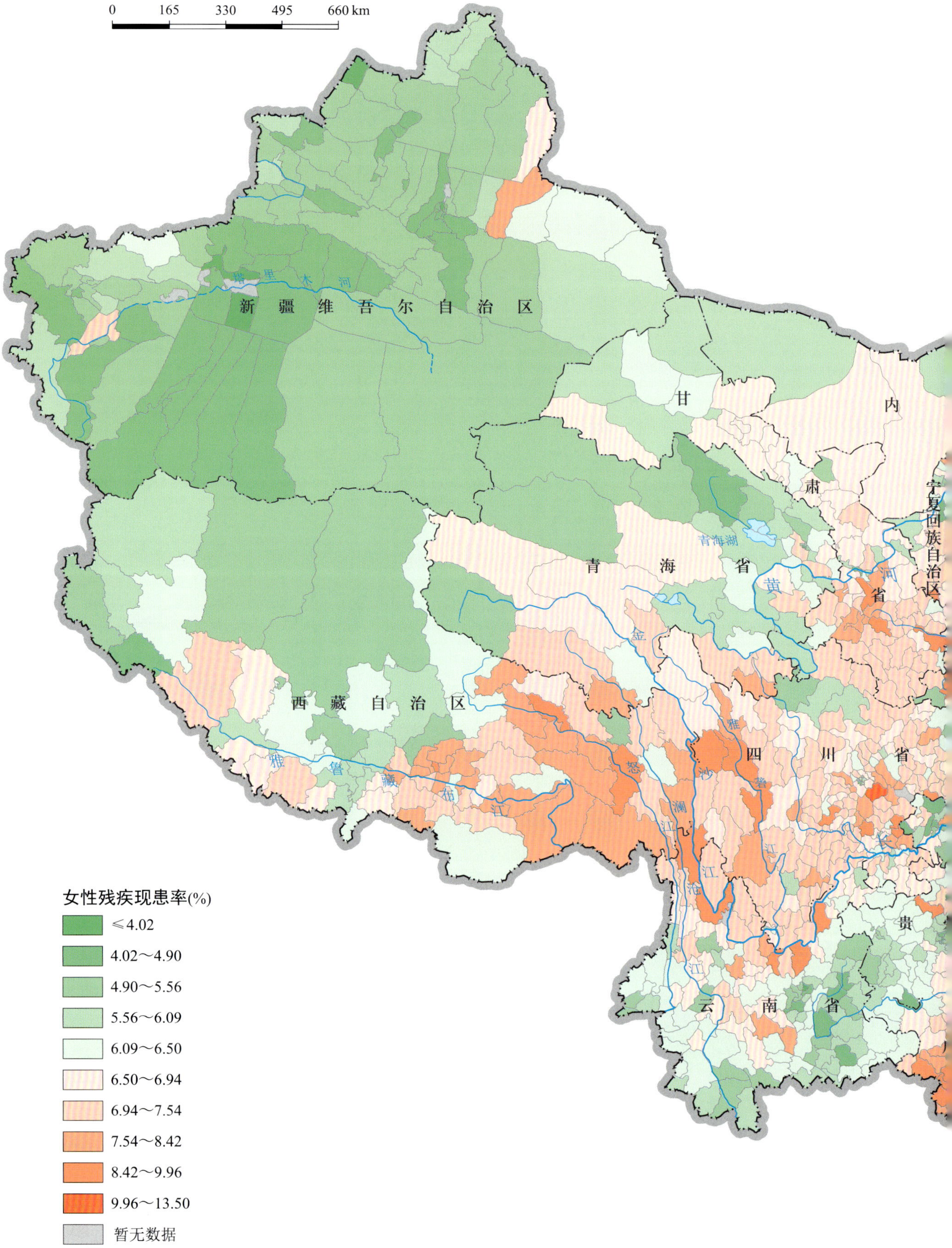

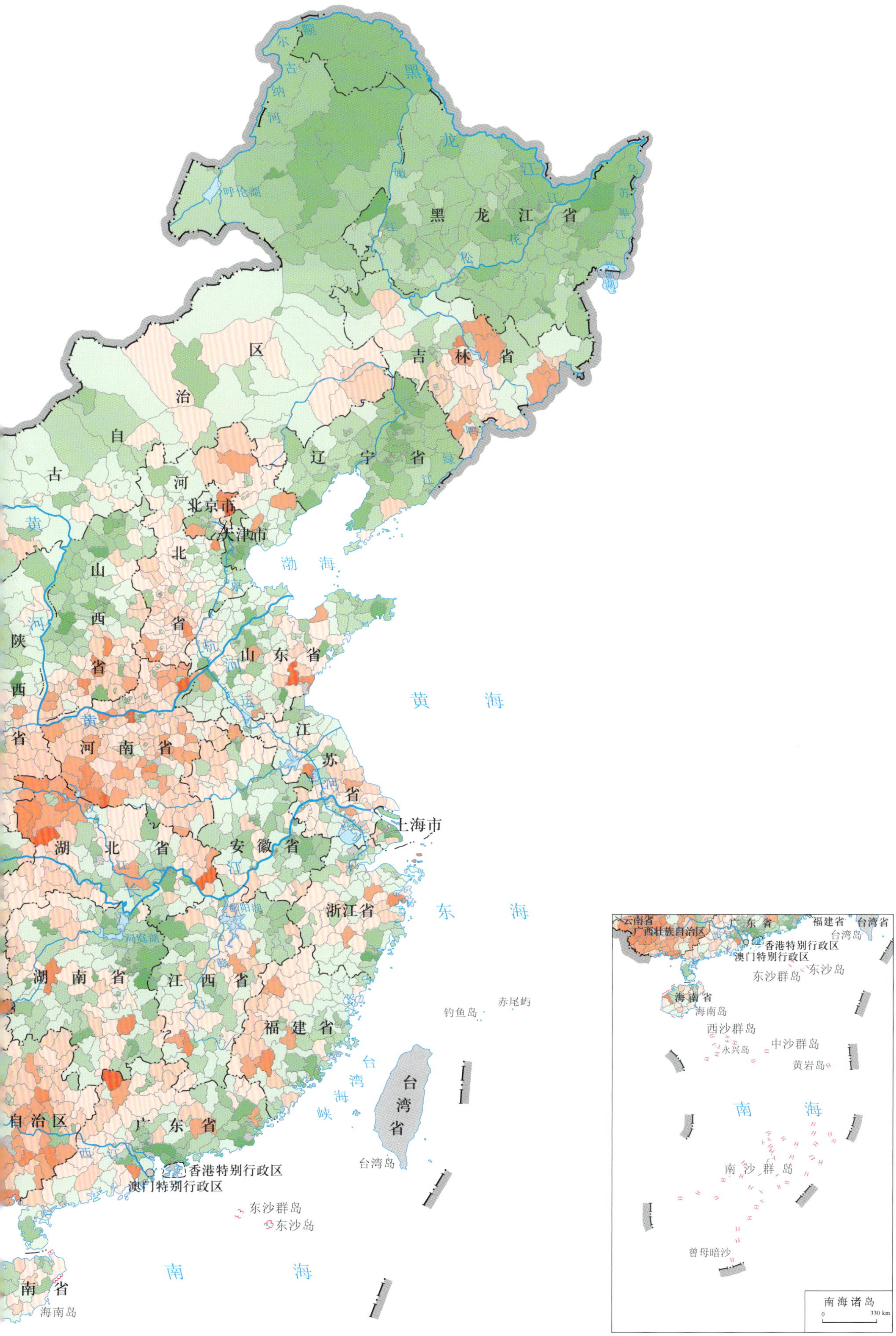
额尔古纳河
黑龙江
呼伦湖
嫩江
黑龙江省
乌苏里江
松花江
兴凯湖
吉林省
内蒙古自治区
辽宁省
鸭绿江
河北省
北京市
天津市
渤海
山西省
黄河
陕西省
山东省
京杭运河
黄海
河南省
江苏省
上海市
湖北省
安徽省
长江
浙江省
东海
鄱阳湖
洞庭湖
湖南省
江西省
赣江
福建省
钓鱼岛
赤尾屿
台湾海峡
台湾省
广西壮族自治区
广东省
西江
香港特别行政区
澳门特别行政区
台湾岛
东沙群岛
东沙岛
南海
海南省
海南岛
云南省
福建省
台湾省
西沙群岛
永兴岛
中沙群岛
黄岩岛
南沙群岛
曾母暗沙
南海诸岛
0
330 km

女性残疾年龄标化现患率

Age-standardized Prevalence of Disability (Female)

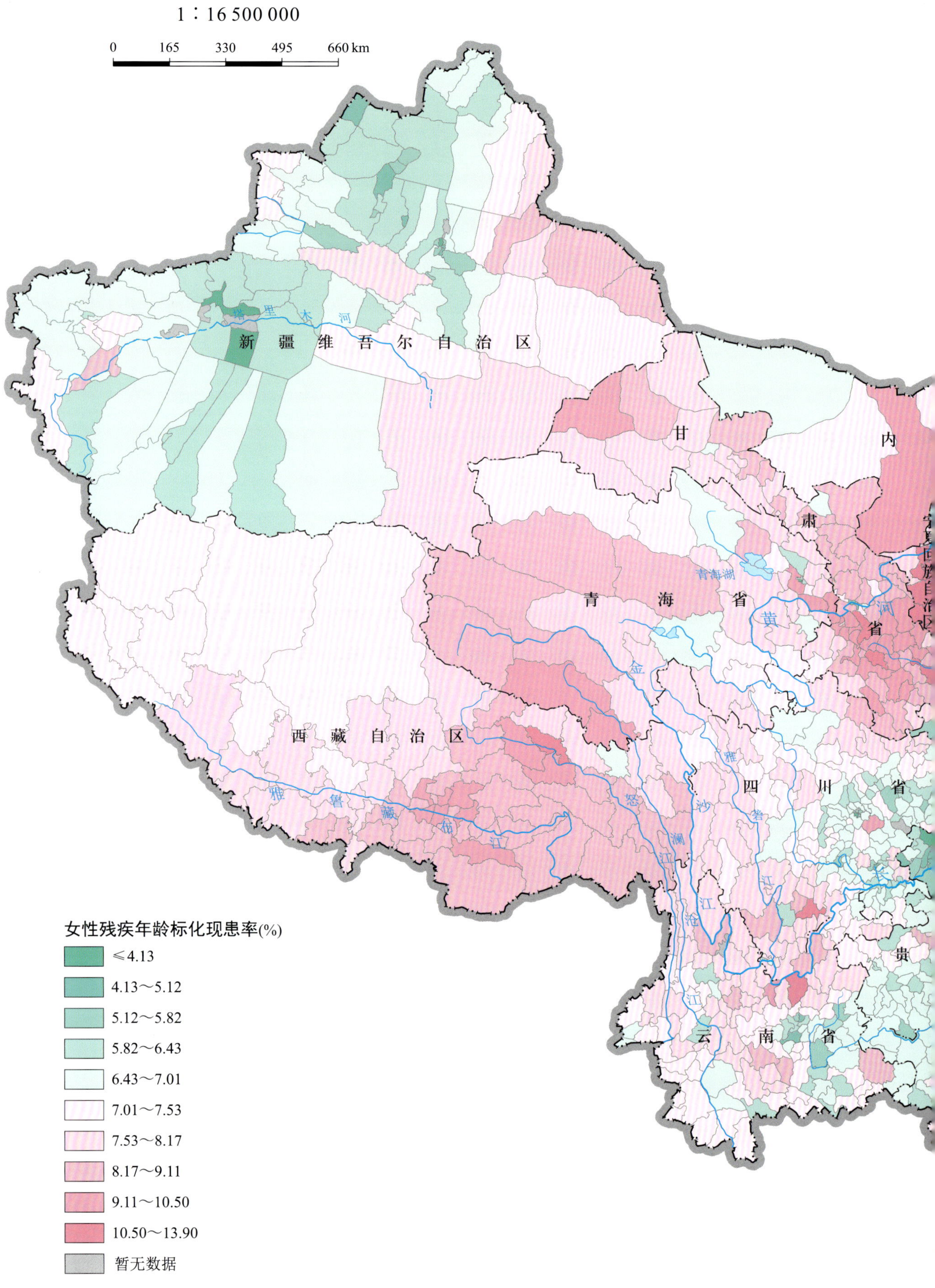

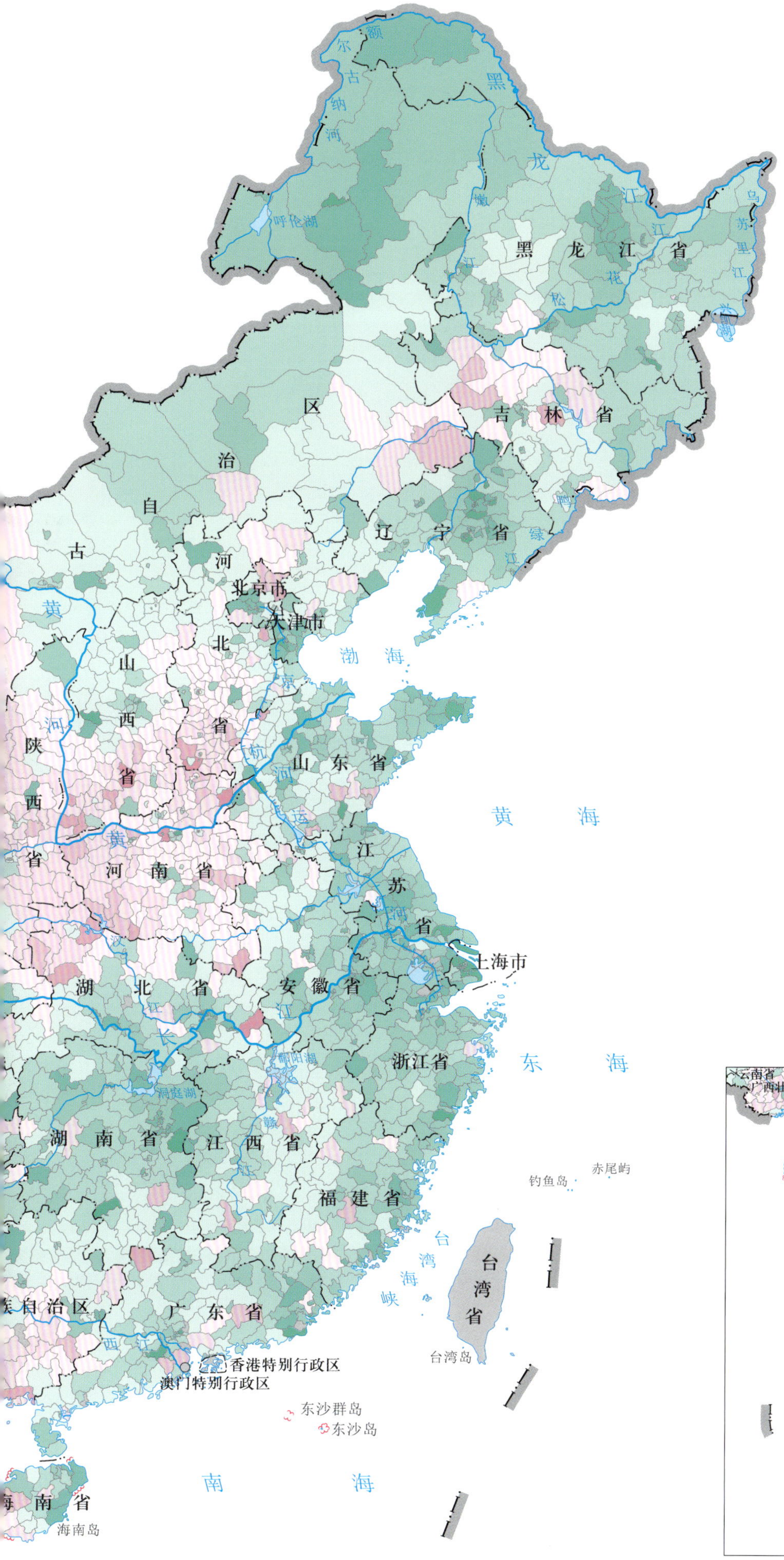

额尔古纳河
呼伦湖
黑龙江
嫩江
松花江
乌苏里江
兴凯湖
黑龙江省
吉林省
辽宁省
鸭绿江
古
自
治
区
河北省
北京市
天津市
渤海
黄海
山西省
陕西省
京杭运河
山东省
黄河
河南省
江苏省
上海市
安徽省
湖北省
汉江
长江
洞庭湖
鄱阳湖
浙江省
东海
湖南省
江西省
赣江
福建省
钓鱼岛
赤尾屿
台湾海峡
台湾省
台湾岛
族自治区
广东省
西江
香港特别行政区
澳门特别行政区
东沙群岛
东沙岛
南海
海南省
海南岛

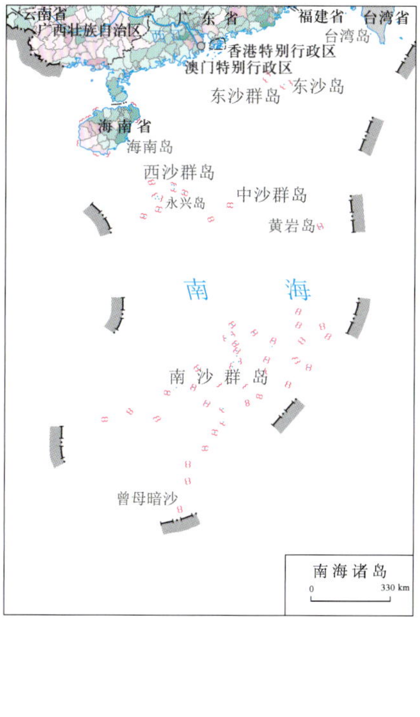

云南省
广西壮族自治区
广东省
福建省
台湾省
台湾岛
香港特别行政区
澳门特别行政区
东沙群岛
东沙岛
海南省
海南岛
西沙群岛
永兴岛
中沙群岛
黄岩岛
南海
南沙群岛
曾母暗沙
南海诸岛
0
330 km

视力残疾
Visual Disability

根据第二次全国残疾人抽样调查残疾标准（2006），视力残疾是指由于各种原因导致双眼视力低下并且不能矫正或视野缩小，以致影响日常生活和社会参与。视力残疾包括盲及低视力。对于双眼而言，若双眼视力不同，则以视力较好的一眼为准。如仅单眼为盲或低视力，而另一眼的最佳矫正视力即以适当镜片矫正所能达到的最好视力或以针孔镜所测得的视力达到或优于0.3，则不属于视力残疾范畴。视野半径小于10°者，不论其视力如何均属于盲。

Visual disability refers to poor vision or constriction of the visual field in both eyes from any cause and is not correctable. These deficits affect daily life and social activities. It consists of two categories：blindness and weak vision. If two eyes have different vision，the diagnosis of visual disability depends on the eye with better vision. If only one eye is blind or has low vision，but the best corrected visual acuity for the other eye or the mean binocular distance visual acuity for pinhole is 0.3 and above，it is not a visual disability. The radius of visual field less than 10 degrees is deemed to blindness regardless the visual acuity（The Standard of Second National Sample Survey on Disability，2006）.

第二次全国残疾人抽样调查年鉴数据显示，调查时点共有32 521人次为视力残疾（包括仅为视力残疾，以及在视力残疾的同时还有其他类型残疾的人），现患率为1.29%。从构成比看，在视力残疾人口中，女性（60.09%）多于男性（39.91%）；农村人口（75.30%）多于城镇人口（24.70%）；并且多见于老年人。视力残疾人口性别-年龄分布如图3-3所示。从地区分布结构来看，视力残疾人口较多的省份分别为四川省（7.62%）、河南省（6.07%）、广东省（5.14%）、广西壮族自治区（4.65%）和安徽省（4.64%）。

According to the SNSSD，32 521 cases had visual disability. The prevalence of visual disability was 1.29%. The scale of visual disability in males（39.91%）was lower than that in females（60.09%），and visual disability was more common and widespread in older adults（Figure 3-3）. The proportion of disability of the rural population（75.30%）was higher than that of the urban population（24.70%）. In terms of regional distribution，provinces with the larger proportion of visual disability were Sichuan Province（7.62%），Henan Province（6.07%），Guangdong Province（5.14%），Guangxi Zhuang Autonomous Region（4.65%）and Anhui Province（4.64%）.

将调查包含的全部致残原因进行归类，即先天原因（包括遗传、先天异常或发育障碍），感染性疾病（包括沙眼、角膜病），非感染性疾病（包括白内障、青光眼、视神经病变、视网膜病变、色素膜病变、屈光不正、弱视），创伤及伤害（包括外伤、中毒），原因不明及其他（郑晓瑛 等，2008）。可以看出，非感染性疾病是视力残疾最主要的风险来源，城镇和农村状况相似，如图3-4所示。

To classify the causes of visual disability into 5 groups：congenital causes（including hereditary，congenital abnormalities or developmental disorders），infectious diseases（including trachoma and keratopathy），noninfectious diseases（including cataract，glaucoma，optic neuropathy，retinopathy，pigment membrane disease，ametropia，amblyopia），trauma and injury（including trauma and poisoning），and other causes or unknown causes（Zheng et al，2008）. It was found that，the noninfectious diseases were the main risks for visual disability. The similar patterns were seen in urban and rural areas（Figure 3-4）.

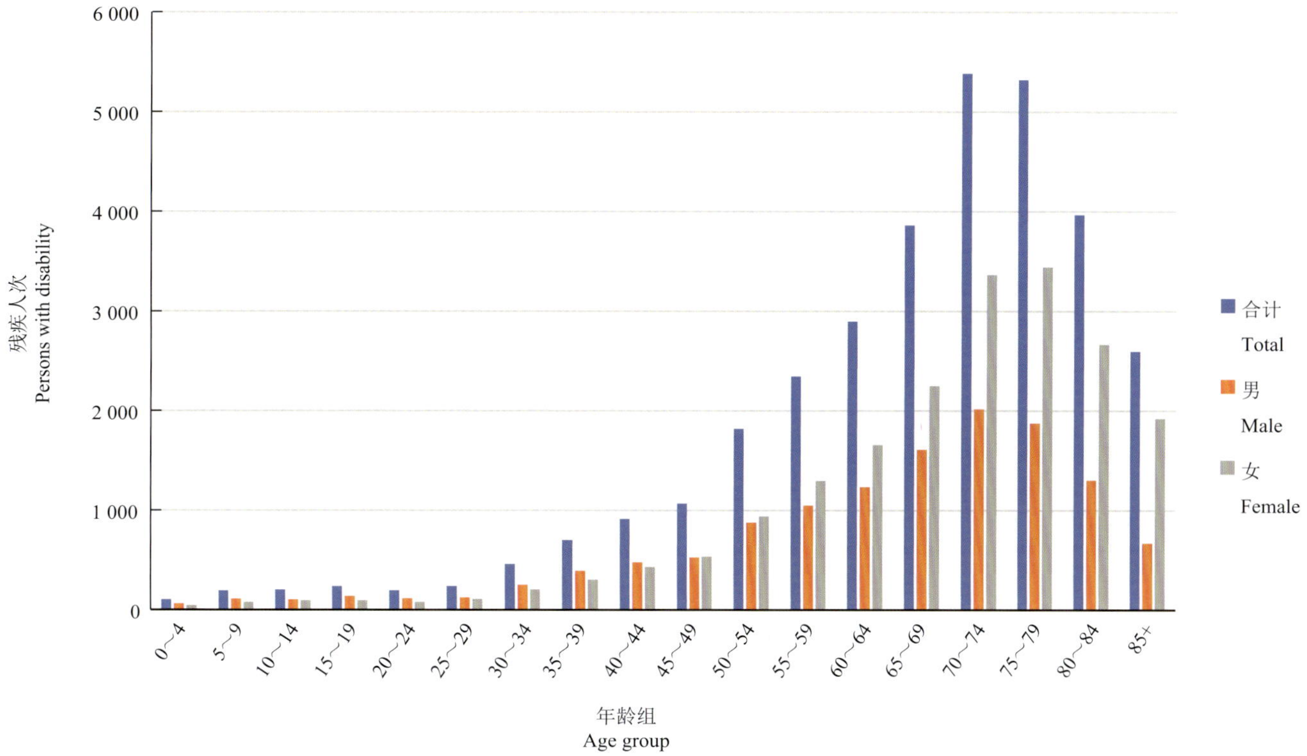

图 3-3　第二次全国残疾人抽样调查视力残疾人口性别-年龄分布

Figure 3-3　Age-sex distribution of visual disability in SNSSD

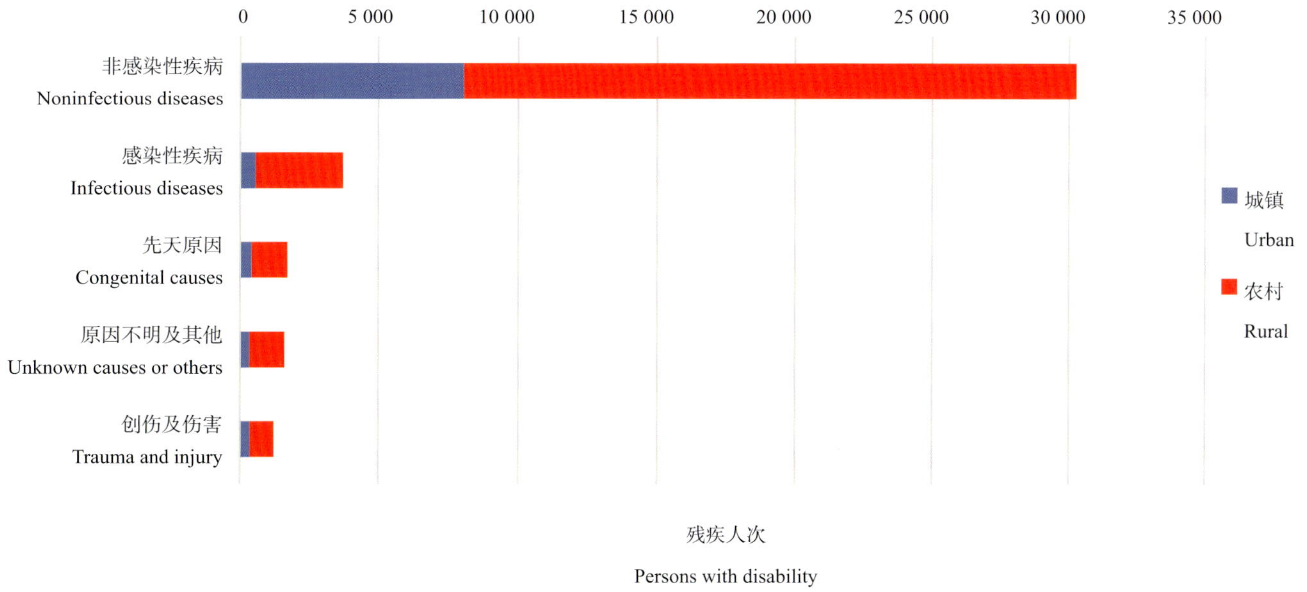

图 3-4　第二次全国残疾人抽样调查视力残疾致残原因城乡分布

Figure 3-4　Regional distribution of main causes of visual disability in SNSSD

具体来看，其中最主要的致残原因为白内障（55.61%），高发于65岁及以上老年人群，女性多于男性；其次为视网膜和色素膜病变（14.99%）、角膜病（10.10%）、屈光不正（7.58%）和青光眼（6.68%）。视力残疾主要致残原因性别-年龄分布与地区分布如图3-5和图3-6所示。

Specifically，cataract（55.61%）was the most common cause of visual disability，which occurred more frequently in older adults aged 65 and above，and more frequently in females than in males. The other main causes of visual disability were retinopathy and pigment membrane diseases（14.99%），keratopathy（10.10%），ametropia（7.58%）and glaucoma（6.68%）. The distribution of the main causes of visual disability is shown in the Figure 3-5 and Figure 3-6.

年龄组 Age group	白内障 Cataract		视网膜、色素膜病变 Retinopathy and pigment membrane diseases		角膜病 Keratopathy		屈光不正 Ametropia		青光眼 Glaucoma	
	男 Male	女 Female	男 Male	女 Female	男 Male	女 Female	男 Male	女 Female	男 Male	女 Female
0～4	6	4	1	1	2		7	7	1	1
5～9	7	7	4	4	4	4	10	9	3	
10～14	10	5	5	9	5	11	18	12	4	5
15～19	10	4	17	6	11	15	17	14	5	4
20～24	11	5	18	4	10	15	19	5	1	2
25～29	9	15	22	10	12	11	15	9	2	6
30～34	25	17	37	32	19	20	46	41	9	10
35～39	33	29	74	72	23	27	62	76	12	14
40～44	30	56	95	93	37	35	87	92	23	20
45～49	65	100	143	136	44	45	107	116	27	41
50～54	173	245	206	257	69	99	148	138	47	59
55～59	315	472	216	305	164	144	136	176	68	115
60～64	516	754	213	335	164	200	125	159	98	149
65～69	882	1 371	251	366	205	262	105	139	104	187
70～74	1 323	2 317	264	510	208	309	99	158	140	253
75～79	1 362	2 573	219	382	186	315	68	118	112	268
80～84	1 000	2 192	146	234	131	225	35	57	72	163
85+	547	1 595	55	134	59	193	7	27	42	105

图3-5 第二次全国残疾人抽样调查视力残疾主要致残原因性别-年龄分布

Figure 3-5 Age-sex distribution of main causes of visual disability in SNSSD

注：单元格色阶表示其数值大小（人次）；空白处表示无数据

Note：The numerical value in each color graded table cell represents the number of persons with visual disability. The blank space indicates no data

省份 Province	白内障 Cataract		视网膜、色素膜病变 Retinopathy and pigment membrane diseases		角膜病 Keratopathy		屈光不正 Ametropia		青光眼 Glaucoma	
	城镇 Urban	农村 Rural	城镇 Urban	农村 Rural	城镇 Urban	农村 Rural	城镇 Urban	农村 Rural	城镇 Urban	农村 Rural
北京 Beijing	38.05	37.35	26.22	18.67	2.57	4.82	8.23	6.63	11.57	13.86
天津 Tianjin	44.65	42.11	24.46	18.62	4.59	8.91	7.03	14.57	14.07	9.31
河北 Hebei	47.92	50.00	26.56	16.31	2.60	5.61	10.42	5.93	7.29	10.06
山西 Shanxi	49.07	44.47	17.39	15.65	6.21	7.44	9.32	6.87	9.94	5.34
内蒙古 Nei Mongol	48.15	41.01	14.35	17.11	6.94	6.36	15.28	12.72	12.50	7.89
辽宁 Liaoning	41.63	43.96	22.18	20.19	5.45	10.94	8.56	10.00	8.95	10.19
吉林 Jilin	39.05	38.67	17.68	13.31	3.96	8.24	12.14	8.72	9.50	11.57
黑龙江 Heilongjiang	30.08	40.43	16.80	10.78	6.64	11.86	12.89	12.40	11.33	10.51
上海 Shanghai	50.78	63.43	45.61	28.57	5.02	4.57	15.99	10.29	5.96	2.86
江苏 Jiangsu	58.10	59.50	13.38	12.70	5.28	10.03	9.51	8.12	7.75	6.97
浙江 Zhejiang	68.71	60.62	29.03	22.73	7.74	12.17	27.74	15.16	6.13	5.22
安徽 Anhui	62.30	60.79	16.80	17.55	10.66	16.68	18.03	8.38	6.56	7.04
福建 Fujian	63.55	78.16	16.82	16.38	3.74	6.33	8.41	4.09	3.27	3.47
江西 Jiangxi	53.55	64.57	19.35	12.26	9.68	10.59	14.19	6.29	5.81	5.14
山东 Shandong	64.29	61.36	15.79	15.08	4.51	7.73	5.26	5.18	6.02	5.84
河南 Henan	52.30	55.09	13.22	9.89	1.72	10.45	5.75	6.23	10.34	6.56
湖北 Hubei	55.41	48.70	22.30	9.15	9.84	23.23	20.66	4.39	10.49	9.51
湖南 Hunan	49.57	50.62	14.49	11.56	13.33	21.61	11.59	5.78	9.57	9.29
广东 Guangdong	72.22	74.84	9.11	7.21	2.00	5.41	3.11	1.39	3.33	4.34
广西 Guangxi	58.94	67.52	16.56	9.26	10.26	10.25	8.28	2.07	5.63	3.31
海南 Hainan	65.22	75.55	9.42	10.48	9.42	10.48	5.07	1.75	7.25	5.46
重庆 Chongqing	57.60	52.51	16.00	12.66	9.60	17.04	4.40	2.88	6.40	4.51
四川 Sichuan	55.53	55.96	14.26	14.85	6.57	12.49	10.13	5.45	5.25	5.50
贵州 Guizhou	47.06	44.11	17.65	15.27	6.72	13.32	13.45	1.68	4.20	4.79
云南 Yunnan	63.12	63.90	7.97	9.32	8.64	11.36	3.65	2.03	3.32	3.98
西藏 Xizang	68.29	59.44	7.32	4.95	12.20	11.76	3.25	1.24	5.69	3.10
陕西 Shaanxi	45.79	49.75	21.50	8.10	7.48	12.07	10.75	16.69	5.61	10.91
甘肃 Gansu	46.15	52.80	13.68	11.77	2.56	7.89	13.68	11.89	3.42	4.80
青海 Qinghai	35.87	60.13	32.61	14.15	2.17	12.86	8.70	6.11	4.35	1.93
宁夏 Ningxia	45.66	46.45	29.48	22.11	2.89	8.72	12.14	10.55	8.09	7.10
新疆 Xinjiang	25.69	47.25	32.11	13.91	6.42	6.96	20.18	9.86	7.34	8.99

图 3-6 第二次全国残疾人抽样调查各省（自治区、直辖市）视力残疾主要致残原因分布

Figure 3-6 Distribution of main causes of visual disability in 31 provinces in SNSSD

注：单元格色阶表示其数值大小（%）

Note：The numerical value in each color graded table cell represents the proportion of persons with visual disability（%）

视力残疾现患率

Prevalence of Visual Disability

1∶16 500 000

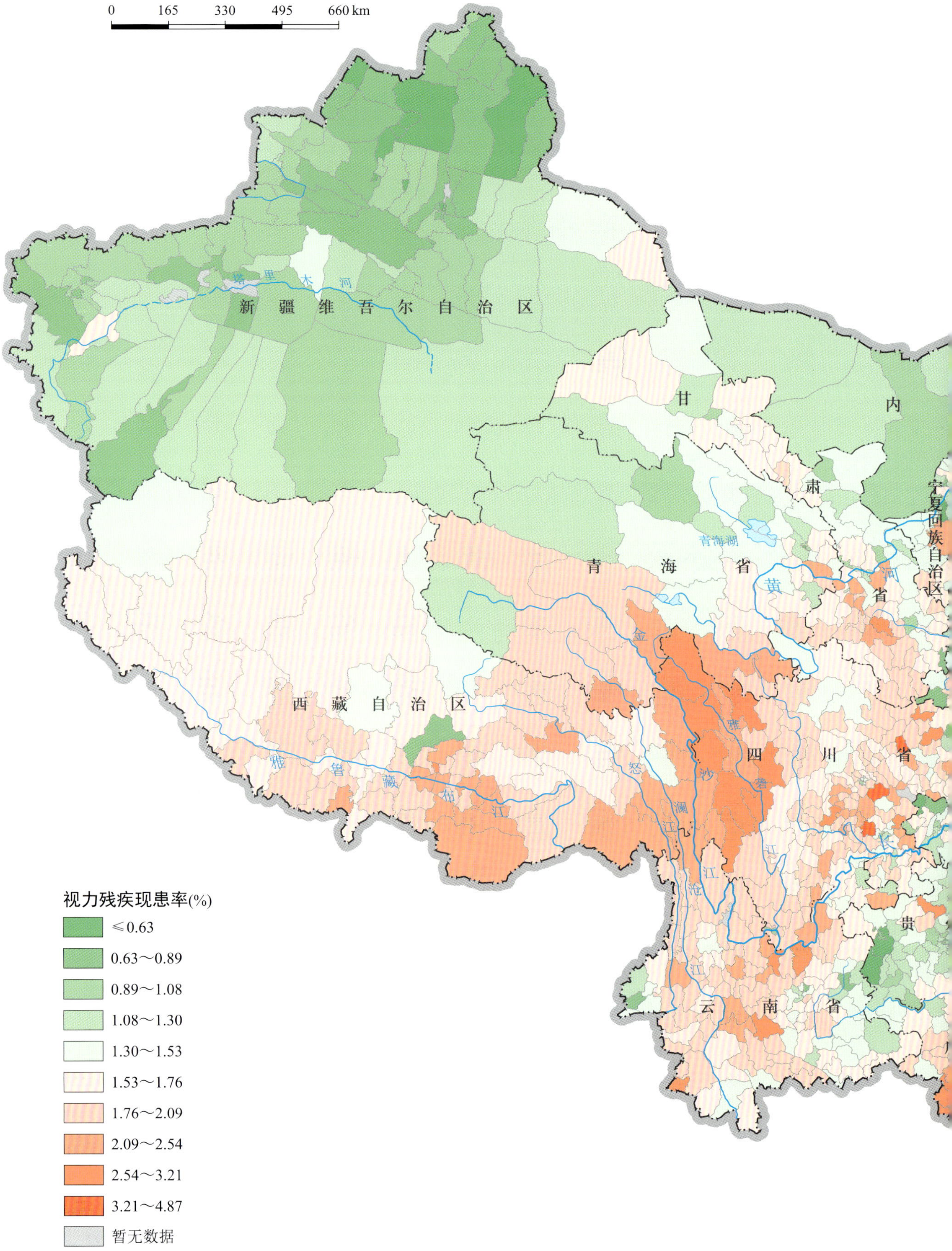

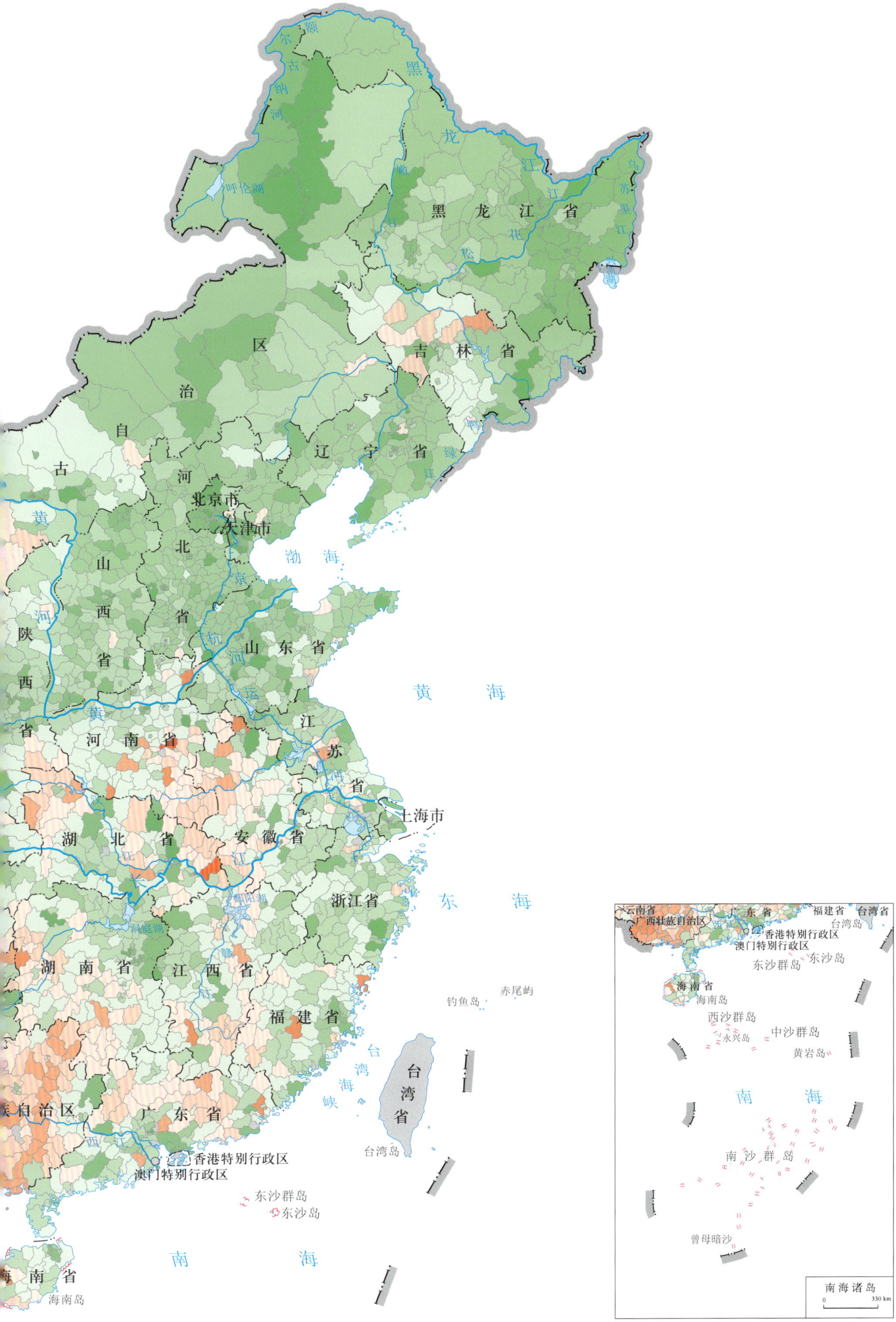

黑龙江省
吉林省
辽宁省
北京市
天津市
河北省
山西省
陕西省
山东省
河南省
江苏省
上海市
安徽省
湖北省
浙江省
湖南省
江西省
福建省
广东省
台湾省
台湾岛
香港特别行政区
澳门特别行政区
海南省
海南岛
东沙群岛
东沙岛
钓鱼岛
赤尾屿
渤海
黄海
东海
南海
台湾海峡
呼伦湖
额尔古纳河
黑龙江
乌苏里江
松花江
嫩江
鸭绿江
黄河
京杭运河
长江
汉江
洞庭湖
鄱阳湖
赣江
西江
南海诸岛
西沙群岛
永兴岛
中沙群岛
黄岩岛
南沙群岛
曾母暗沙
云南省
广西壮族自治区
0
330 km

视力残疾年龄标化现患率

Age-standardized Prevalence of Visual Disability

1∶16 500 000

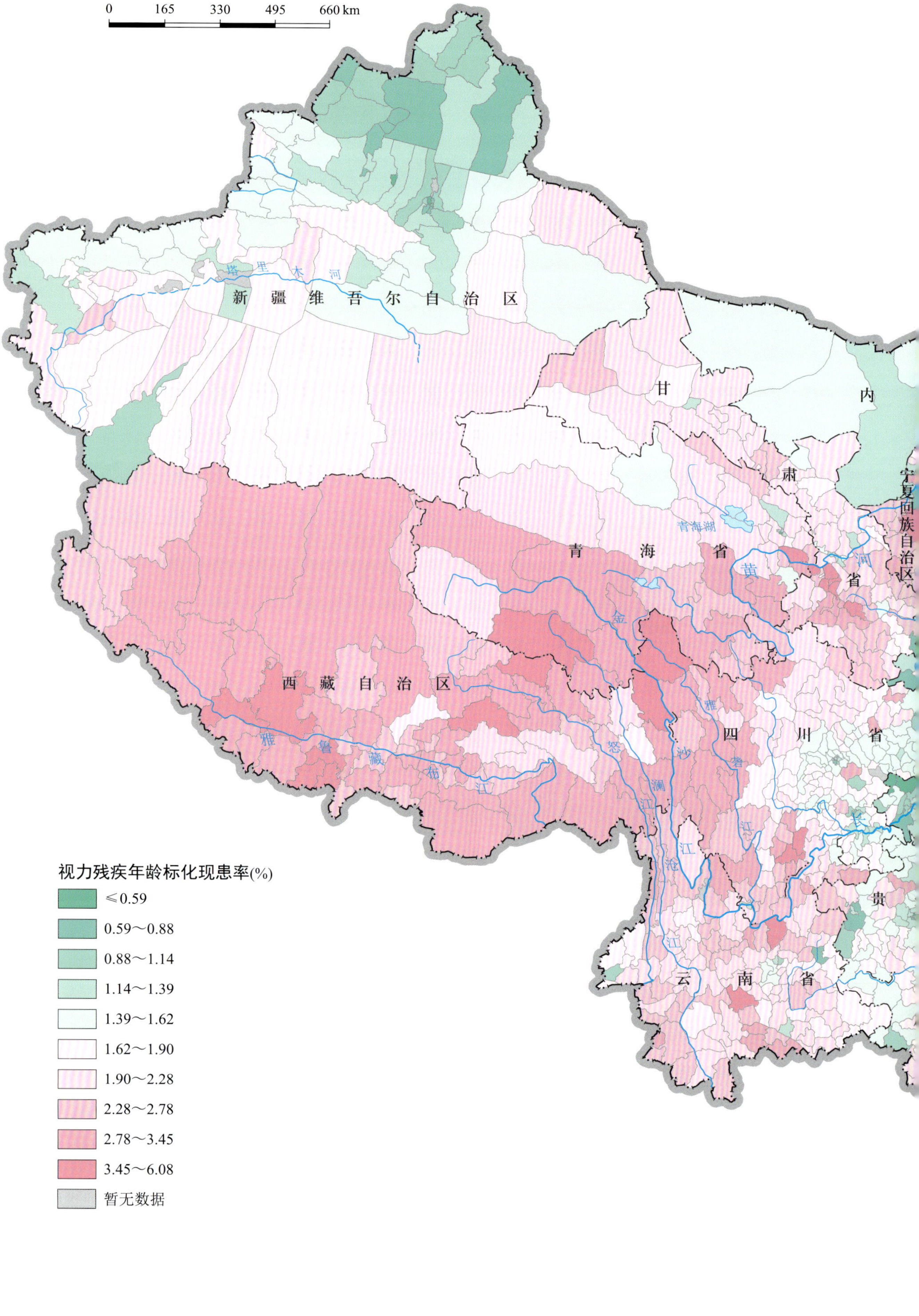

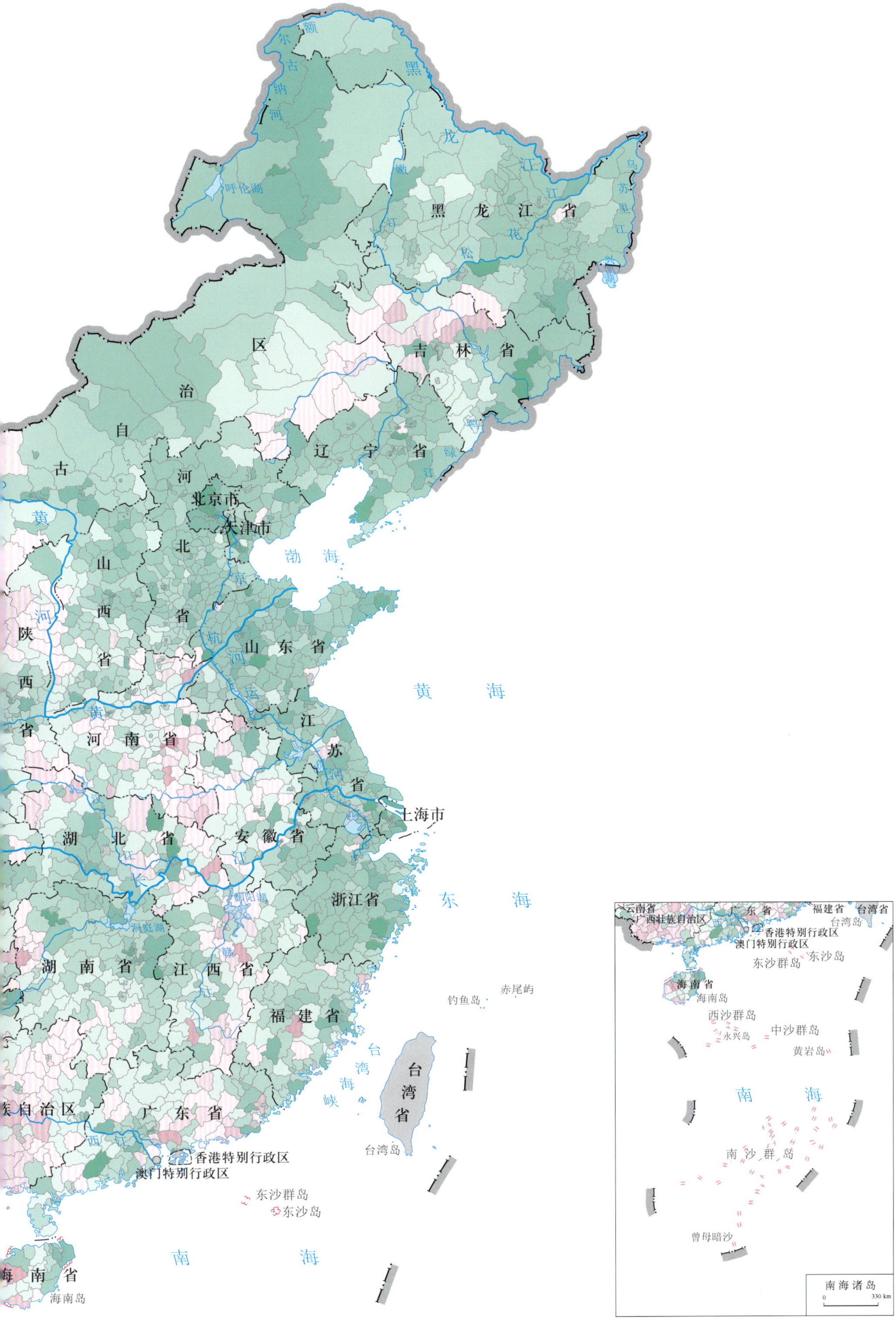
黑龙江省
吉林省
辽宁省
区
治
自
古
河
北京市
天津市
北
省
山
西
省
陕
西
省
山东省
河南省
江
苏
省
上海市
湖北省
安徽省
浙江省
湖南省
江西省
福建省
台
湾
省
族自治区
广东省
香港特别行政区
澳门特别行政区
海南省
海南岛
台湾岛
钓鱼岛
赤尾屿
东沙群岛
东沙岛
渤海
黄海
东海
南海
台湾海峡
额尔古纳河
黑龙江
乌苏里江
嫩江
松花江
图们江
鸭绿江
呼伦湖
兴凯湖
黄河
长江
汉江
京杭运河
洞庭湖
鄱阳湖
赣江
西江
云南省
广西壮族自治区
广东省
福建省
台湾省
台湾岛
香港特别行政区
澳门特别行政区
东沙群岛
东沙岛
海南省
海南岛
西沙群岛
永兴岛
中沙群岛
黄岩岛
南海
南沙群岛
曾母暗沙
南海诸岛
0
330 km

男性视力残疾现患率

Prevalence of Visual Disability (Male)

1∶16 500 000

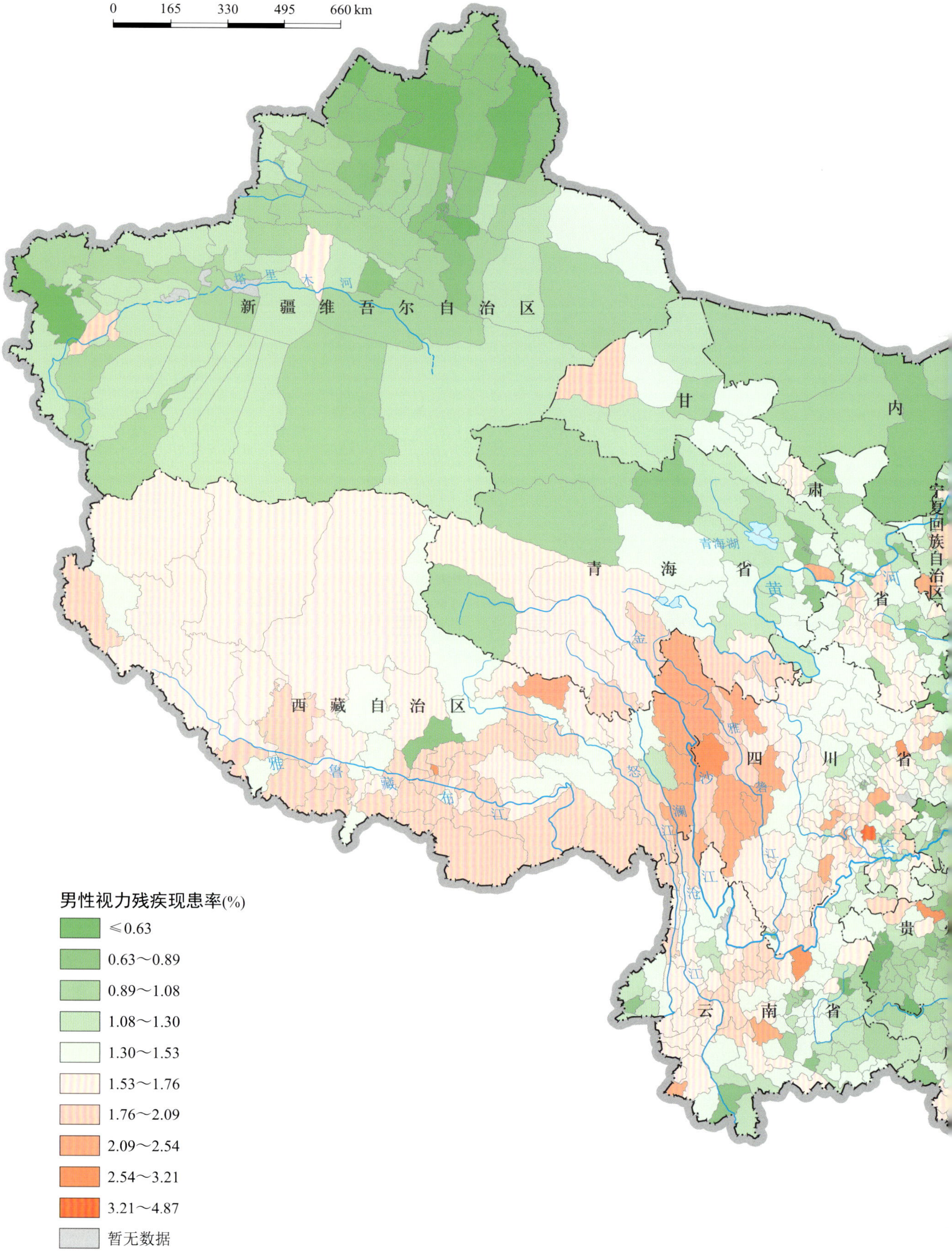

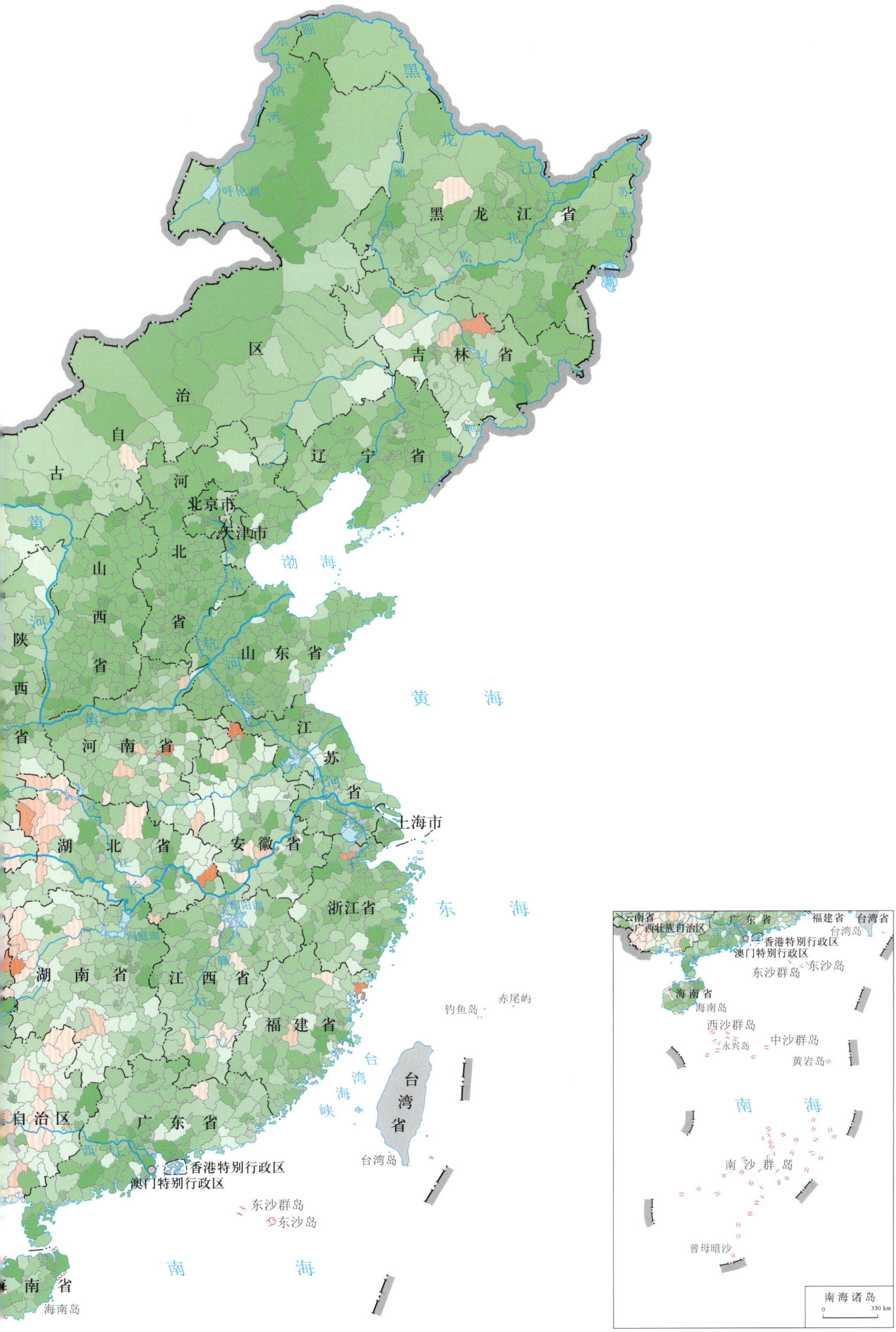
黑龙江省
吉林省
辽宁省
北京市
天津市
河北省
山西省
山东省
河南省
江苏省
上海市
安徽省
湖北省
浙江省
湖南省
江西省
福建省
广东省
台湾省
香港特别行政区
澳门特别行政区
渤海
黄海
东海
南海
台湾海峡
钓鱼岛
赤尾屿
台湾岛
东沙群岛
东沙岛
海南岛
南海诸岛
西沙群岛
中沙群岛
黄岩岛
南沙群岛
曾母暗沙
永兴岛
海南省
广西壮族自治区
云南省
0 330 km

男性视力残疾年龄标化现患率

Age-standardized Prevalence of Visual Disability (Male)

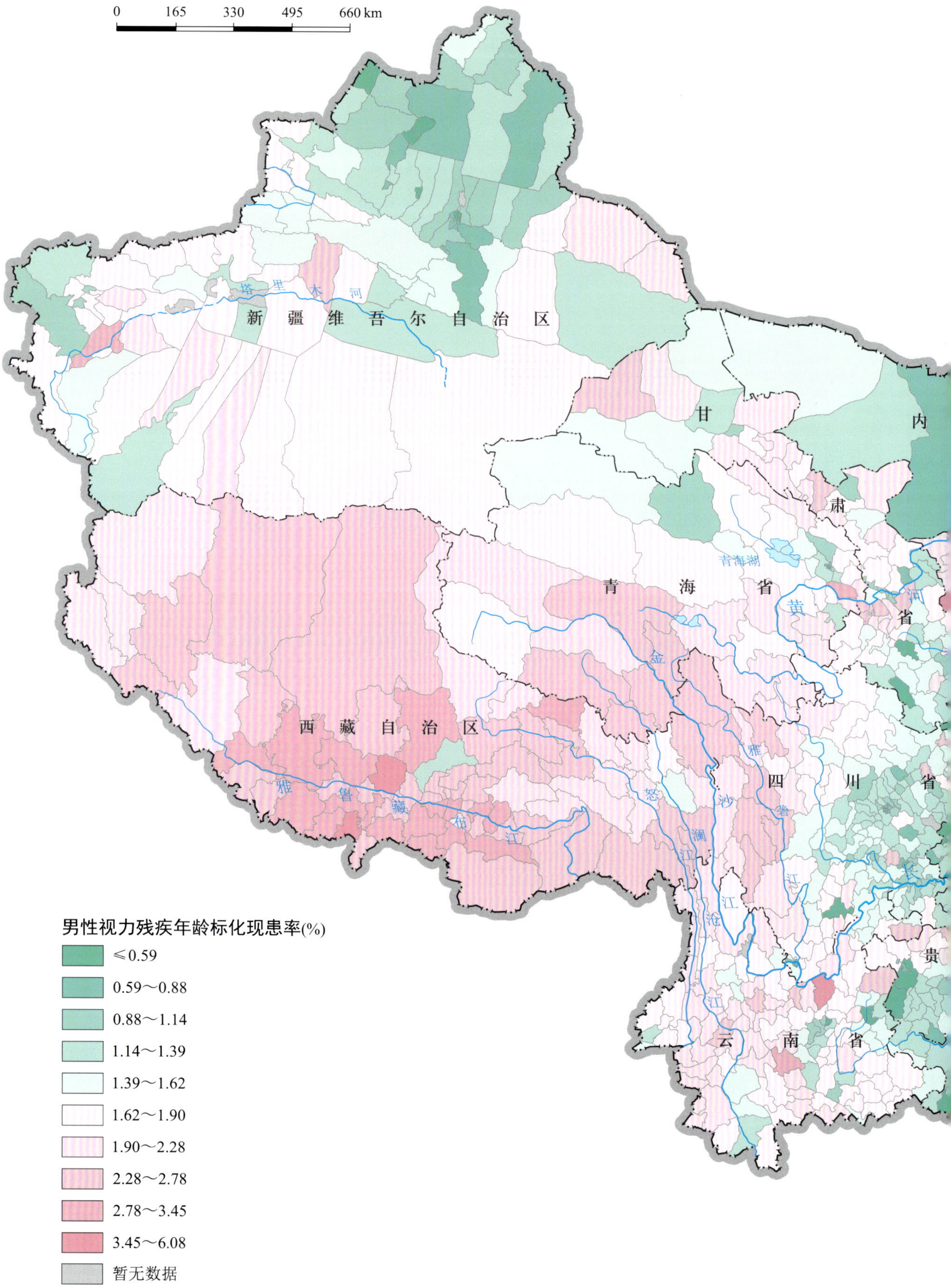

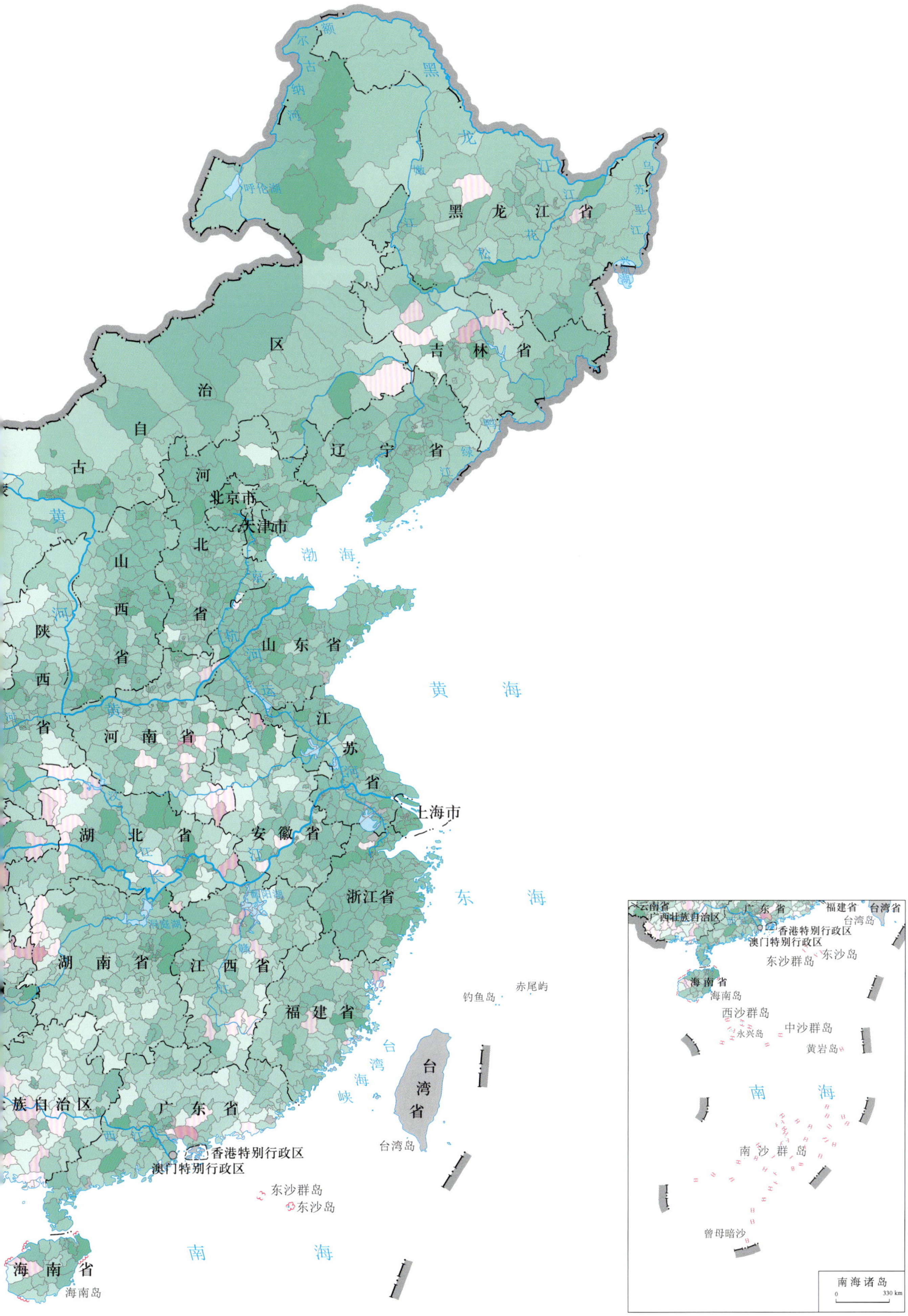

黑龙江省
吉林省
辽宁省
内蒙古自治区
北京市
天津市
河北省
山西省
陕西省
山东省
河南省
江苏省
上海市
安徽省
湖北省
浙江省
湖南省
江西省
福建省
台湾省
广东省
广西壮族自治区
香港特别行政区
澳门特别行政区
海南省
海南岛
东沙群岛
东沙岛
台湾岛
钓鱼岛
赤尾屿
渤海
黄海
东海
南海
台湾海峡
黑龙江
乌苏里江
松花江
额尔古纳河
呼伦湖
兴凯湖
鸭绿江
黄河
长江
汉江
赣江
京杭运河
洞庭湖
鄱阳湖
太湖
西江
云南省
福建省
台湾省
广东省
西沙群岛
永兴岛
中沙群岛
黄岩岛
南沙群岛
曾母暗沙
南海诸岛
0
330 km

女性视力残疾现患率

Prevalence of Visual Disability (Female)

1∶16 500 000

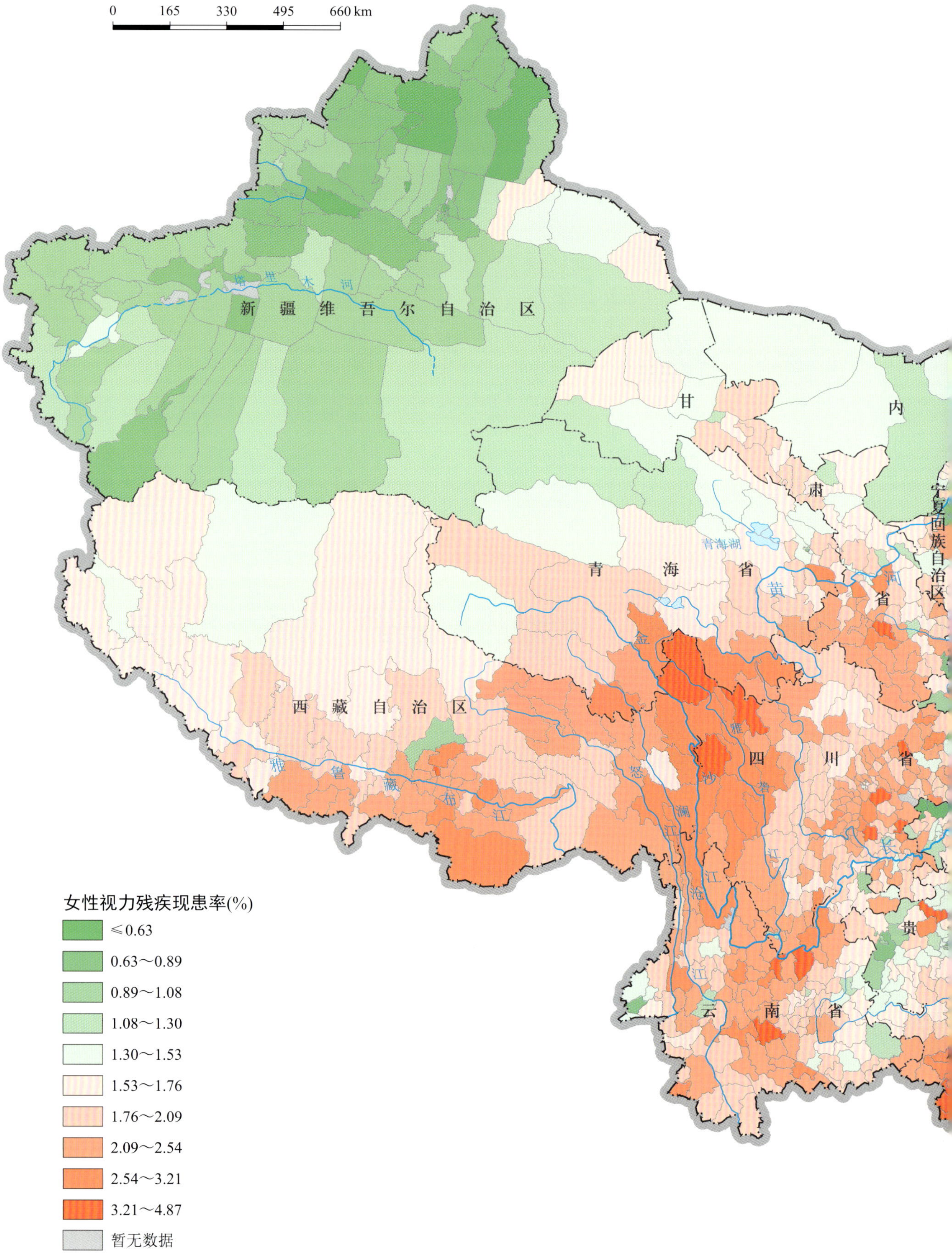

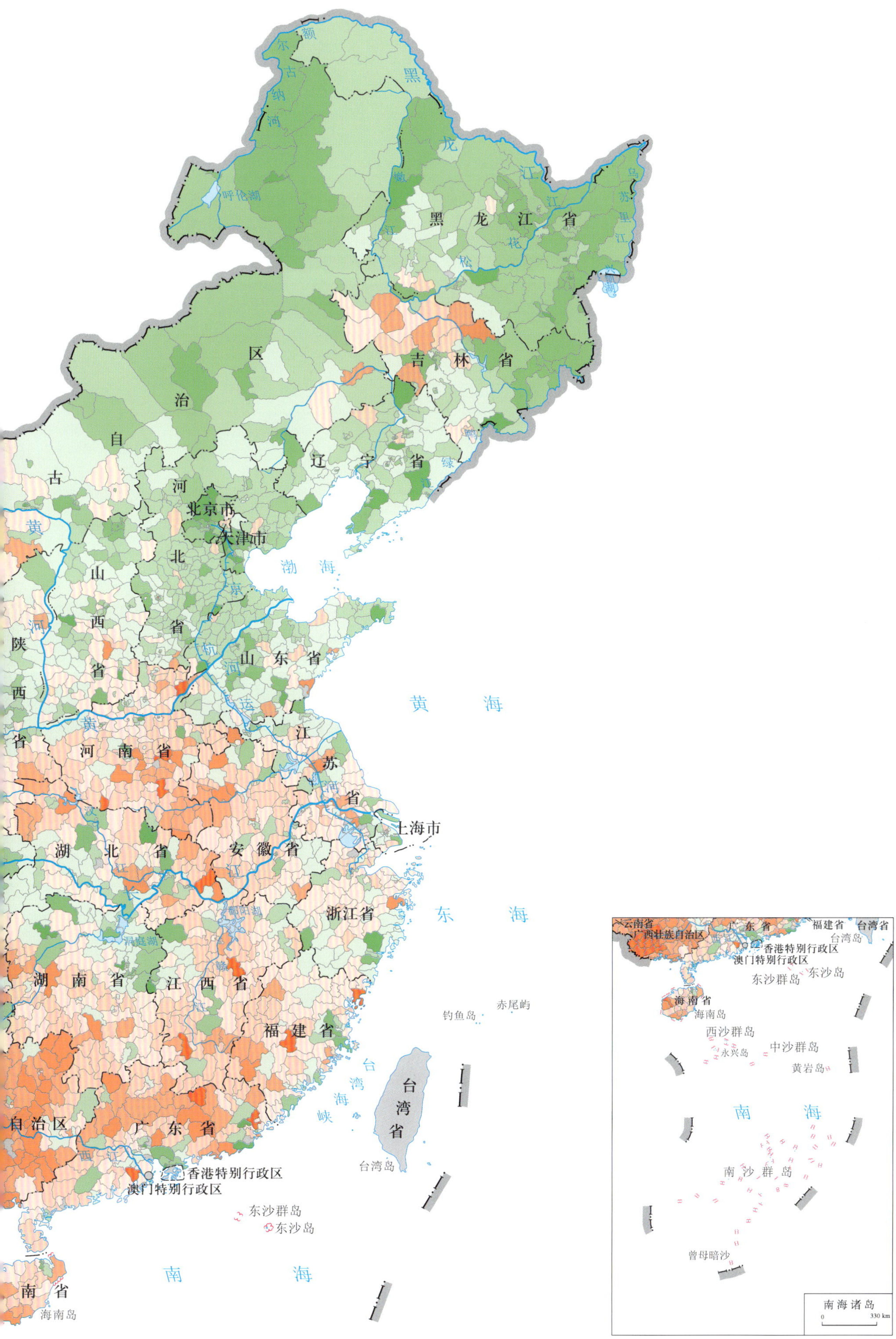
黑龙江省
吉林省
辽宁省
北京市
天津市
河北省
山西省
陕西省
山东省
河南省
江苏省
上海市
安徽省
湖北省
浙江省
湖南省
江西省
福建省
广东省
台湾省
台湾岛
香港特别行政区
澳门特别行政区
东沙群岛
东沙岛
钓鱼岛
赤尾屿
海南省
海南岛
渤海
黄海
东海
南海
台湾海峡
呼伦湖
鄱阳湖
洞庭湖
京杭运河
黄河
长江
西江
黑龙江
松花江
乌苏里江
鸭绿江
额尔古纳河
嫩江
赣江
淮河
内蒙古自治区
广西壮族自治区
云南省
南海诸岛
西沙群岛
永兴岛
中沙群岛
黄岩岛
南沙群岛
曾母暗沙
0
330 km

女性视力残疾年龄标化现患率

Age-standardized Prevalence of Visual Disability (Female)

1：16 500 000

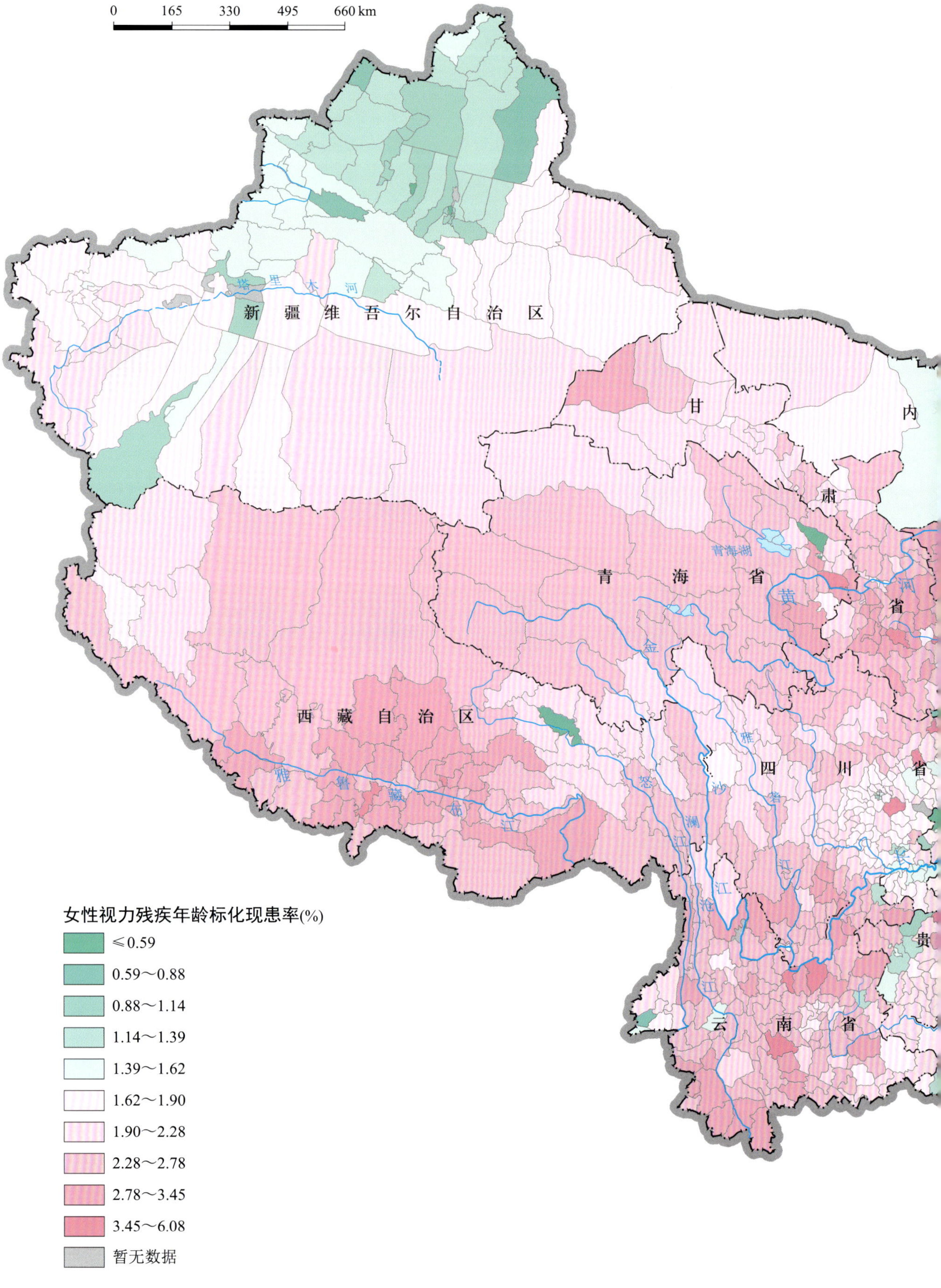

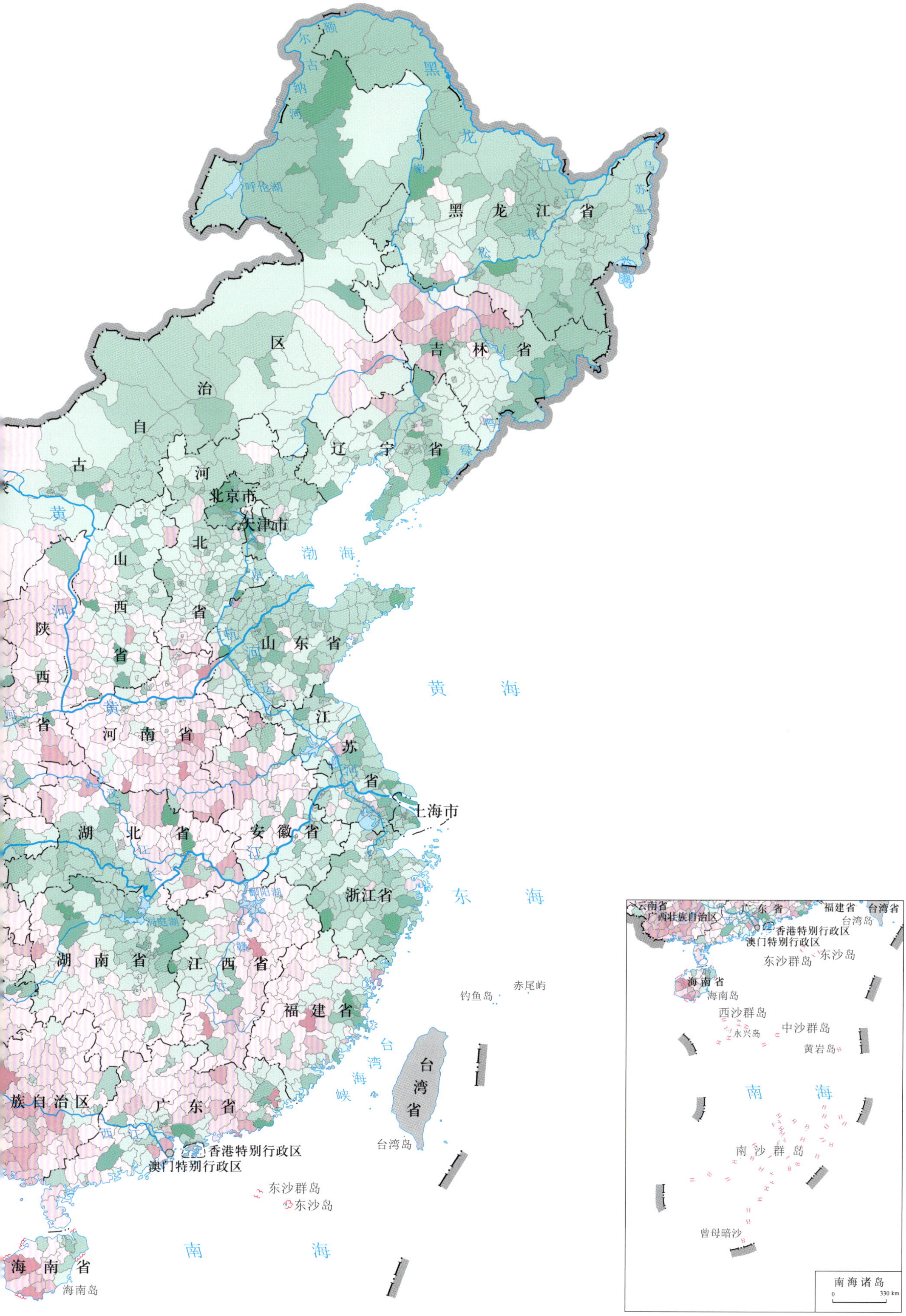
额尔古纳河
呼伦湖
黑龙江
乌苏里江
兴凯湖
嫩江
松花江
黑龙江省
吉林省
辽宁省
鸭绿江
古自治区
河北省
北京市
天津市
渤海
京杭运河
山西省
陕西省
山东省
黄海
黄河
河南省
江苏省
上海市
湖北省
安徽省
长江
汉江
鄱阳湖
洞庭湖
东海
浙江省
湖南省
江西省
赣江
福建省
钓鱼岛
赤尾屿
台湾海峡
台湾省
台湾岛
族自治区
广东省
西江
香港特别行政区
澳门特别行政区
东沙群岛
东沙岛
南海
海南省
海南岛
云南省
广西壮族自治区
广东省
福建省
台湾省
台湾岛
香港特别行政区
澳门特别行政区
东沙群岛
东沙岛
海南省
海南岛
西沙群岛
永兴岛
中沙群岛
黄岩岛
南海
南沙群岛
曾母暗沙
南海诸岛
0
330 km

听力残疾
Hearing Disability

根据第二次全国残疾人抽样调查残疾标准（2006），听力残疾是指人由于各种原因导致双耳不同程度的永久性听力障碍，听不到或听不清周围环境声及言语声，以致影响日常生活和社会参与。

Hearing disability refers to permanent hearing loss of varying degrees from any cause or the inability to hear at all or to hear clearly any nearby sound or voice. These deficits affect daily life and social activities（The Standard of Second National Sample Survey on Disability，2006）.

第二次全国残疾人抽样调查年鉴数据显示，调查时点共有53 233人次为听力残疾（包括仅为听力残疾，以及在听力残疾的同时还有其他类型残疾的人），现患率为2.11%。从构成比看，在听力残疾人口中，男性（52.86%）多于女性（47.14%）；农村人口（71.60%）多于城镇人口（28.40%）；并且多见于老年人。听力残疾人口性别-年龄分布如图3-7所示。从地区分布结构看，听力残疾人口较多的省份分别为四川省（6.00%）、河南省（5.69%）、山东省（5.19%）、广东省（5.15%）和江苏省（4.95%）。

According to the SNSSD，53 233 cases had hearing disability. The prevalence of it was 2.11%. The proportion of hearing disability in males（52.86%）was higher than that in females（47.14%），and hearing disability was more common and widespread in older adults（Figure 3-7）. The proportion of the rural population（71.60%）was higher than that of the urban population（28.40%）. In terms of regional distribution，provinces with the larger proportion of hearing disability were Sichuan Province（6.00%），Henan Province（5.69%），Shandong Province（5.19%），Guangdong Province（5.15%）and Jiangsu Province（4.95%）.

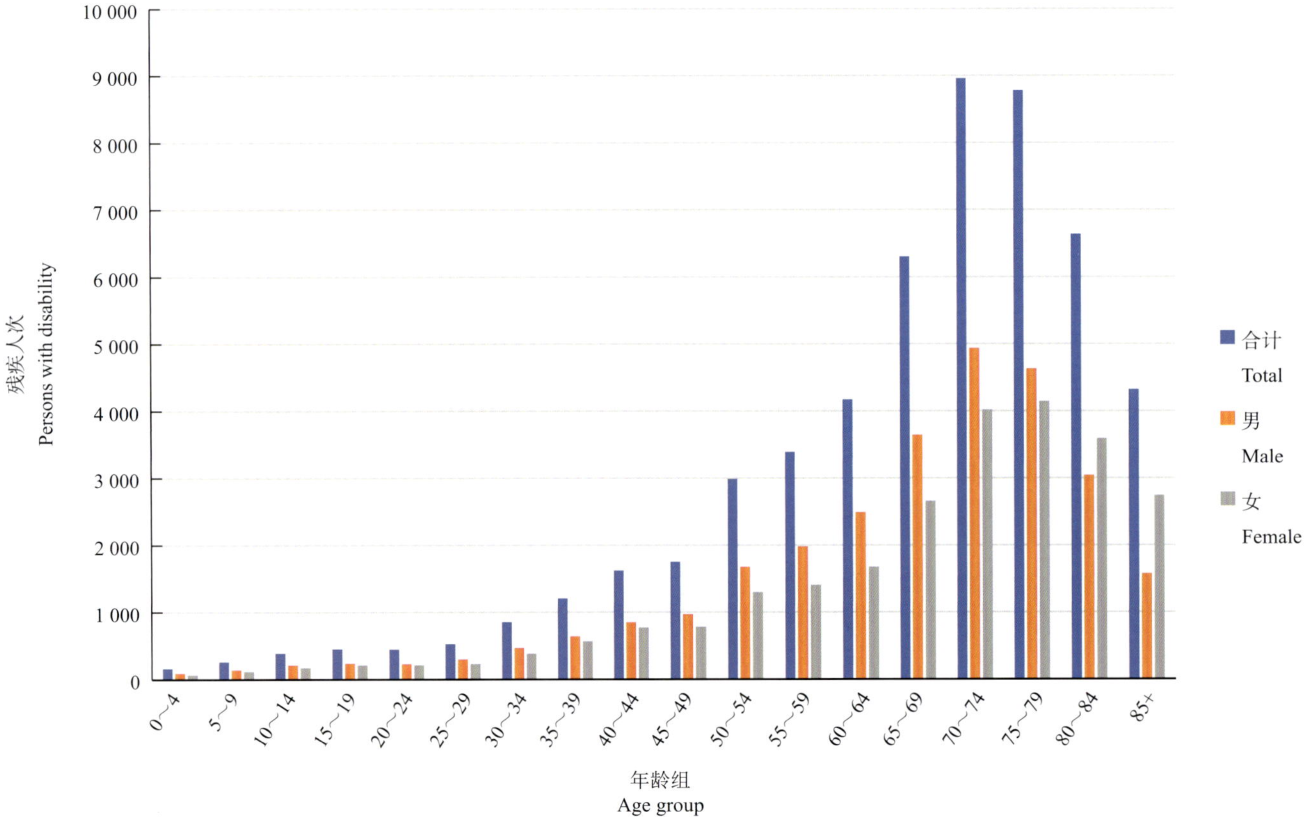

图3-7 第二次全国残疾人抽样调查听力残疾人口性别-年龄分布

Figure 3-7 Age-sex distribution of hearing disability in SNSSD

将调查包含的全部致残原因进行归类，即先天原因和发育缺陷（包括遗传、母孕期病毒感染、全身性疾病、早产和低体重、新生儿窒息、高胆红素血症），感染性疾病（包括传染性疾病、中耳炎），非感染性疾病（包括自身免疫缺陷性疾病、老年性耳聋），创伤及伤害（包括药物中毒、创伤或意外伤害、噪声和爆震），原因不明及其他（郑晓瑛 等，2008）。可以看出，听力残疾在城镇地区的主要致残风险来源于非感染性疾病、创伤及伤害、不明原因，而农村残疾人口的致残风险主要为非感染性疾病、不明原因和感染性疾病，具体如图3-8、图3-9所示。

To classify the causes of hearing disability into 5 groups: congenital causes and developmental defects (including hereditary disorders, maternal viral infection, systemic disease, premature delivery and low body weight, neonatal asphyxia, and hyperbilirubinemia), infectious diseases (including otitis media and other infectious diseases), noninfectious diseases (including autoimmune deficiency disease, and senile deafness), trauma and injury (including drug poisoning, trauma or accidental injury, and noise and knock), and other causes or unknown causes (Zheng et al, 2008). It was found that noninfectious diseases, trauma and injury, unknown causes were the most significant risk sources for hearing disability in urban areas, while noninfectious diseases, unknown causes and infectious diseases were the main causes in rural areas (Figure 3-8 and Figure 3-9).

具体来看，听力残疾最主要的致残原因为老年性耳聋（55.48%）、原因不明（14.63%）、中耳炎（12.68%）、全身性疾病（5.19%）和药物中毒（4.27%），其性别-年龄分布如图3-10所示。

Specifically, the main causes of hearing disability were senile deafness (55.48%), unknown cause (14.63%), otitis media (12.68%), systemic disease (5.19%) and drug poisoning (4.27%). The distribution of the main causes of hearing disability is shown in Figure 3-10.

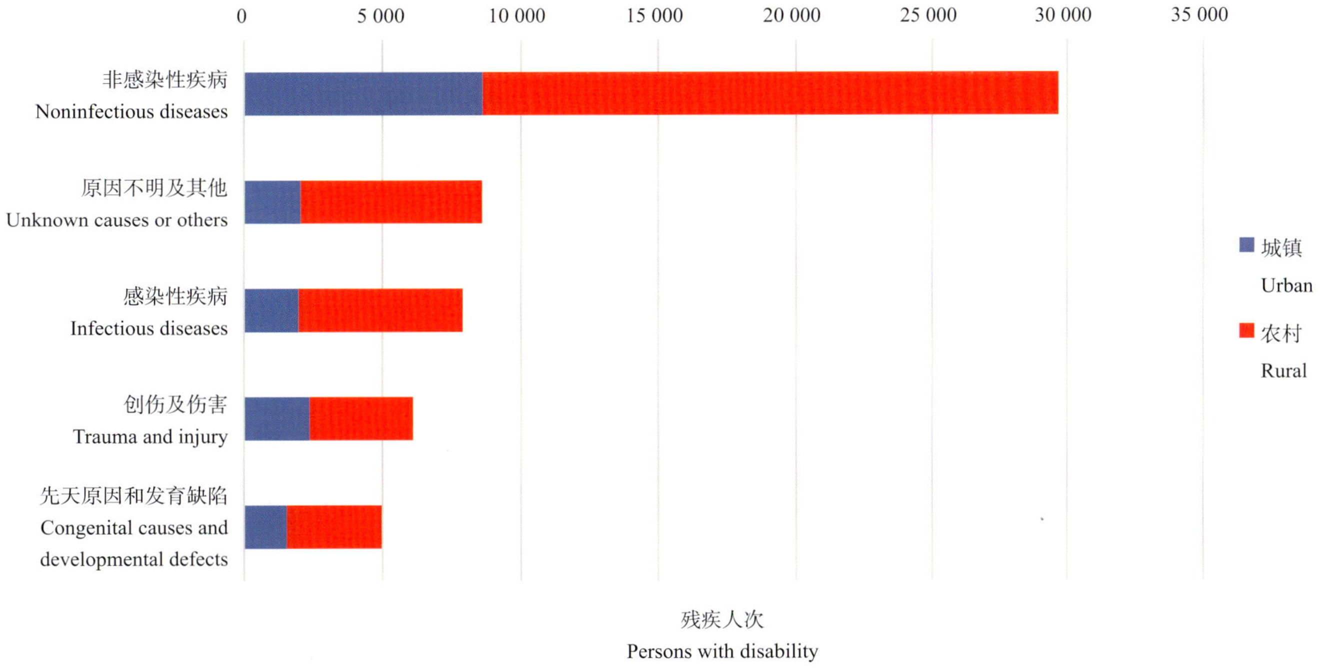

图3-8　第二次全国残疾人抽样调查听力残疾致残原因城乡分布

Figure 3-8　Regional distribution of main causes of hearing disability in SNSSD

省份 Province	非感染性疾病 Noninfectious diseases		原因不明及其他 Unknown causes or others		感染性疾病 Infectious diseases		创伤及伤害 Trauma and injury		先天原因和发育缺陷 Congenital causes and developmental defects	
	城镇 Urban	农村 Rural	城镇 Urban	农村 Rural	城镇 Urban	农村 Rural	城镇 Urban	农村 Rural	城镇 Urban	农村 Rural
北京 Beijing	55.29	43.45	11.64	26.86	9.71	8.73	18.64	12.66	16.62	9.61
天津 Tianjin	58.06	56.62	11.04	14.22	12.09	14.46	16.57	11.52	8.21	4.90
河北 Hebei	46.86	57.95	12.72	17.44	6.59	12.47	26.65	10.49	13.02	6.40
山西 Shanxi	54.14	47.73	12.42	20.85	14.01	17.33	15.92	7.97	4.78	4.45
内蒙古 Nei Mongol	40.93	37.57	18.63	21.82	14.71	18.60	21.81	11.45	8.33	6.26
辽宁 Liaoning	44.65	34.22	22.56	35.78	11.63	13.44	15.35	10.31	5.81	5.78
吉林 Jilin	48.59	48.31	16.02	22.35	15.75	12.64	14.54	7.45	6.86	4.51
黑龙江 Heilongjiang	53.20	39.37	13.79	18.11	13.55	15.34	14.29	12.94	3.20	11.65
上海 Shanghai	59.92	53.54	16.86	27.95	12.91	14.81	16.86	7.41	5.11	4.04
江苏 Jiangsu	59.55	64.82	8.09	10.23	8.23	10.49	17.99	10.86	10.46	6.89
浙江 Zhejiang	70.70	70.87	9.91	9.59	14.72	14.56	11.37	7.54	4.23	2.93
安徽 Anhui	33.94	52.34	23.83	20.32	20.94	18.84	19.49	9.42	7.94	4.80
福建 Fujian	70.60	68.57	8.52	11.57	7.97	11.87	8.79	7.91	5.22	3.12
江西 Jiangxi	41.88	56.22	22.51	17.85	14.66	16.02	14.66	10.19	5.24	4.64
山东 Shandong	62.68	66.03	18.57	15.58	8.75	11.08	11.07	7.63	3.75	4.63
河南 Henan	56.13	52.24	19.02	21.73	8.90	13.11	17.48	10.22	7.36	5.44
湖北 Hubei	44.55	39.85	24.21	26.59	12.35	16.35	16.71	9.37	2.91	7.27
湖南 Hunan	55.35	55.52	14.52	18.36	16.52	17.12	13.25	8.56	5.63	4.09
广东 Guangdong	67.70	65.86	10.85	16.31	12.63	11.36	8.82	6.10	5.48	3.05
广西 Guangxi	75.17	71.97	8.95	12.69	12.75	11.39	10.07	5.92	13.42	6.60
海南 Hainan	69.16	76.83	5.73	10.98	14.10	12.89	11.45	4.18	5.73	3.66
重庆 Chongqing	60.61	52.07	10.61	15.12	16.67	18.25	16.97	11.20	5.45	4.48
四川 Sichuan	66.62	57.23	3.64	7.31	19.22	22.17	18.18	13.50	12.99	7.51
贵州 Guizhou	66.97	52.05	7.58	13.14	9.09	14.53	10.91	13.20	8.79	7.45
云南 Yunnan	54.26	48.35	16.06	22.35	15.57	17.26	14.11	8.60	2.19	2.41
西藏 Xizang	58.60	29.98	8.92	25.42	28.03	30.46	7.01	10.55	7.01	5.28
陕西 Shaanxi	50.00	45.89	19.66	24.08	13.31	14.42	15.23	12.68	7.43	6.64
甘肃 Gansu	47.86	46.65	14.29	16.54	14.29	24.28	20.71	10.62	13.57	6.79
青海 Qinghai	57.36	50.36	10.15	16.71	16.75	15.51	27.41	12.89	6.60	4.77
宁夏 Ningxia	56.29	43.79	13.25	10.86	17.88	27.76	13.91	15.52	3.64	2.76
新疆 Xinjiang	44.35	33.21	13.91	18.70	16.52	27.86	20.87	13.17	12.61	3.82

图 3-9 第二次全国残疾人抽样调查各省（自治区、直辖市）听力残疾致残原因分布

Figure 3-9 Distribution of main causes of hearing disability in 31 provinces in SNSSD

注：单元格色阶表示其数值大小（%）

Note: The numerical value in each color graded table cell represents the proportion of persons with hearing disability (%)

年龄组 Age group	老年性耳聋 Senile deafness		原因不明 Unknown causes		中耳炎 Otitis media		全身性疾病 Systemic disease		药物中毒 Drug poisoning	
	男 Male	女 Female	男 Male	女 Female	男 Male	女 Female	男 Male	女 Female	男 Male	女 Female
0～4	1		33	23	2	3	2	2	5	2
5～9		1	49	37	19	10	3	3	15	18
10～14			62	56	47	31	3	2	33	23
15～19		1	57	67	42	25	6	6	49	45
20～24	1	1	63	61	26	22	3	3	55	57
25～29	1	1	69	71	31	37	2	5	72	49
30～34	1	1	107	107	74	85	6	5	105	67
35～39	5	2	170	165	121	154	20	11	101	74
40～44	6	10	235	249	198	189	20	25	93	95
45～49	36	27	277	248	249	190	34	43	69	78
50～54	168	128	465	436	394	335	72	71	122	88
55～59	434	300	494	399	461	343	109	95	106	82
60～64	1059	723	482	354	426	317	152	135	81	75
65～69	2095	1615	469	378	514	352	234	207	123	74
70～74	3549	2926	455	385	468	393	265	301	102	85
75～79	3615	3303	330	307	322	332	218	236	76	65
80～84	2546	3115	190	217	188	179	132	181	28	31
85+	1395	2468	82	137	56	117	61	90	11	17

图 3-10 第二次全国残疾人抽样调查听力残疾主要致残原因性别-年龄分布

Figure 3-10 Age-sex distribution of main causes of hearing disability in SNSSD

注：单元格色阶表示其数值大小（人次）；空白处表示无数据

Note: The numerical value in each color graded table cell represents the number of persons with hearing disability. The blank space indicates no data

听力残疾现患率

Prevalence of Hearing Disability

1∶16 500 000

0 165 330 495 660 km

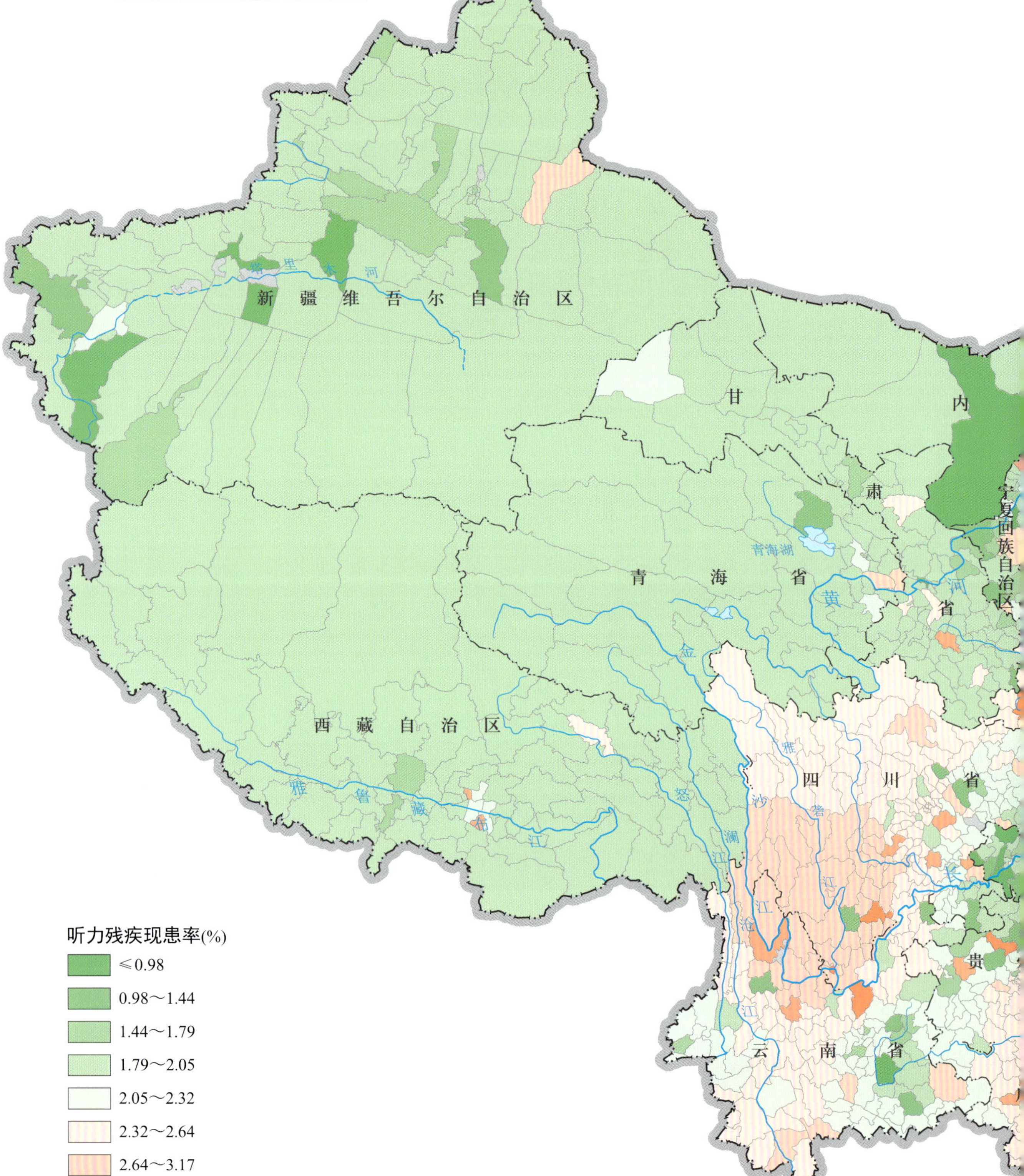

听力残疾现患率(%)

- ≤0.98
- 0.98～1.44
- 1.44～1.79
- 1.79～2.05
- 2.05～2.32
- 2.32～2.64
- 2.64～3.17
- 3.17～3.95
- 3.95～5.29
- 5.29～9.11
- 暂无数据

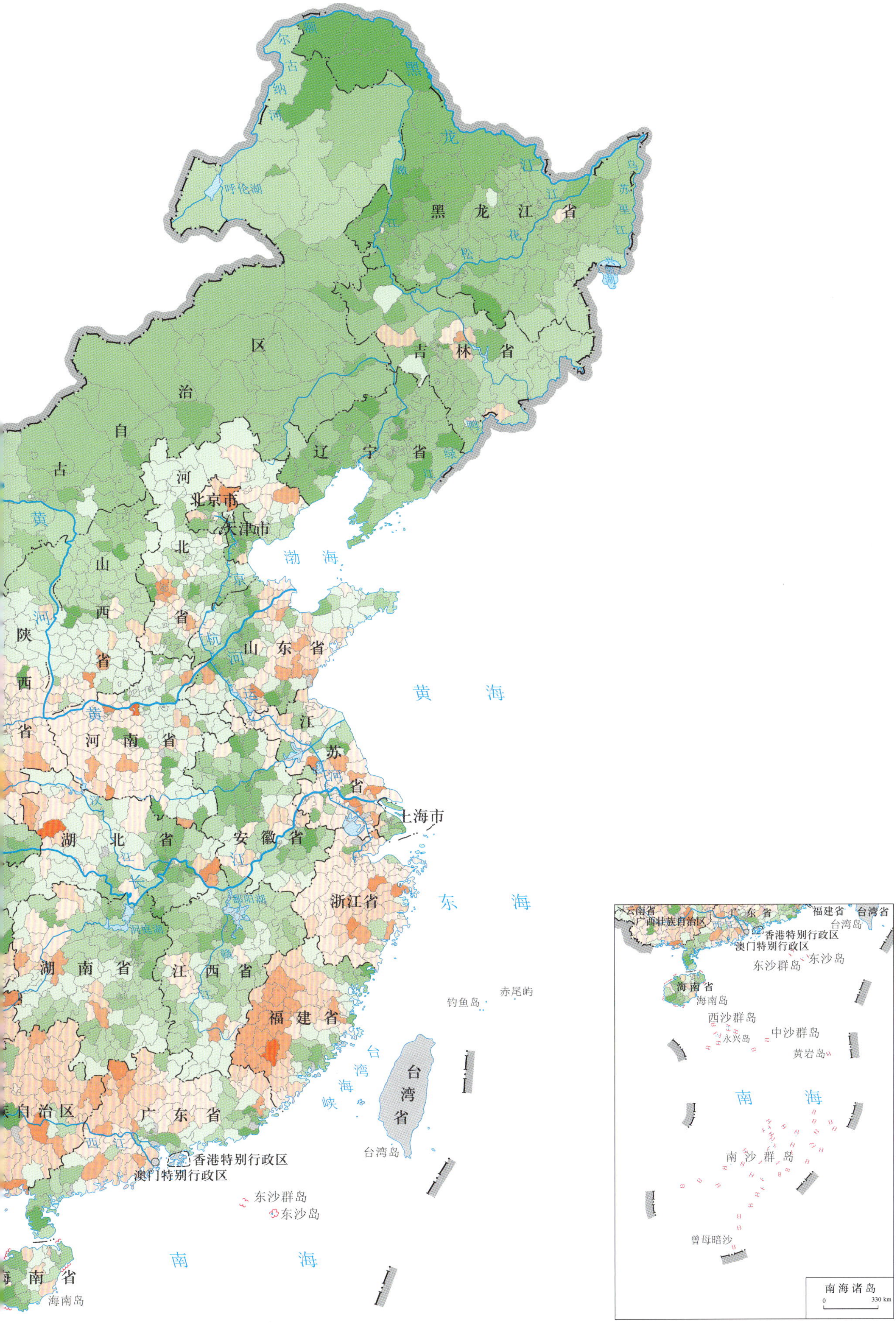
黑龙江省
吉林省
辽宁省
内蒙古自治区
北京市
天津市
河北省
山西省
陕西省
山东省
河南省
江苏省
上海市
安徽省
湖北省
浙江省
湖南省
江西省
福建省
台湾省
广东省
广西壮族自治区
海南省
香港特别行政区
澳门特别行政区
渤海
黄海
东海
南海
台湾海峡
钓鱼岛
赤尾屿
台湾岛
东沙群岛
东沙岛
海南岛
呼伦湖
兴凯湖
洞庭湖
鄱阳湖
额尔古纳河
黑龙江
乌苏里江
嫩江
松花江
鸭绿江
黄河
长江
汉江
京杭运河
西江
赣江
南海诸岛
云南省
广西壮族自治区
广东省
福建省
台湾省
香港特别行政区
澳门特别行政区
东沙群岛
东沙岛
海南省
海南岛
西沙群岛
永兴岛
中沙群岛
黄岩岛
南海
南沙群岛
曾母暗沙
0
330 km

听力残疾年龄标化现患率

Age-standardized Prevalence of Hearing Disability

1：16 500 000

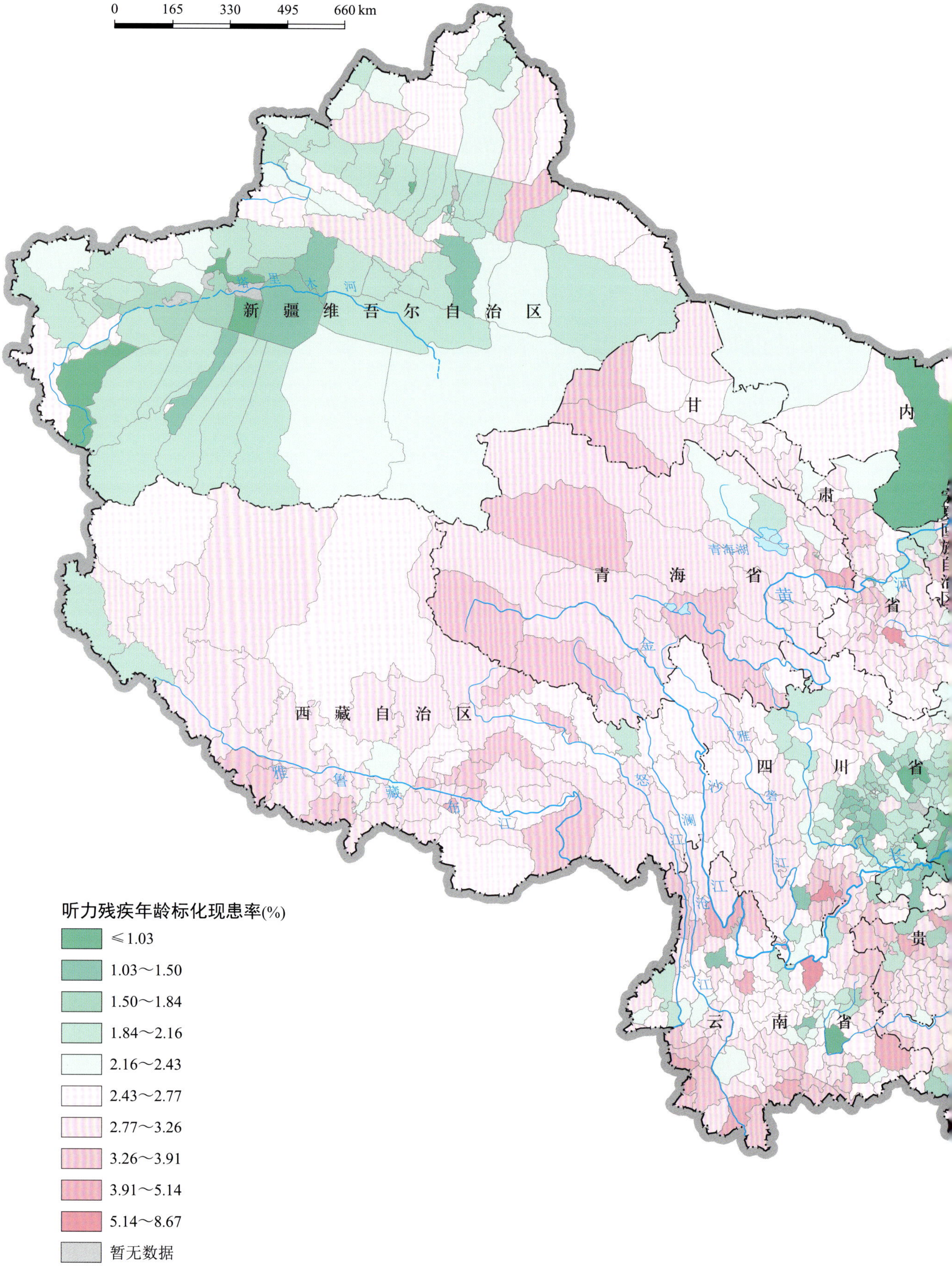

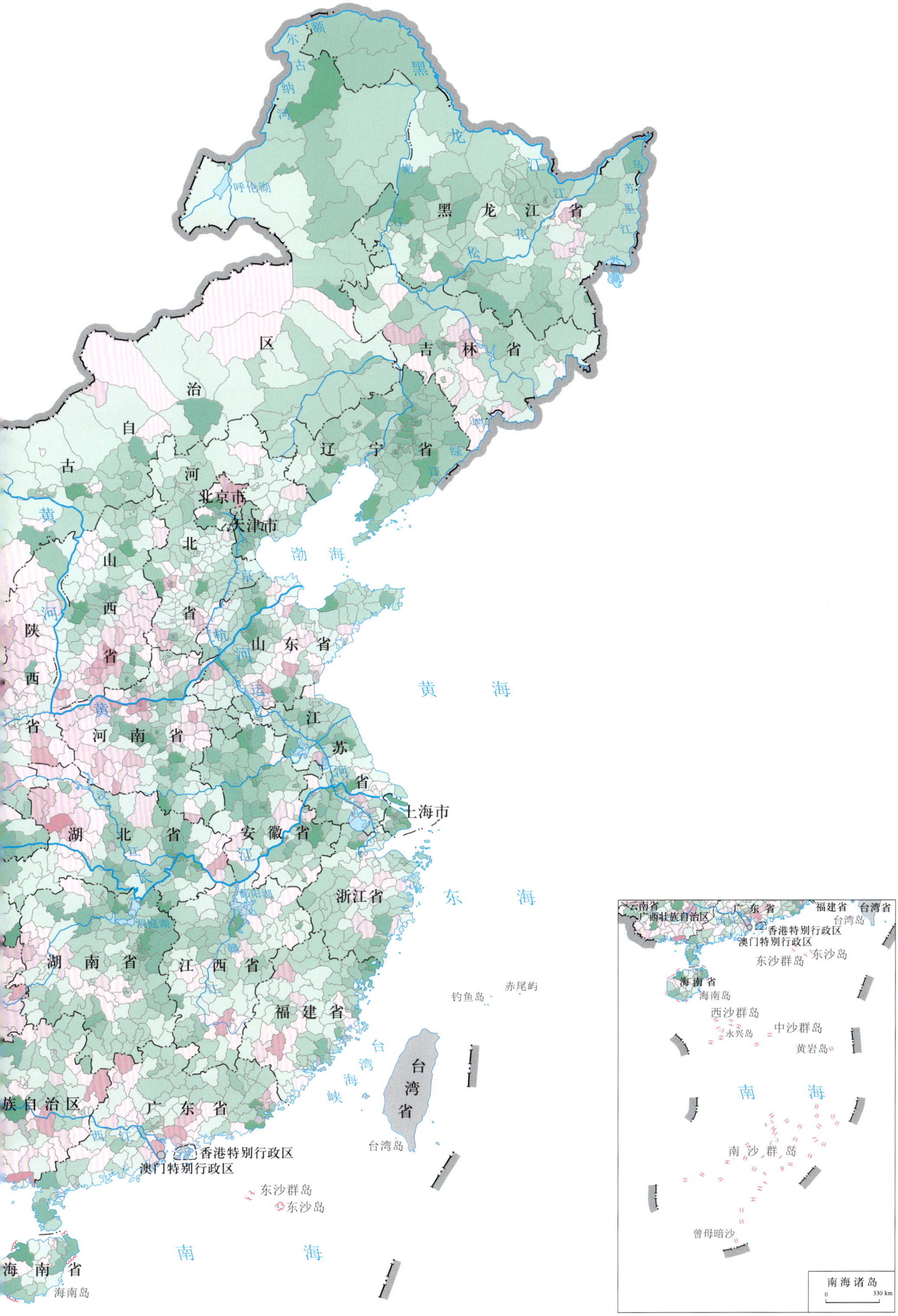
额尔古纳河
黑龙江
呼伦湖
嫩江
乌苏里江
松花江
兴凯湖
黑龙江省
吉林省
辽宁省
鸭绿江
内蒙古自治区
河北省
北京市
天津市
渤海
黄河
山西省
陕西省
山东省
京杭运河
黄海
河南省
江苏省
汉水
上海市
湖北省
安徽省
长江
鄱阳湖
洞庭湖
东海
浙江省
湖南省
江西省
赣江
福建省
钓鱼岛
赤尾屿
台湾海峡
台湾省
台湾岛
广西壮族自治区
广东省
西江
香港特别行政区
澳门特别行政区
东沙群岛
东沙岛
南海
海南省
海南岛
云南省
福建省
台湾省
广东省
西沙群岛
永兴岛
中沙群岛
黄岩岛
南沙群岛
曾母暗沙
南海诸岛
0
330 km

男性听力残疾现患率

Prevalence of Hearing Disability (Male)

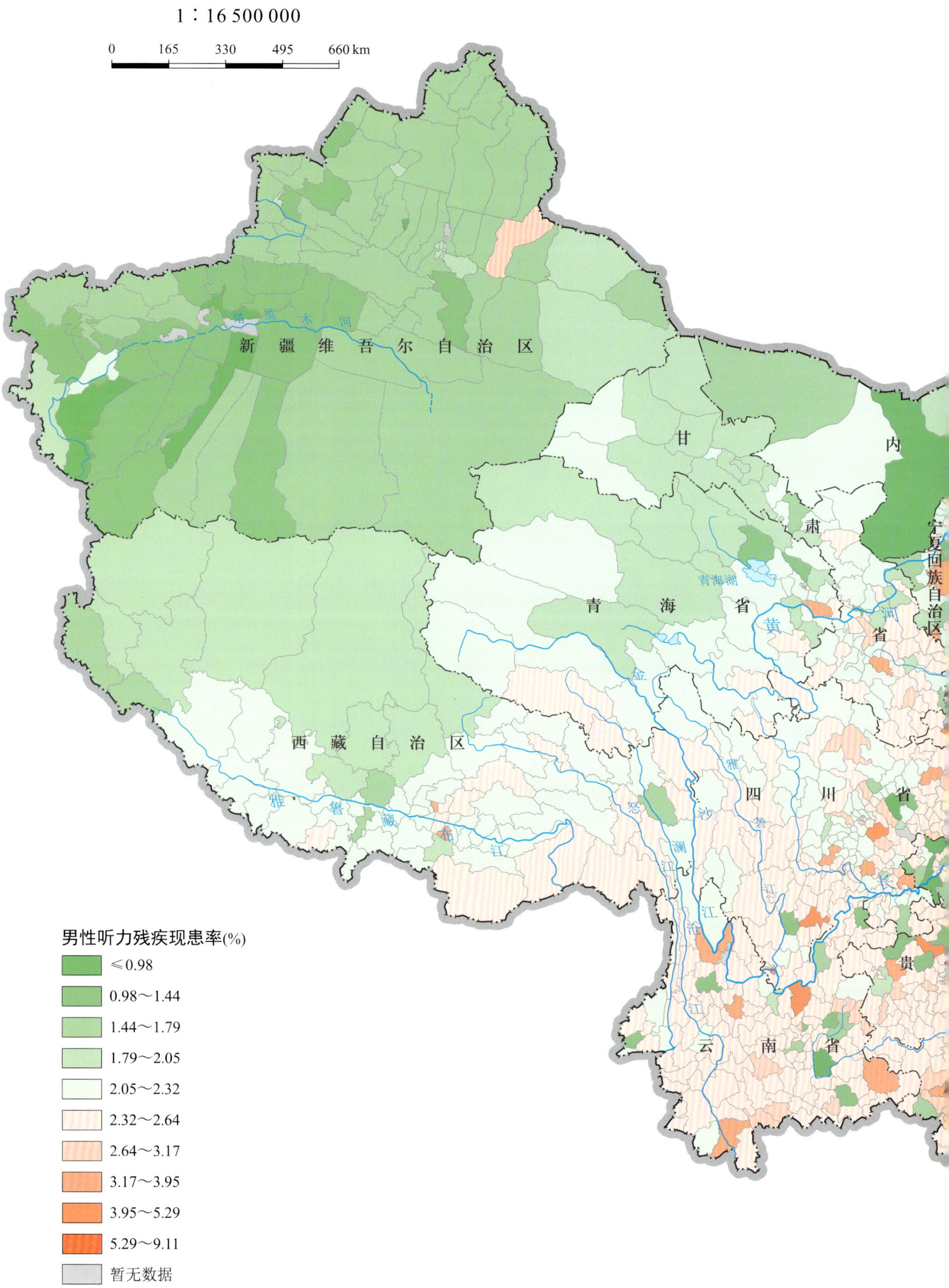

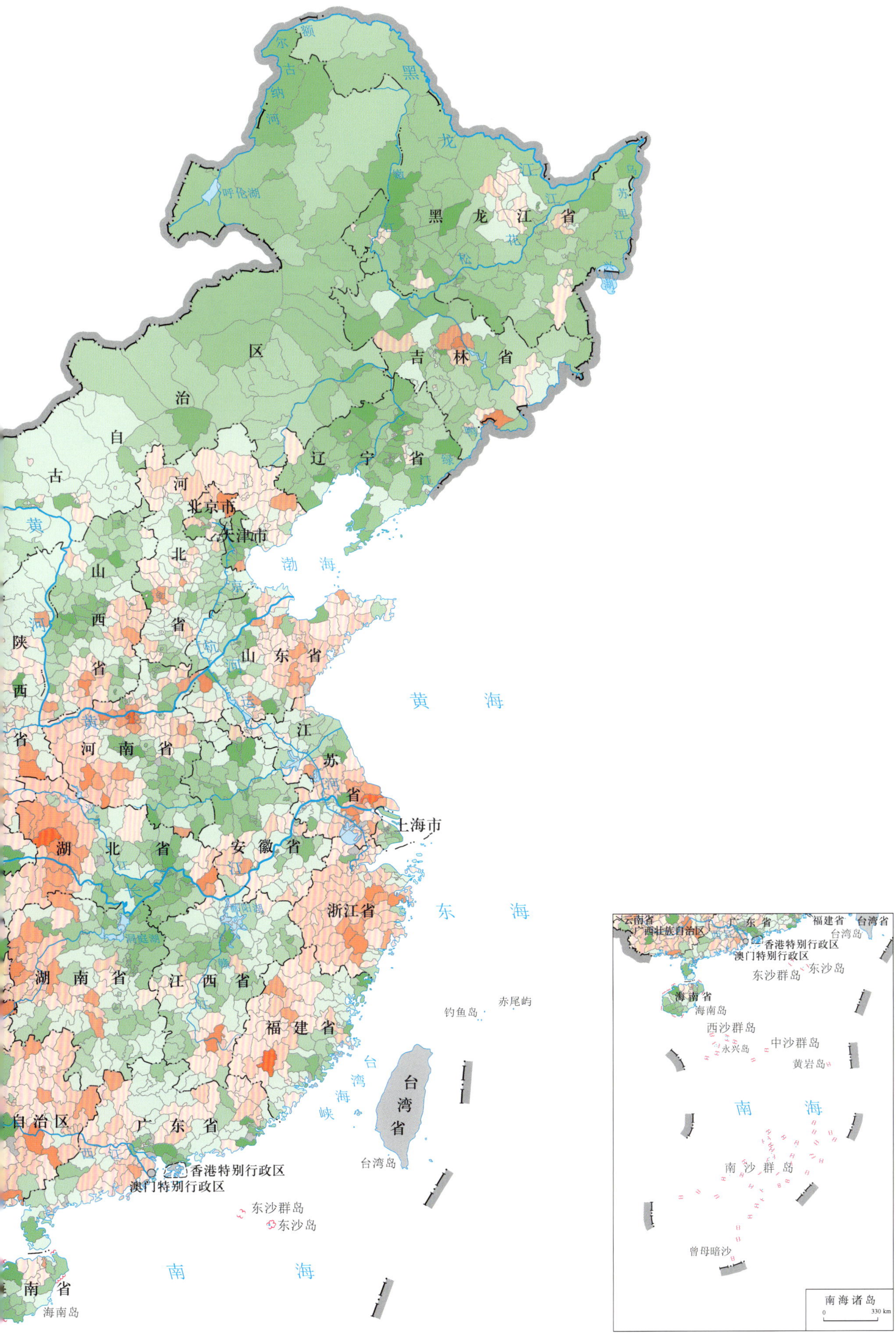
黑龙江省
吉林省
辽宁省
呼伦湖
兴凯湖
北京市
天津市
河北省
山西省
山东省
陕西省
河南省
江苏省
上海市
湖北省
安徽省
浙江省
湖南省
江西省
福建省
广东省
自治区
香港特别行政区
澳门特别行政区
东沙群岛
东沙岛
台湾省
台湾岛
钓鱼岛
赤尾屿
台湾海峡
渤海
黄海
东海
南海
海南省
海南岛
云南省
广西壮族自治区
永兴岛
西沙群岛
中沙群岛
黄岩岛
南沙群岛
曾母暗沙
南海诸岛
0
330 km

男性听力残疾年龄标化现患率

Age-standardized Prevalence of Hearing Disability (Male)

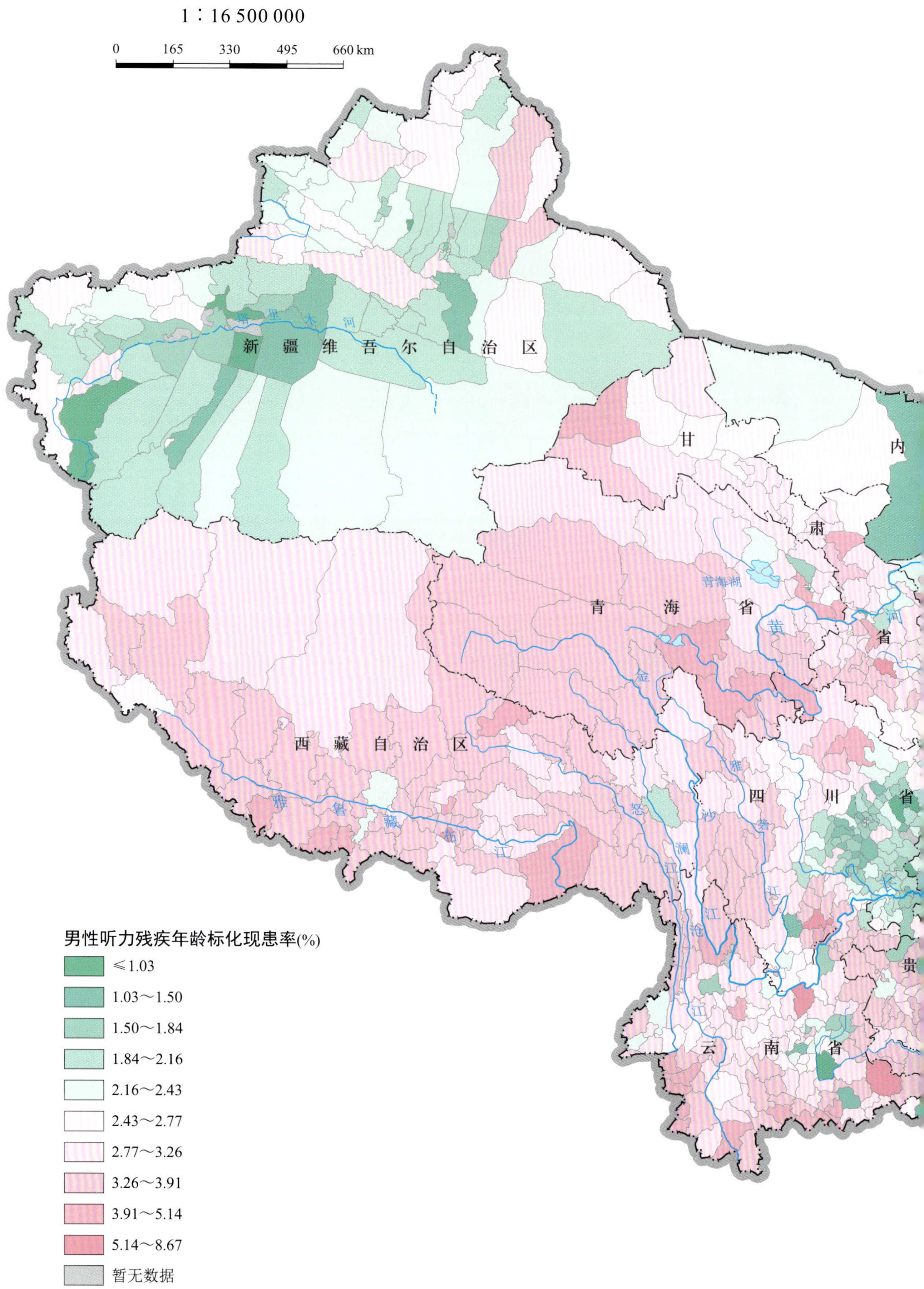

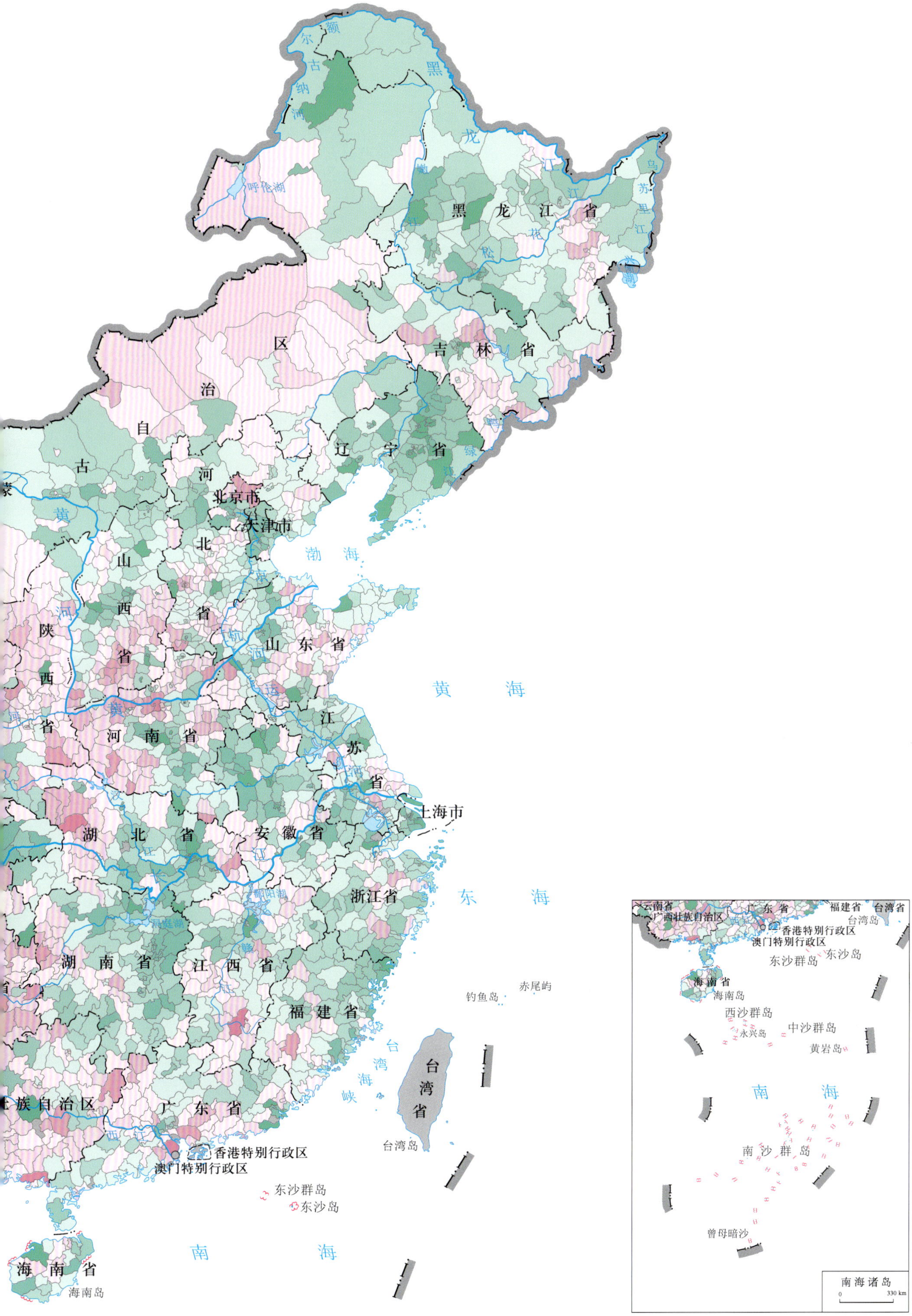

黑龙江省
吉林省
辽宁省
蒙古自治区
北京市
天津市
河北省
山西省
陕西省
山东省
河南省
江苏省
上海市
湖北省
安徽省
浙江省
湖南省
江西省
福建省
族自治区
广东省
香港特别行政区
澳门特别行政区
台湾省
台湾岛
海南省
海南岛
东沙群岛
东沙岛
钓鱼岛
赤尾屿
呼伦湖
额尔古纳河
黑龙江
乌苏里江
松花江
嫩江
鸭绿江
黄河
汉江
长江
京杭运河
洞庭湖
鄱阳湖
渤海
黄海
东海
台湾海峡
南海
云南省
广西壮族自治区
广东省
福建省
台湾省
台湾岛
香港特别行政区
澳门特别行政区
东沙群岛
东沙岛
海南省
海南岛
西沙群岛
永兴岛
中沙群岛
黄岩岛
南海
南沙群岛
曾母暗沙
南海诸岛
0
330 km

女性听力残疾现患率

Prevalence of Hearing Disability (Female)

1：16 500 000

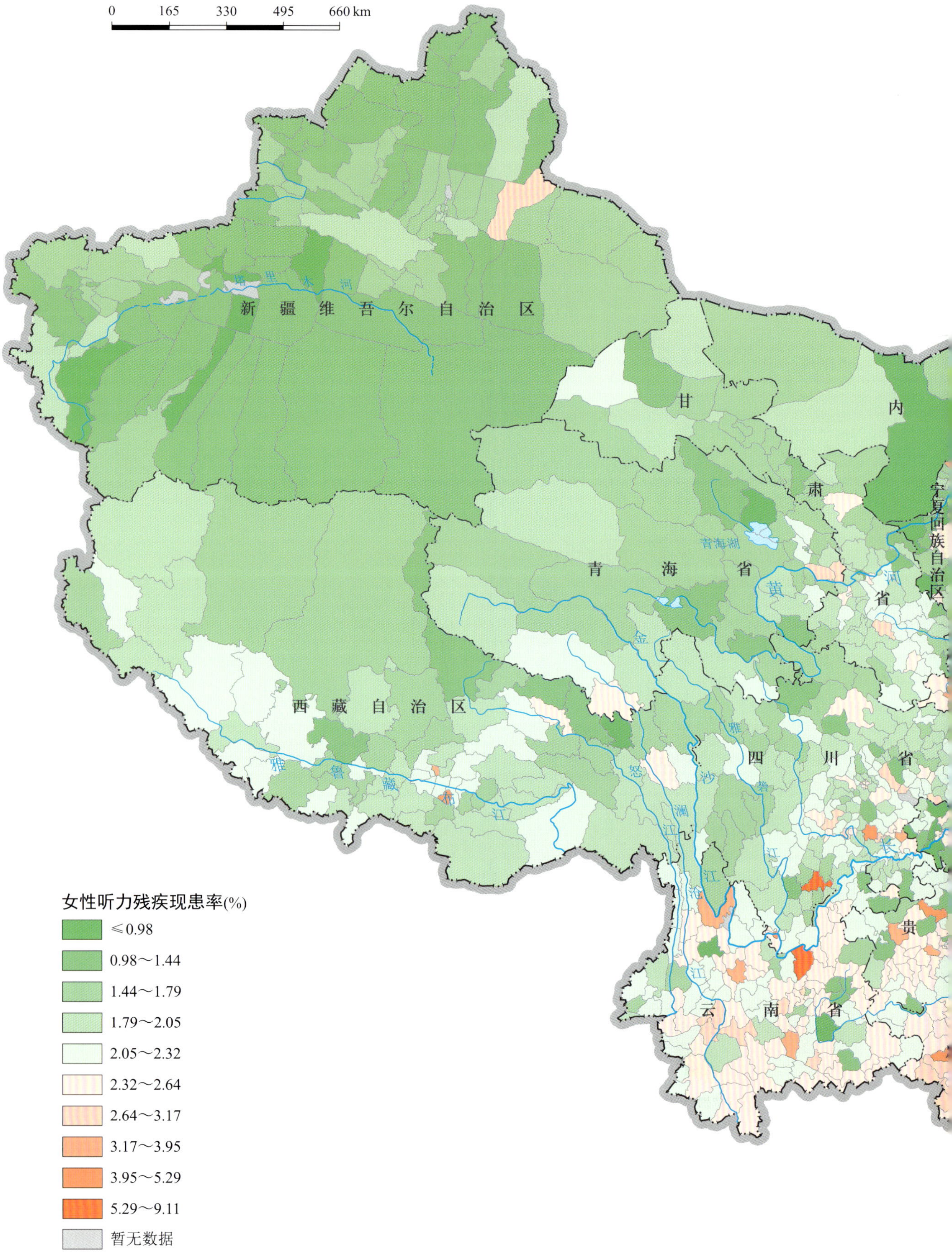

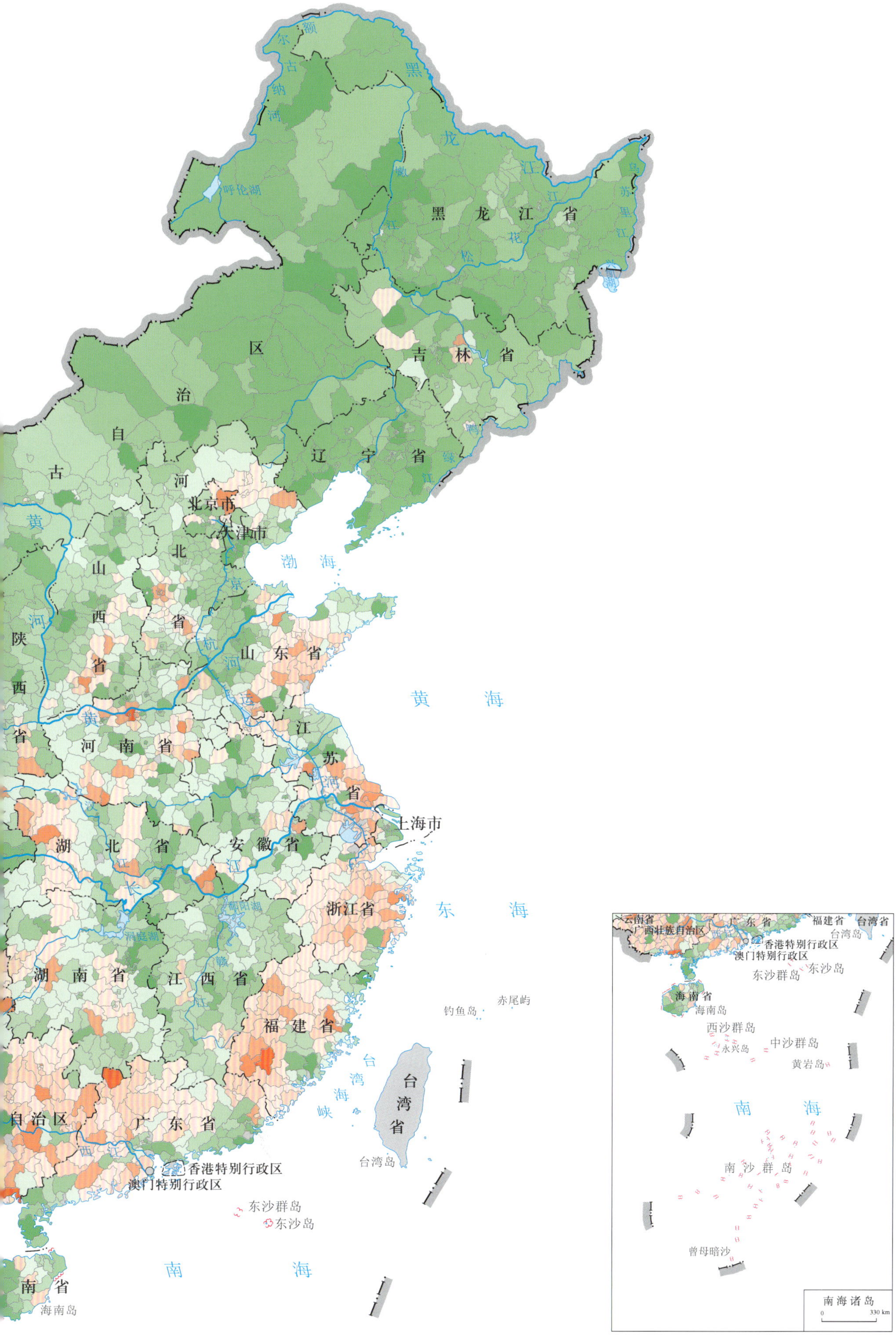

黑龙江省
吉林省
辽宁省
北京市
天津市
河北省
山西省
山东省
河南省
江苏省
上海市
安徽省
湖北省
浙江省
湖南省
江西省
福建省
广东省
台湾省
台湾岛
香港特别行政区
澳门特别行政区
东沙群岛
东沙岛
钓鱼岛
赤尾屿
渤海
黄海
东海
南海
台湾海峡
海南岛
呼伦湖
鄱阳湖
洞庭湖
云南省
广西壮族自治区
海南省
西沙群岛
永兴岛
中沙群岛
黄岩岛
南沙群岛
曾母暗沙
南海诸岛
0
330 km

女性听力残疾年龄标化现患率
Age-standardized Prevalence of Hearing Disability (Female)

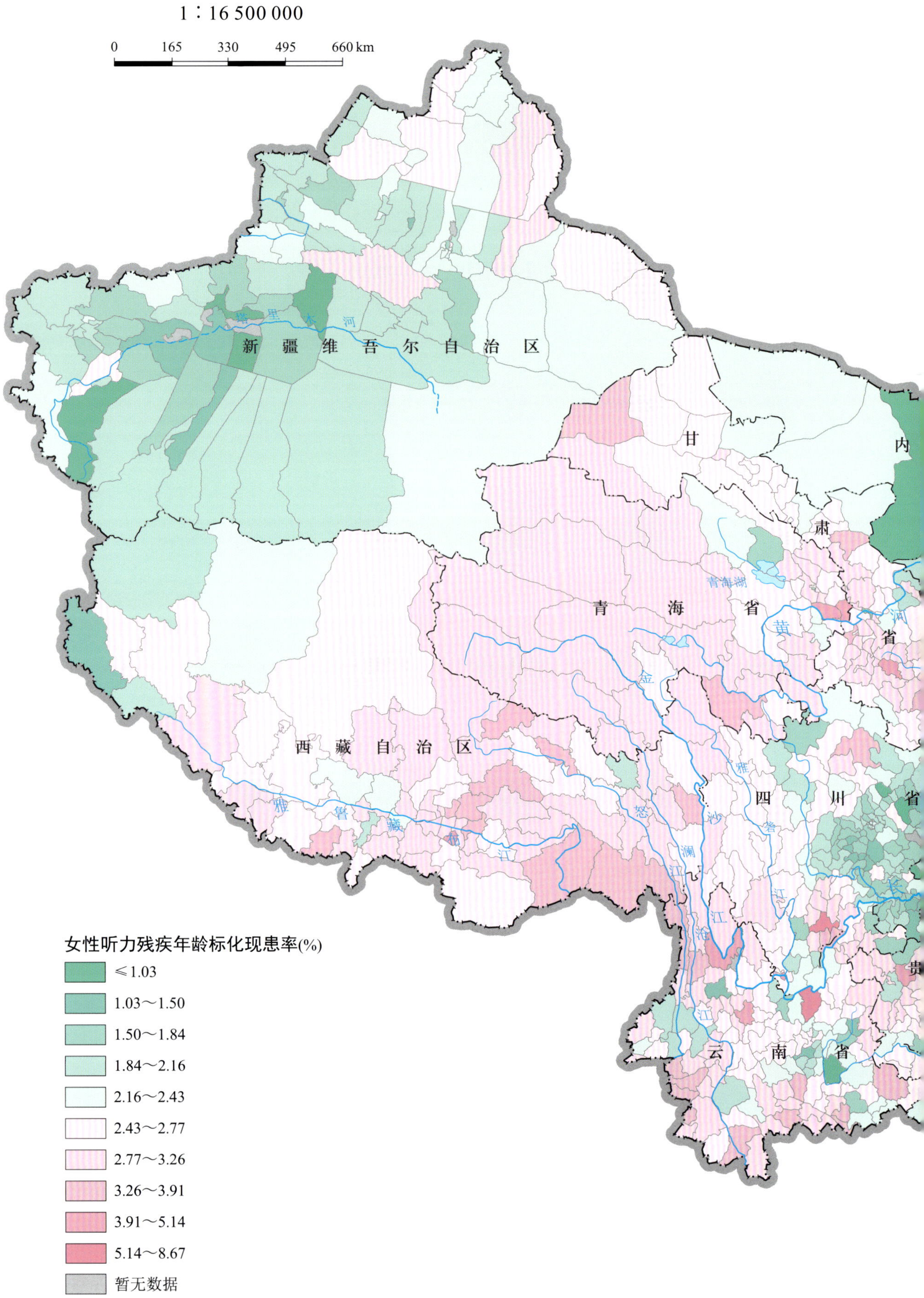

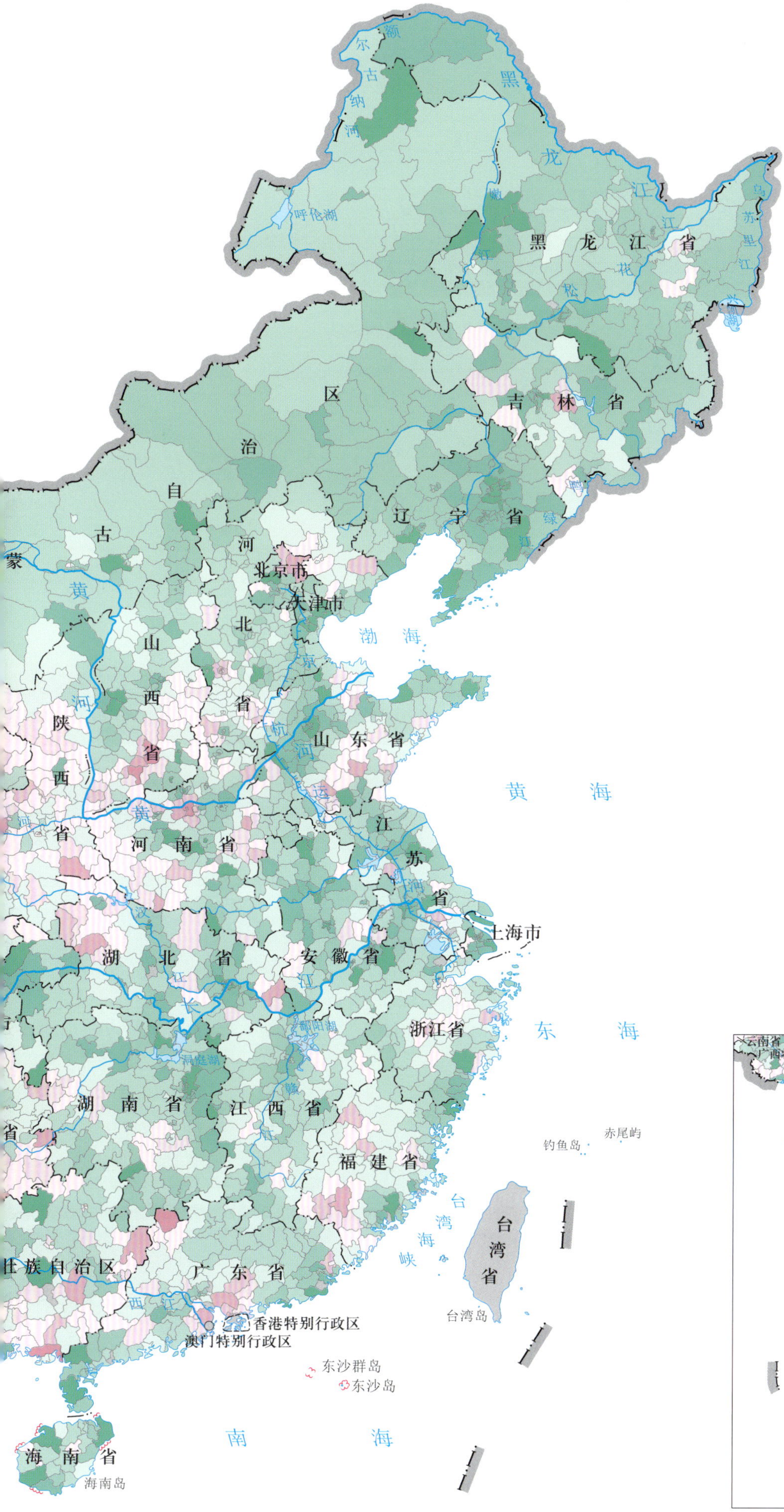
黑龙江省
吉林省
辽宁省
北京市
天津市
河北省
山西省
山东省
陕西省
河南省
江苏省
上海市
湖北省
安徽省
浙江省
湖南省
江西省
福建省
台湾省
广东省
壮族自治区
香港特别行政区
澳门特别行政区
海南省
海南岛
渤海
黄海
东海
南海
钓鱼岛
赤尾屿
台湾岛
台湾海峡
东沙群岛
东沙岛

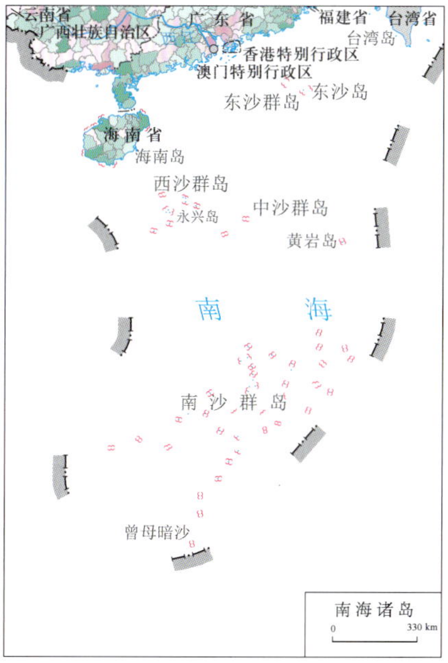
云南省
广西壮族自治区
广东省
福建省
台湾省
台湾岛
香港特别行政区
澳门特别行政区
东沙群岛
东沙岛
海南省
海南岛
西沙群岛
永兴岛
中沙群岛
黄岩岛
南海
南沙群岛
曾母暗沙
南海诸岛
0 330 km

言语残疾
Speech Disability

根据第二次全国残疾人抽样调查残疾标准（2006），言语残疾是指由于各种原因导致的不同程度的言语障碍（经治疗一年以上不愈或病程超过两年者），不能或难以进行正常的言语交往活动（3岁以下不定残）。言语残疾包括：失语，运动性构音障碍，器官结构异常所致的构音障碍，发声障碍（嗓音障碍），儿童言语发育迟滞，听力障碍所致的语言障碍，以及口吃。

Speech disability refers to any type of language disorder. Because successful treatment takes more than 1 year and the disability is generally present for more than 2 years, the patient cannot take part in normal language exchanges, which undermines his or her daily life and participation in social activities. Speech disability is not judged under 3 years of age. Aphasia, motor dysarthria, dysarthria due to structural abnormalities of organs, dysarticulation (voice disorders), retardation of speech development in children, speech disorders due to hearing disorders, and stuttering were the main types of speech disabilities (The Standard of Second National Sample Survey on Disability, 2006).

第二次全国残疾人抽样调查年鉴数据显示，调查时点共有13 508人次为言语残疾（包括仅为言语残疾，以及在言语残疾的同时还有其他类型残疾的人），现患率为0.53%。从构成比看，在言语残疾人口中，男性（57.40%）多于女性（42.60%）；农村人口（75.04%）多于城镇人口（24.96%）。言语残疾人口性别-年龄分布如图3-11所示。从地区分布结构看，言语残疾人口较多的省份分别为广东省（5.77%）、河南省（5.76%）、四川省（5.60%）、河北省（5.18%）和云南省（4.84%）。

According to the SNSSD, 13 508 cases had speech disability. The prevalence of speech disability was 0.53%. The proportion of speech disability in males (57.40%) was higher than that in females (42.60%), and the proportion of the rural population (75.04%) was higher than that of the urban population (24.96%). The distribution of speech disability by age-sex is shown in Figure 3-11. In terms of regional distribution, provinces with the larger proportion of speech disability were Guangdong Province (5.77%), Henan Province (5.76%), Sichuan Province (5.60%), Hebei Province (5.18%) and Yunnan Province (4.84%).

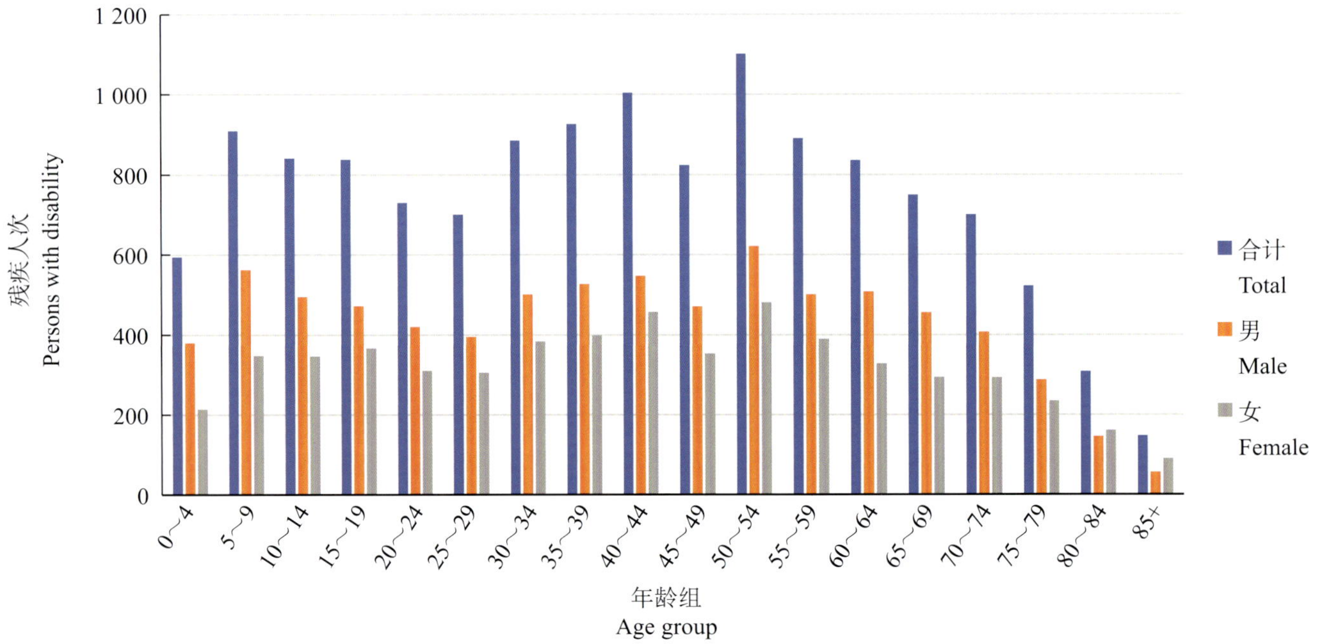

图3-11 第二次全国残疾人抽样调查言语残疾人口性别-年龄分布

Figure 3-11 Age-sex distribution of speech disability in SNSSD

将调查包含的全部致残原因进行归类，即先天遗传性原因（唐氏综合征），先天非遗传性原因（包括脑性瘫痪、新生儿病理性黄疸、早产、低体重和过期产、腭裂、智力低下），感染性疾病（包括脑炎、脑囊虫病），非感染性疾病（包括脑梗死、脑出血、帕金森病、多发性硬化、脊髓侧索硬化、孤独症、癫痫），创伤及伤害（包括喉/舌疾病术后、脑外伤、产伤、一氧化碳中毒），原因不明及其他（包括听力障碍、其他原因、原因不明）（郑晓瑛 等，2008）。可以看出，言语残疾在城镇地区的致残风险主要来源于听力障碍等其他或不明原因、非感染性疾病、先天非遗传性原因，而农村地区的言语残疾主要由其他或不明原因、先天非遗传性原因及非感染性疾病造成，具体如图3-12、图3-13所示。

To classify the causes of speech disability into 6 groups: congenital genetic causes (including Down syndrome), congenital nongenetic causes (including cerebral palsy, neonatal pathologic jaundice, premature birth, low weight and overdue birth, cleft palate, mental retardation), infectious diseases (including encephalitis and cysticercosis), noninfectious diseases (including cerebral infarction, cerebral hemorrhage, Parkinson disease, multiple sclerosis, lateral sclerosis, autism, epilepsy), trauma and injury (including throat and tongue surgery, brain trauma, birth injury, CO poisoning), and other causes or unknown causes (including hearing impairment and other causes) (Zheng et al., 2008). It was found that, hearing impairment or other unknown causes, noninfectious diseases and congenital nongenetic causes were the most significant risk sources for speech disability in urban areas and rural areas (Figure 3-12 and Figure 3-13).

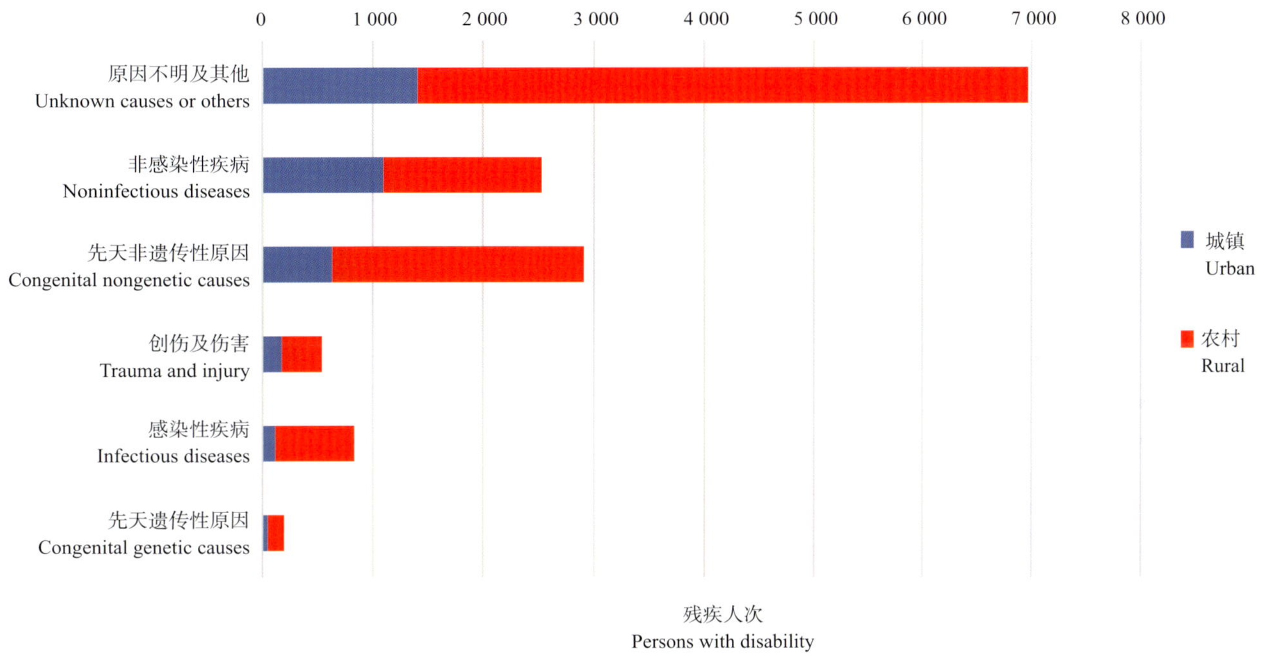

图3-12 第二次全国残疾人抽样调查言语残疾致残原因城乡分布

Figure 3-12 Regional distribution of main causes of speech disability in SNSSD

省份 Province	非感染性疾病 Noninfectious diseases		原因不明及其他 Unknown causes or others		先天非遗传性原因 Congenital nongenetic causes		创伤及伤害 Trauma and injury		感染性疾病 Infectious diseases	
	城镇 Urban	农村 Rural	城镇 Urban	农村 Rural	城镇 Urban	农村 Rural	城镇 Urban	农村 Rural	城镇 Urban	农村 Rural
北京 Beijing	55.19	28.67	25.94	50.35	10.85	16.08	6.60	3.50	1.42	1.40
天津 Tianjin	60.77	38.84	28.23	40.50	6.70	15.70	5.26	8.26	0.96	1.65
河北 Hebei	65.00	36.61	18.75	41.45	11.25	15.97	3.75	4.03	1.25	2.10
山西 Shanxi	41.67	16.78	30.56	51.71	19.44	25.68	7.41	6.16	1.85	2.40
内蒙古 Nei Mongol	36.52	22.08	38.26	50.83	15.65	19.17	8.70	4.17	1.74	3.33
辽宁 Liaoning	54.55	23.95	27.27	54.75	12.59	14.07	4.90	3.42	2.80	5.32
吉林 Jilin	51.64	23.96	31.92	58.06	11.74	11.06	4.23	4.15	1.88	3.23
黑龙江 Heilongjiang	38.92	18.62	43.71	61.13	14.37	17.41	2.99	3.64	0.00	1.62
上海 Shanghai	33.95	9.52	44.44	59.52	12.96	26.19	5.56	4.76	4.94	4.76
江苏 Jiangsu	22.96	10.17	48.15	50.56	14.81	28.25	7.41	2.26	4.44	11.02
浙江 Zhejiang	20.78	9.76	57.14	57.91	18.18	24.92	3.90	4.38	2.60	6.40
安徽 Anhui	22.95	12.65	45.90	56.91	21.31	24.82	4.92	3.51	4.92	11.01
福建 Fujian	8.82	5.80	47.06	56.70	20.59	20.98	11.76	6.70	7.35	12.95
江西 Jiangxi	10.20	6.98	59.18	60.17	26.53	25.00	4.08	3.20	4.08	10.76
山东 Shandong	37.50	27.65	38.33	41.59	19.17	22.12	4.17	4.42	0.83	4.65
河南 Henan	40.59	22.90	37.62	50.37	17.82	20.09	3.96	3.10	1.98	7.09
湖北 Hubei	16.00	6.02	54.00	69.55	17.00	15.41	6.00	3.76	9.00	8.83
湖南 Hunan	6.56	5.28	63.93	61.94	23.77	23.06	5.74	1.39	4.10	10.00
广东 Guangdong	17.53	12.48	45.42	47.45	34.26	31.95	3.19	2.65	3.19	7.56
广西 Guangxi	32.26	13.24	25.81	48.17	25.81	31.83	3.23	3.94	9.68	7.89
海南 Hainan	24.59	9.92	37.70	54.20	21.31	25.95	3.28	2.29	11.48	6.87
重庆 Chongqing	20.31	9.19	51.56	56.89	18.75	16.61	1.56	4.24	10.94	14.13
四川 Sichuan	16.11	10.53	48.99	47.70	34.23	33.06	7.38	3.45	1.34	7.73
贵州 Guizhou	20.63	5.81	46.03	57.58	28.57	26.77	1.59	2.53	3.17	10.61
云南 Yunnan	11.19	6.85	56.64	67.51	23.08	18.98	5.59	2.94	3.50	3.91
西藏 Xizang	16.00	2.82	60.00	62.68	20.00	16.20	0.00	2.11	4.00	22.54
陕西 Shaanxi	27.27	8.83	46.46	66.95	13.13	13.96	6.06	2.28	6.06	4.27
甘肃 Gansu	14.63	5.09	46.34	56.74	24.39	24.94	7.32	5.09	9.76	6.36
青海 Qinghai	29.17	5.26	37.50	64.91	37.50	24.56	8.33	2.63	8.33	4.39
宁夏 Ningxia	18.75	8.16	57.50	55.61	17.50	30.10	3.75	2.55	2.50	3.57
新疆 Xinjiang	29.41	5.45	47.06	59.64	27.94	21.82	1.47	4.36	2.94	9.45

图 3-13 第二次全国残疾人抽样调查各省（自治区、直辖市）言语残疾致残原因分布

Figure 3-13 Distribution of main causes of speech disability in 31 provinces in SNSSD

注：单元格色阶表示其数值大小（%）

Note：The numerical value in each color graded table cell represents the proportion of persons with speech disability（%）

具体来看，言语残疾的主要致残原因为听力障碍（23.94%）、原因不明（15.55%）、脑梗死（12.24%）、其他原因（12.08%）和智力低下（10.33%），其性别-年龄分布如图3-14所示。

Specifically, the main causes of speech disability were hearing impairment (23.94%), unknown causes (15.55%), cerebral infarction (12.24%), other cause (12.08%) and mental retardation (10.33%). The distribution of the main causes of speech disability is shown in the figure below.

年龄组 Age group	听力障碍 Hearing impairment		原因不明 Unknown causes		脑梗死 Cerebral infarction		其他原因 Others causes		智力低下 Mental retardation	
	男 Male	女 Female	男 Male	女 Female	男 Male	女 Female	男 Male	女 Female	男 Male	女 Female
0～4	19	19	93	38			81	43	59	29
5～9	56	48	110	47	1		76	35	100	68
10～14	73	78	77	43			43	39	108	61
15～19	77	103	68	42	1		56	40	87	75
20～24	110	103	48	43			52	34	74	55
25～29	120	93	49	51	2	1	50	37	53	41
30～34	167	126	82	65	3		70	51	64	61
35～39	149	149	92	69	4	1	74	50	73	36
40～44	162	155	121	82	15	3	83	54	39	44
45～49	148	125	86	66	39	17	72	48	35	25
50～54	163	151	129	87	68	30	67	77	48	33
55～59	130	124	70	85	102	58	61	36	26	19
60～64	112	85	86	56	157	70	46	41	15	15
65～69	90	58	36	32	179	108	44	28	7	7
70～74	58	49	34	32	199	122	30	19	4	9
75～79	37	33	21	28	146	104	18	23	6	8
80～84	15	20	9	15	78	80	6	20	2	6
85+	9	20	2	6	29	36	8	20	1	3

图3-14　第二次全国残疾人抽样调查言语残疾主要致残原因性别-年龄分布

Figure 3-14　Age-sex distribution of main causes of speech disability in SNSSD

注：单元格色阶表示其数值大小（人次）；空白处表示无数据

Note: The numerical value in each color graded table cell represents the number of persons with speech disability. The blank space indicates no data

言语残疾现患率

Prevalence of Speech Disability

1：16 500 000

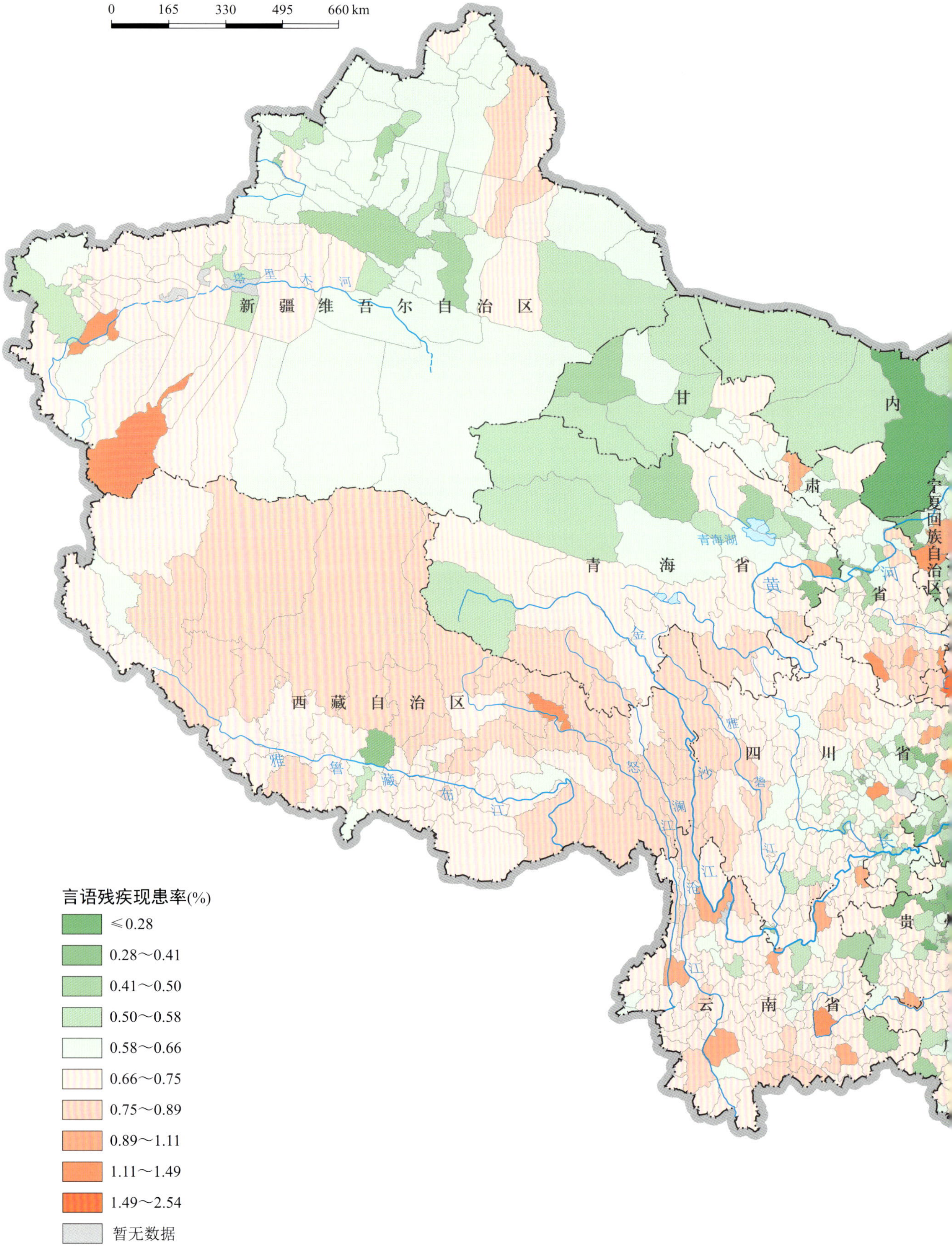

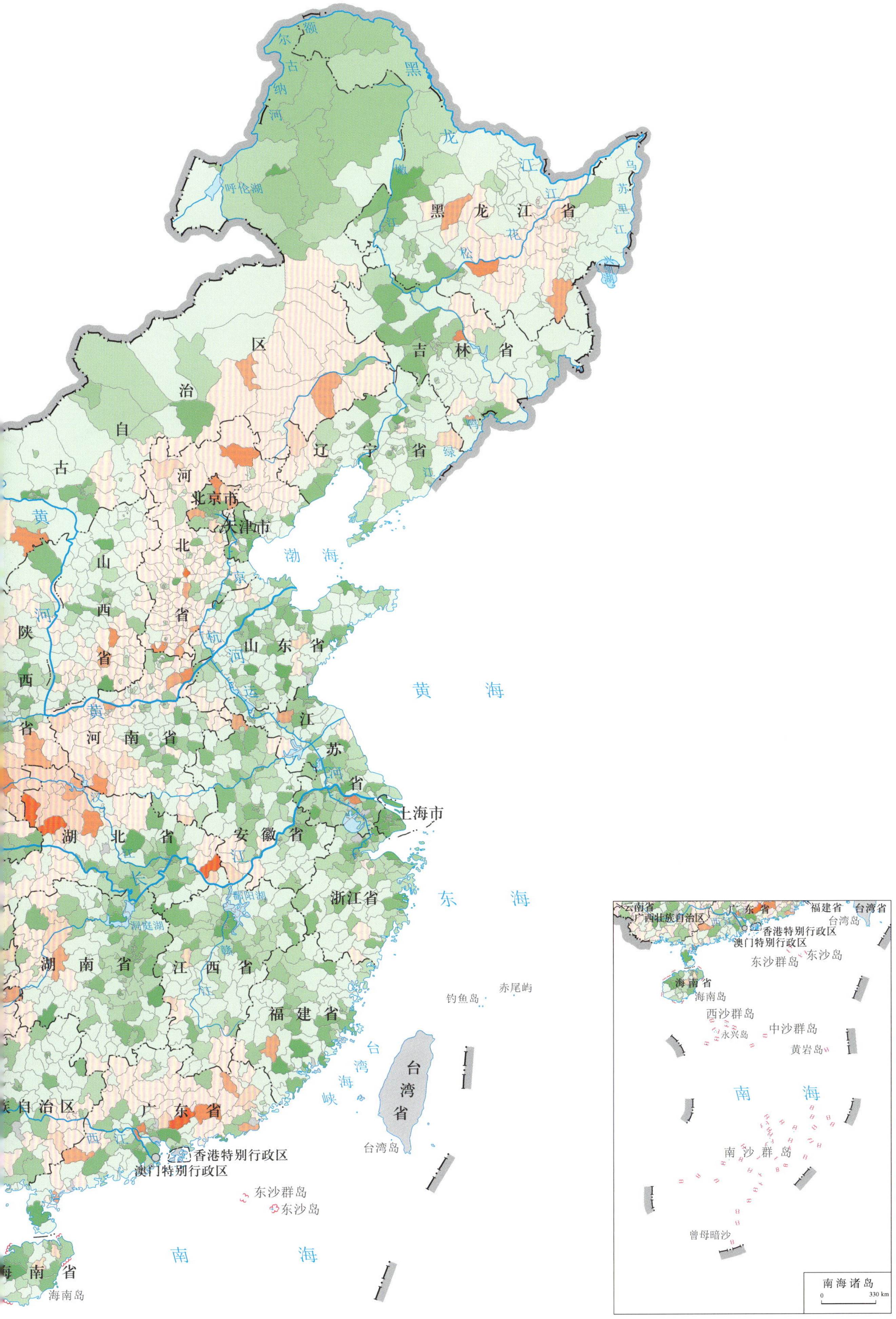

黑龙江省
吉林省
辽宁省
北京市
天津市
河北省
山西省
山东省
陕西省
河南省
江苏省
上海市
湖北省
安徽省
浙江省
湖南省
江西省
福建省
台湾省
广东省
香港特别行政区
澳门特别行政区
海南省
海南岛
台湾岛
钓鱼岛
赤尾屿
东沙群岛
东沙岛
内蒙古自治区
广西壮族自治区
渤海
黄海
东海
南海
台湾海峡
黄河
长江
京杭运河
呼伦湖
鄱阳湖
洞庭湖
太湖
额尔古纳河
黑龙江
乌苏里江
松花江
嫩江
鸭绿江
汉江
西江
云南省
福建省
西沙群岛
永兴岛
中沙群岛
黄岩岛
南沙群岛
曾母暗沙
南海诸岛
0
330 km

言语残疾年龄标化现患率

Age-standardized Prevalence of Speech Disability

1∶16 500 000

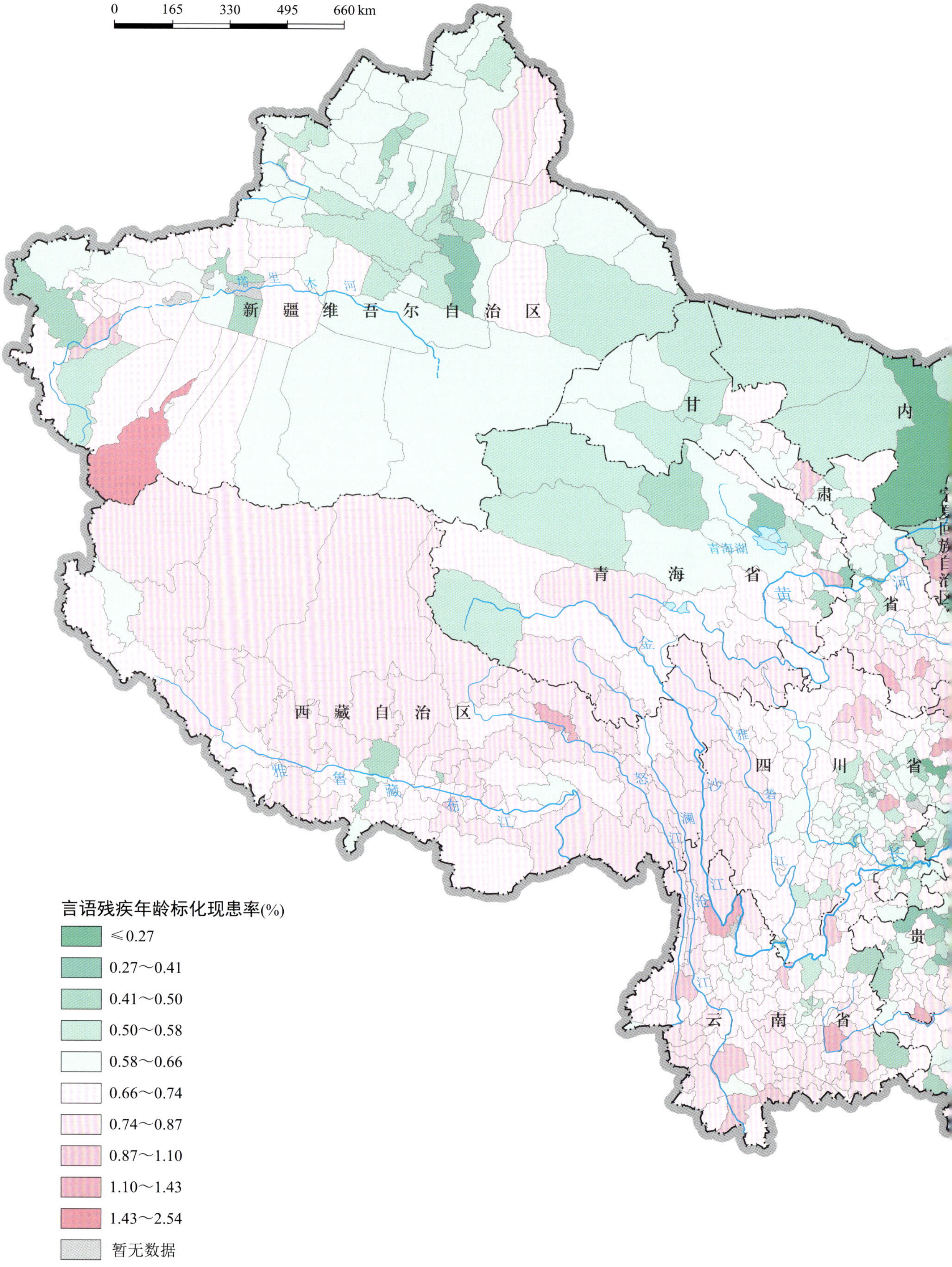

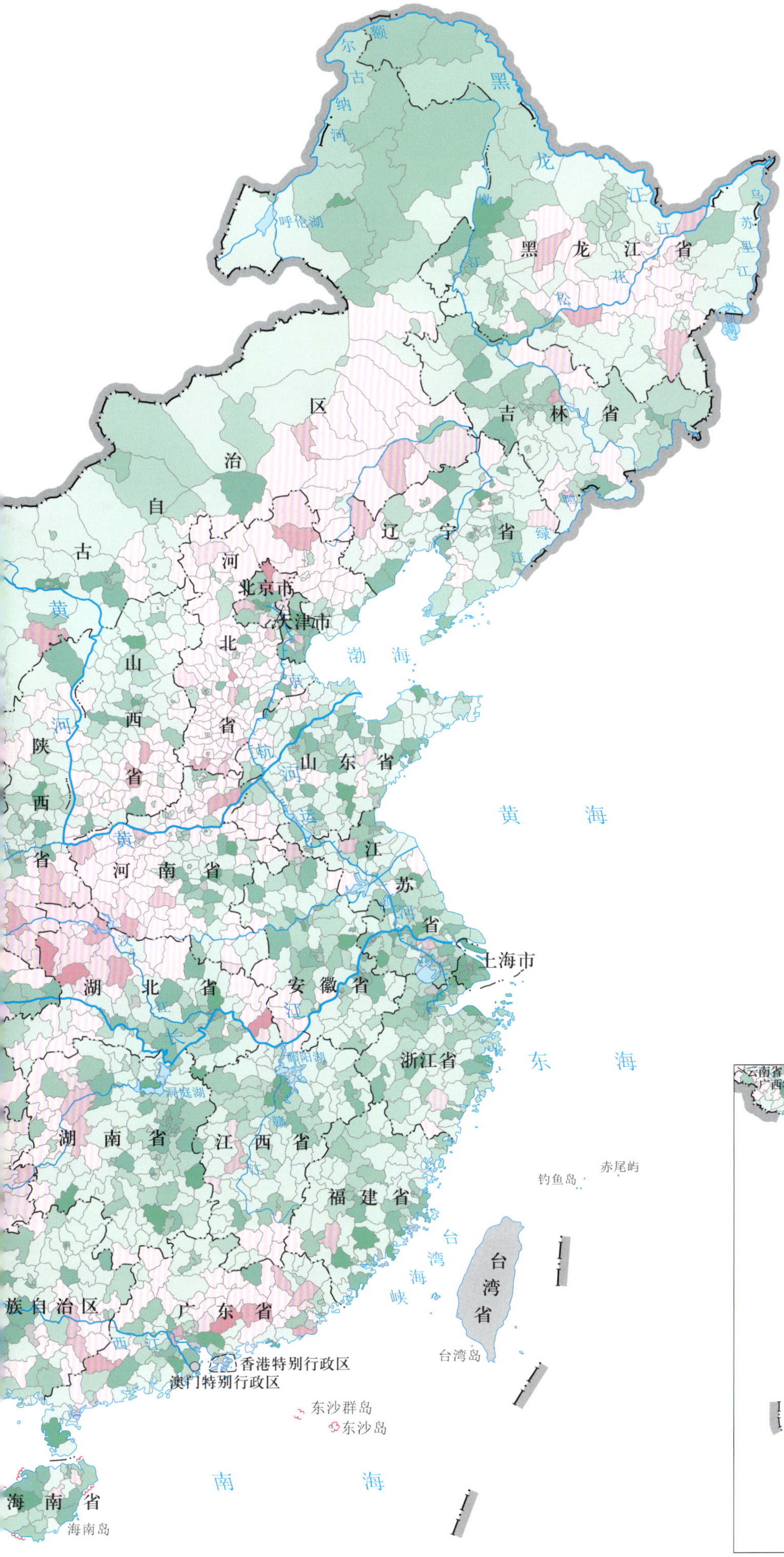
额尔古纳河
呼伦湖
黑龙江
黑龙江省
乌苏里江
松花江
嫩江
吉林省
区
治
自
古
辽宁省
鸭绿江
河北省
北京市
天津市
渤海
黄河
山西省
陕西省
山东省
京杭运河
黄海
江苏省
河南省
上海市
湖北省
安徽省
汉江
长江
东海
浙江省
鄱阳湖
洞庭湖
湖南省
江西省
赣江
福建省
钓鱼岛
赤尾屿
台湾海峡
台湾省
台湾岛
族自治区
广东省
西江
香港特别行政区
澳门特别行政区
东沙群岛
东沙岛
南海
海南省
海南岛

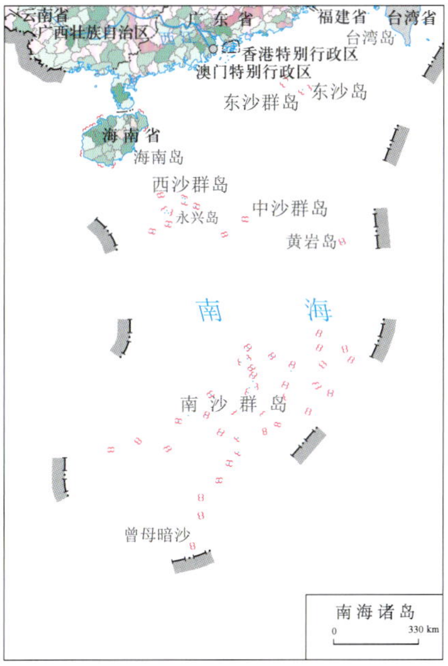
云南省
广西壮族自治区
广东省
福建省
台湾省
台湾岛
香港特别行政区
澳门特别行政区
东沙群岛
东沙岛
海南省
海南岛
西沙群岛
永兴岛
中沙群岛
黄岩岛
南海
南沙群岛
曾母暗沙
南海诸岛
0
330 km

男性言语残疾现患率
Prevalence of Speech Disability (Male)

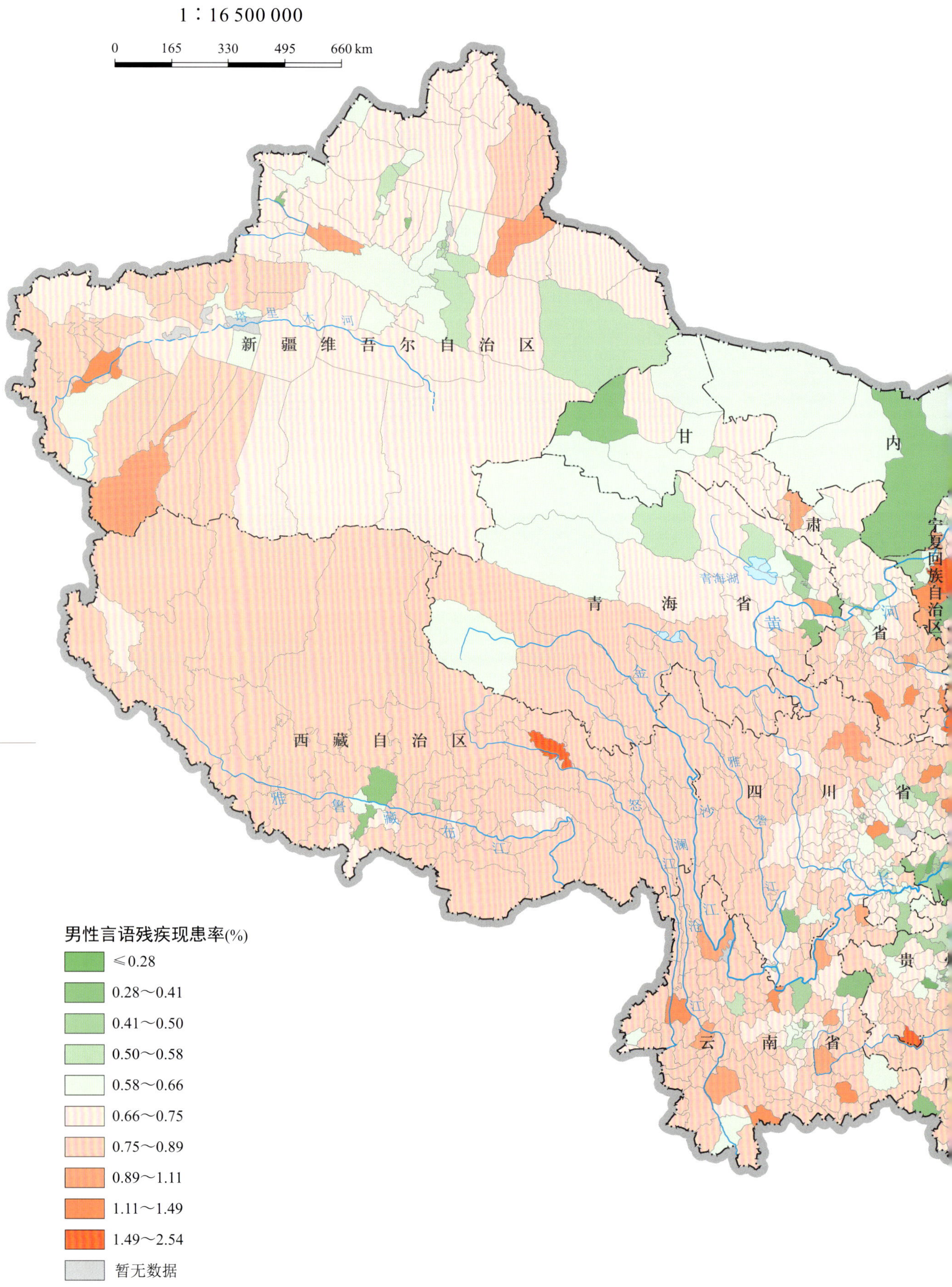

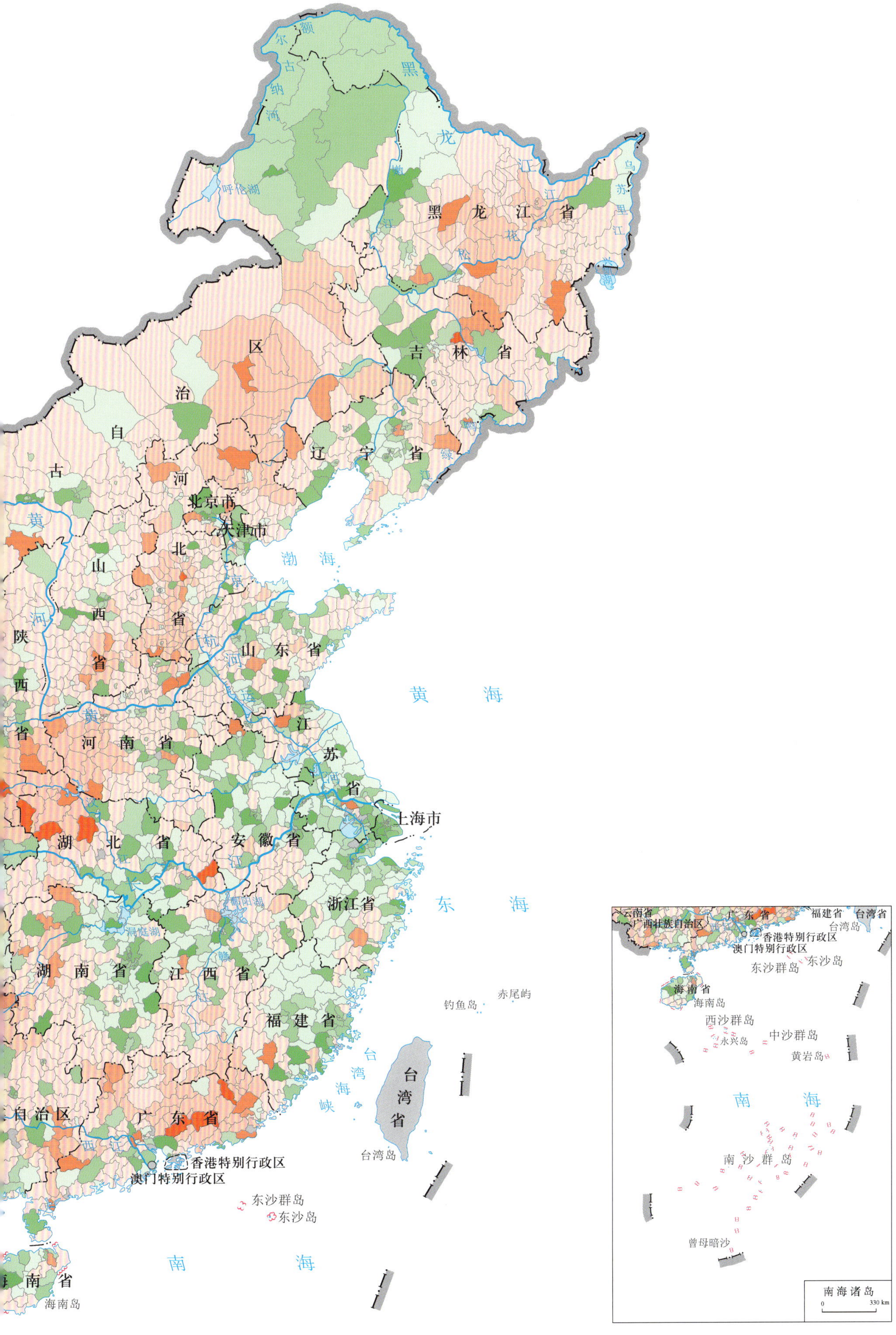
额
尔
古
纳
河
黑
龙
江
乌
苏
里
江
呼伦湖
嫩
江
花
松
黑 龙 江 省
吉 林 省
区
治
自
古
鸭
绿
江
辽 宁 省
河
北京市
天津市
北
山
西
省
省
渤 海
黄
河
陕
西
省
山 东 省
京
杭
运
河
黄 海
黄
河 南 省
江
苏
省
上海市
湖 北 省
安 徽 省
长
江
浙江省
东 海
鄱阳湖
洞庭湖
湖 南 省
江 西 省
赣
江
福 建 省
钓鱼岛
赤尾屿
台
湾
海
峡
台
湾
省
台湾岛
自 治 区
广 东 省
西
江
香港特别行政区
澳门特别行政区
东沙群岛
东沙岛
南 海
南 省
海南岛
云南省
广西壮族自治区
广 东 省
福建省
台湾省
台湾岛
香港特别行政区
澳门特别行政区
东沙岛
东沙群岛
海 南 省
海南岛
西沙群岛
永兴岛
中沙群岛
黄岩岛
南 海
南 沙 群 岛
曾母暗沙
南 海 诸 岛
0
330 km

男性言语残疾年龄标化现患率

Age-standardized Prevalence of Speech Disability (Male)

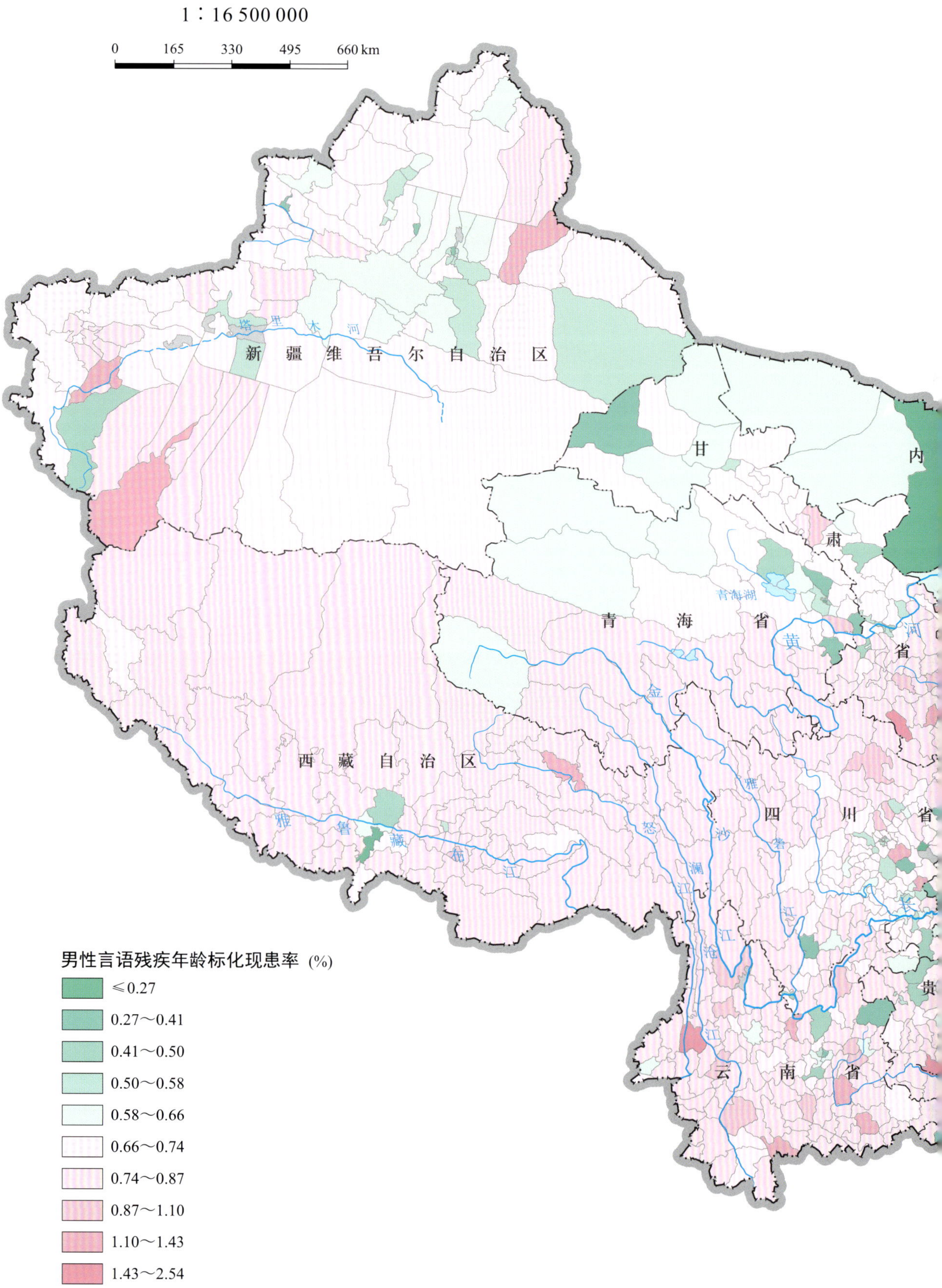

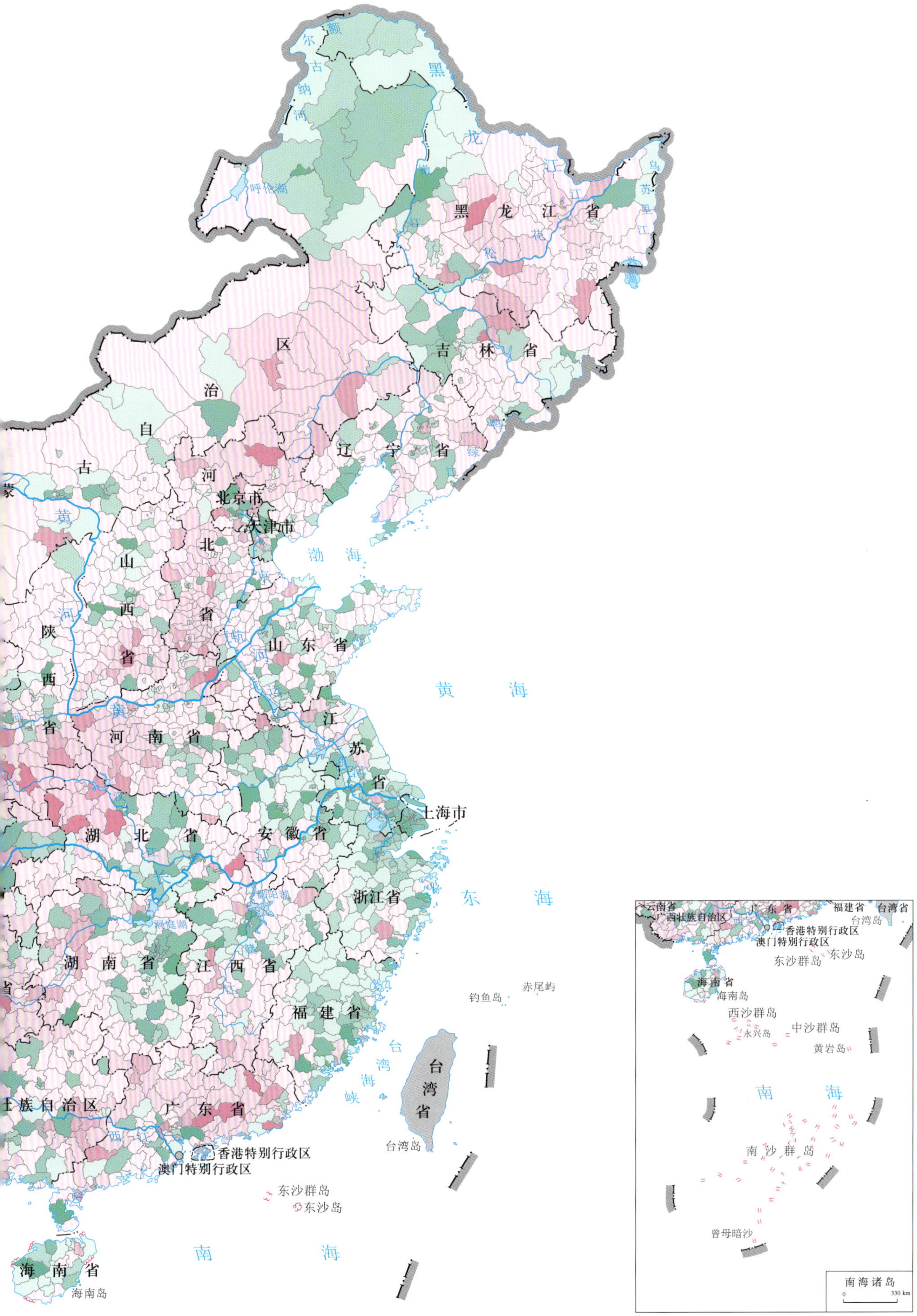

额
尔
古
纳
河
呼伦湖
黑
龙
江
乌
苏
里
江
黑龙江省
嫩
江
松
花
江
兴凯湖
吉林省
区
治
自
古
蒙
辽宁省
鸭
绿
江
河
北京市
天津市
北
省
山
西
省
黄
河
陕
西
省
渤海
京
杭
运
河
山东省
黄海
江
苏
省
河南省
上海市
湖北省
安徽省
长
江
东海
浙江省
鄱阳湖
洞庭湖
湖南省
江西省
钓鱼岛
赤尾屿
福建省
台
湾
海
峡
台湾省
台湾岛
族自治区
广东省
西
江
香港特别行政区
澳门特别行政区
东沙群岛
东沙岛
南海
海南省
海南岛
云南省
广西壮族自治区
广东省
福建省
台湾省
台湾岛
香港特别行政区
澳门特别行政区
东沙群岛
东沙岛
海南省
海南岛
西沙群岛
永兴岛
中沙群岛
黄岩岛
南海
南沙群岛
曾母暗沙
南海诸岛
0
330 km

女性言语残疾现患率

Prevalence of Speech Disability (Female)

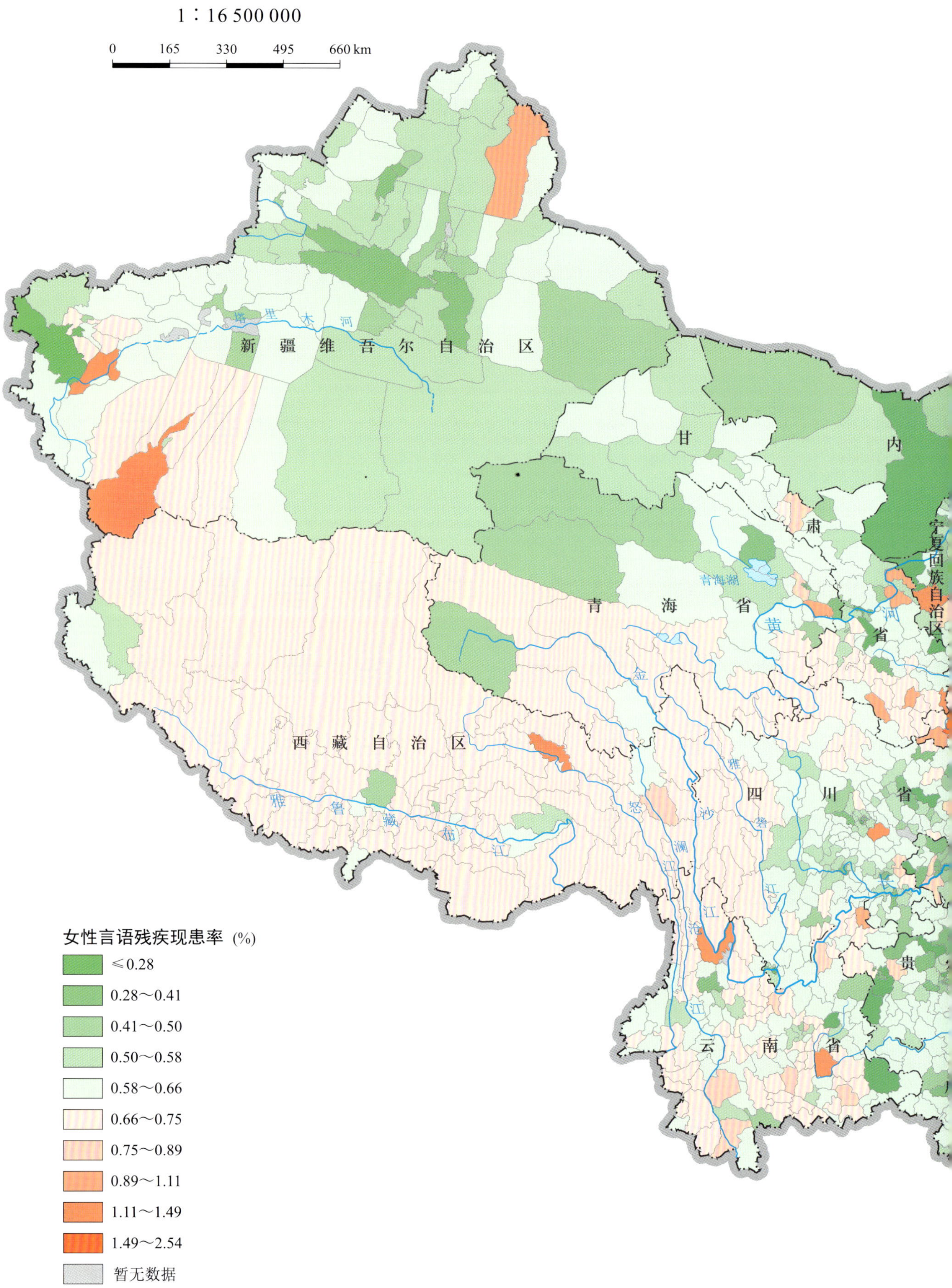

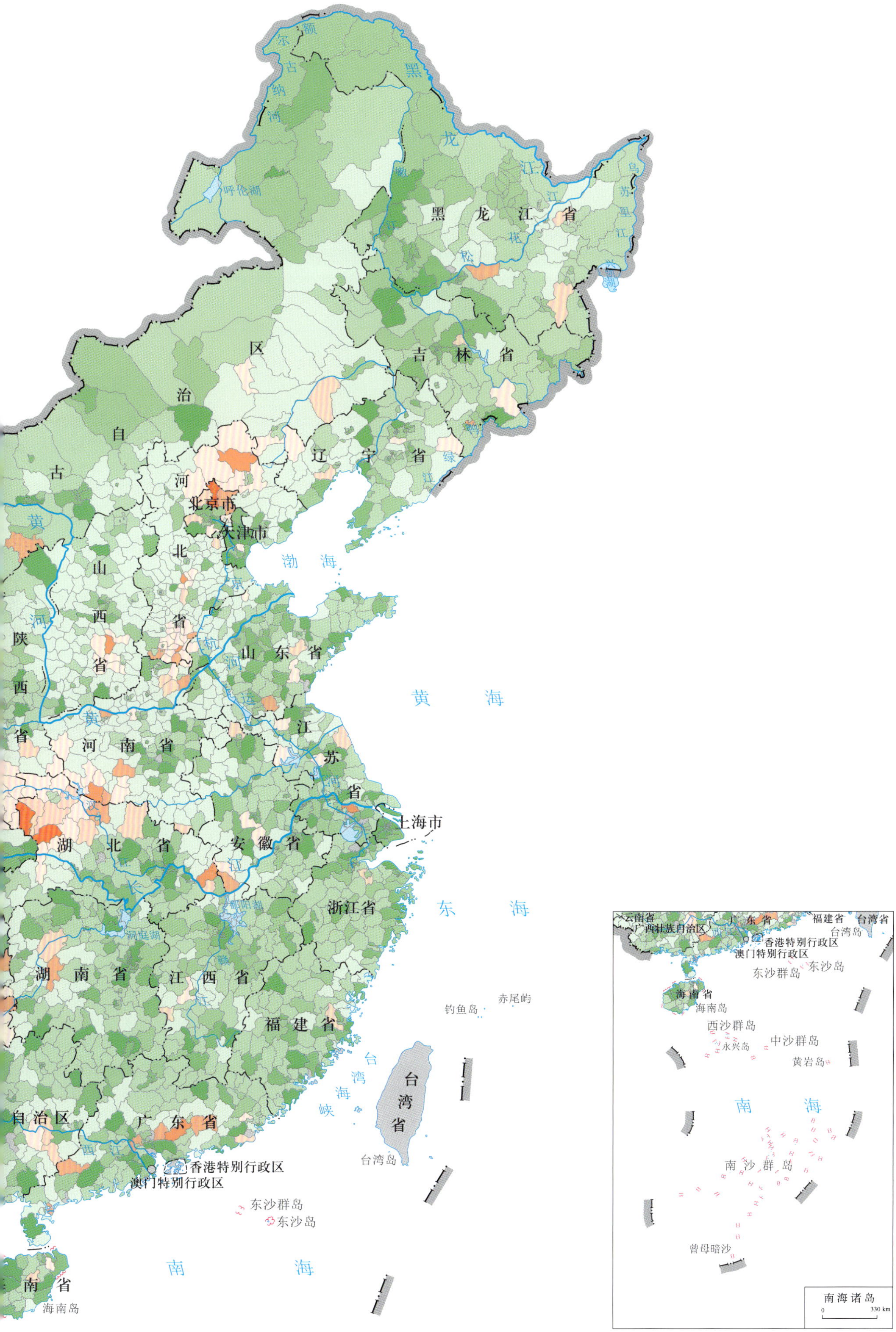

额尔古纳河
黑龙江
乌苏里江
呼伦湖
黑龙江省
松花江
吉林省
辽宁省
鸭绿江
内蒙古自治区
河北省
北京市
天津市
渤海
山西省
陕西省
山东省
京杭运河
黄河
黄海
河南省
江苏省
上海市
湖北省
安徽省
长江
汉江
洞庭湖
鄱阳湖
浙江省
东海
湖南省
江西省
福建省
钓鱼岛
赤尾屿
台湾海峡
台湾省
台湾岛
广西壮族自治区
广东省
香港特别行政区
澳门特别行政区
东沙群岛
东沙岛
南海
海南省
海南岛
云南省
西沙群岛
永兴岛
中沙群岛
黄岩岛
南沙群岛
曾母暗沙
南海诸岛
0
330 km

女性言语残疾年龄标化现患率

Age-standardized Prevalence of Speech Disability (Female)

1：16 500 000

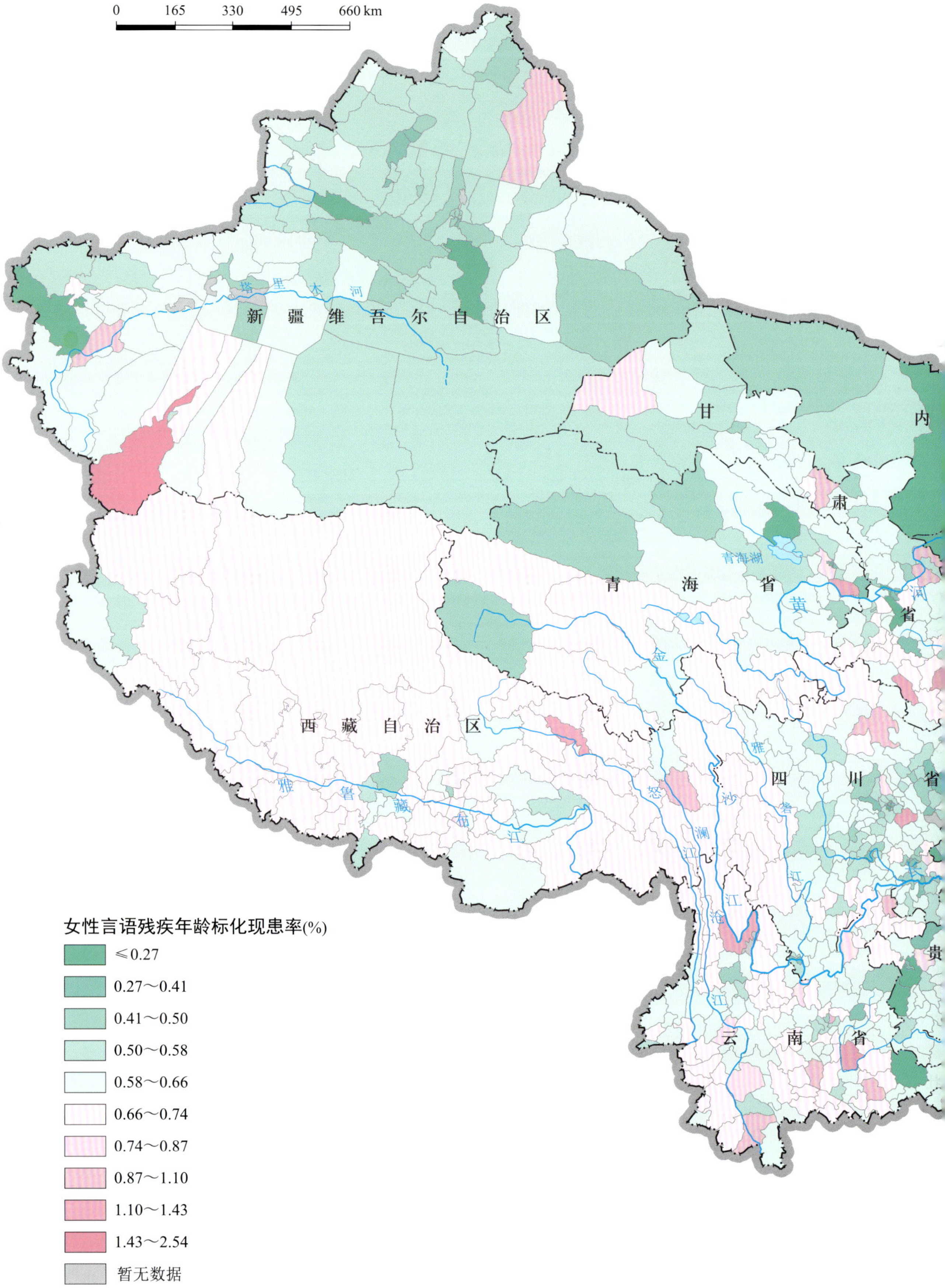

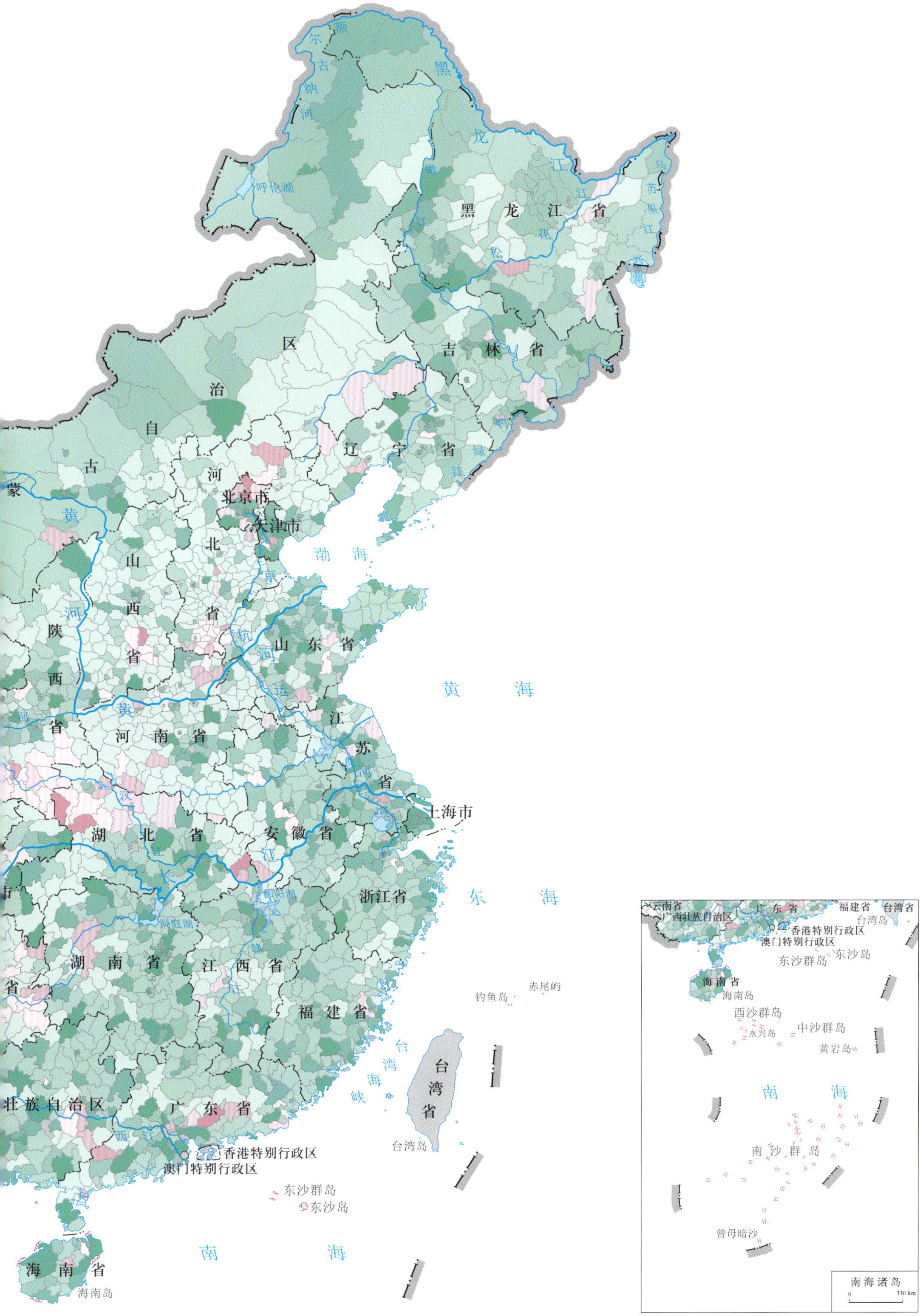
额尔古纳河
呼伦湖
黑龙江
嫩江
松花江
乌苏里江
兴凯湖
黑龙江省
吉林省
辽宁省
鸭绿江
内蒙古自治区
河北省
北京市
天津市
渤海
山西省
陕西省
黄河
京杭运河
山东省
黄海
河南省
江苏省
上海市
湖北省
安徽省
长江
汉江
浙江省
东海
鄱阳湖
洞庭湖
赣江
湖南省
江西省
福建省
钓鱼岛
赤尾屿
台湾海峡
台湾省
台湾岛
广西壮族自治区
广东省
西江
香港特别行政区
澳门特别行政区
东沙群岛
东沙岛
南海
海南省
海南岛
云南省
福建省
台湾省
台湾岛
西沙群岛
永兴岛
中沙群岛
黄岩岛
南沙群岛
曾母暗沙
南海诸岛
0
330 km

肢体残疾
Physical Disability

根据第二次全国残疾人抽样调查残疾标准（2006），肢体残疾是指人体运动系统的结构、功能损伤造成四肢残缺，或四肢、躯干麻痹（瘫痪）、畸形等而致人体运动功能不同程度丧失，以及活动受限或参与的局限。肢体残疾包括：上肢或下肢因伤、病或发育异常所致的缺失、畸形或功能障碍，脊柱因伤、病或发育异常所致的畸形或功能障碍，以及中枢、周围神经因伤、病或发育异常造成躯干或四肢的功能障碍。

Physical disability refers to a loss of motor function of varying degrees or limitations in movements or activities resulting from deformed limbs or body paralysis（palsy）or from deformity caused by damage to the structure or function of those body parts involved in mobility. The types of physical disability include：loss，deformity or dysfunction of the upper or lower limbs due to injuries，diseases or abnormal development；deformity or dysfunction of the spine due to injuries，diseases or abnormal development；and trunk or limb dysfunction caused by injuries，diseases or abnormal development of central and peripheral nerves（The Standard of Second National Sample Survey on Disability，2006）.

第二次全国残疾人抽样调查年鉴数据显示，调查时点共有59 173人次为肢体残疾（包括仅为肢体残疾，以及在肢体残疾的同时还有其他类型残疾的人），现患率为2.34%。从构成比看，在肢体残疾人口中，男性（54.55%）多于女性（45.45%）；农村人口（69.90%）多于城镇人口（30.10%）；并且多见于中老年人。肢体残疾人口性别-年龄分布如图3-15所示。从地区分布结构看，肢体残疾人口较多的省份分别为河南省（6.08%）、山东省（5.51%）、河北省（5.22%）、四川省（4.85%）和湖南省（4.20%）。

According to the SNSSD，59 173 cases had physical disability. The prevalence of physical disability was 2.34%. The proportion of physical disability in males（54.55%）was higher than that in females（45.45%），and the proportion of the rural population（69.90%）was higher than that of the urban population（30.10%）. Physical disabilities were more common and widespread in middle-aged and older adults（Figure 3-15）. In terms of regional distribution，provinces with the larger proportion of physical disability were Henan Province（6.08%），Shandong Province（5.51%），Hebei Province（5.22%），Sichuan Province（4.85%）and Hunan Province（4.20%）.

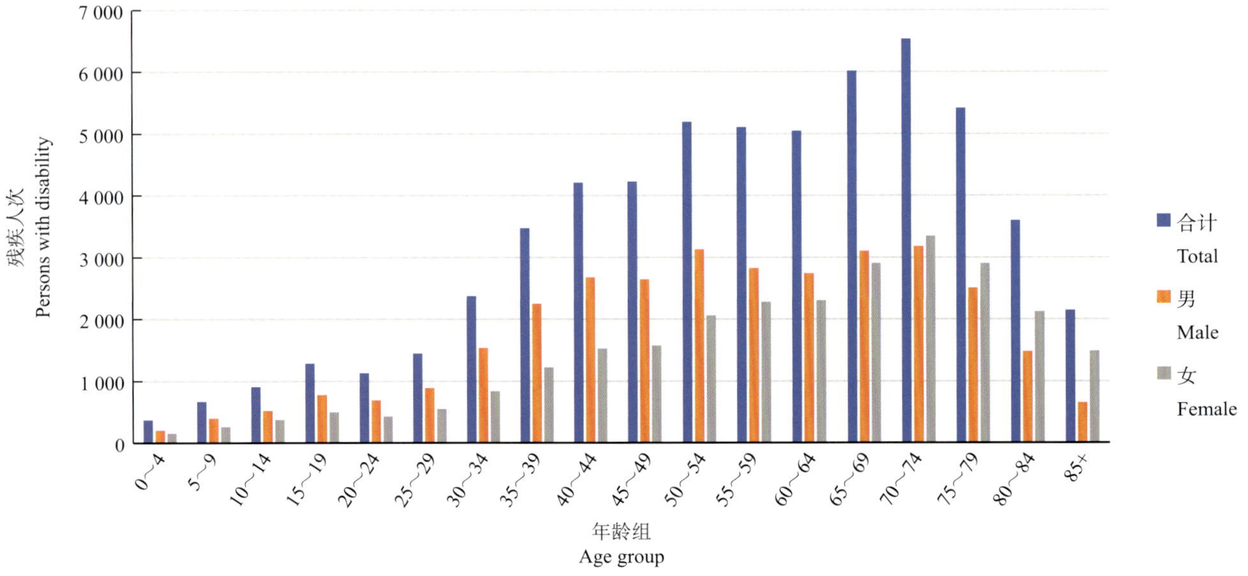

图3-15 肢体残疾人口性别-年龄分布

Figure 3-15 Age-sex distribution of physical disability

将调查包含的全部致残原因进行归类，即先天原因（包括脑性瘫痪、发育畸形、侏儒症、其他先天性或发育障碍），感染性疾病（包括脊髓灰质炎、结核性感染、化脓性感染），非感染性疾病（包括脑血管疾病、周围血管疾病、肿瘤、骨关节病、地方病、脊髓疾病），创伤及伤害（包括工伤、交通事故、脊髓损伤、脑外伤、其他外伤、中毒），原因不明及其他（郑晓瑛 等，2008）。可以看出，肢体残疾的致残风险主要来源于非感染性疾病，其次为创伤及伤害，城镇与农村的致残原因构成相似，具体如图3-16、图3-17所示。

To classify the causes of physical disability into 5 groups: congenital causes (including cerebral palsy, developmental malformation, dwarfism, and other congenital or developmental disorders), infectious diseases (including poliomyelitis, tuberculous infections, suppurative infections), noninfectious diseases (including cerebrovascular diseases, peripheral vascular diseases, neoplasms, osteoarthropathy, endemic diseases, and spinal cord diseases), trauma and injury (including work injury, traffic accident, spinal cord injury, brain trauma, other trauma, and poisoning), and unknown causes or others (Zheng et al, 2008). It was found that, noninfectious diseases, trauma and injury were the main risk sources for physical disability both in urban areas and rural areas (Figure 3-16 and Figure 3-17).

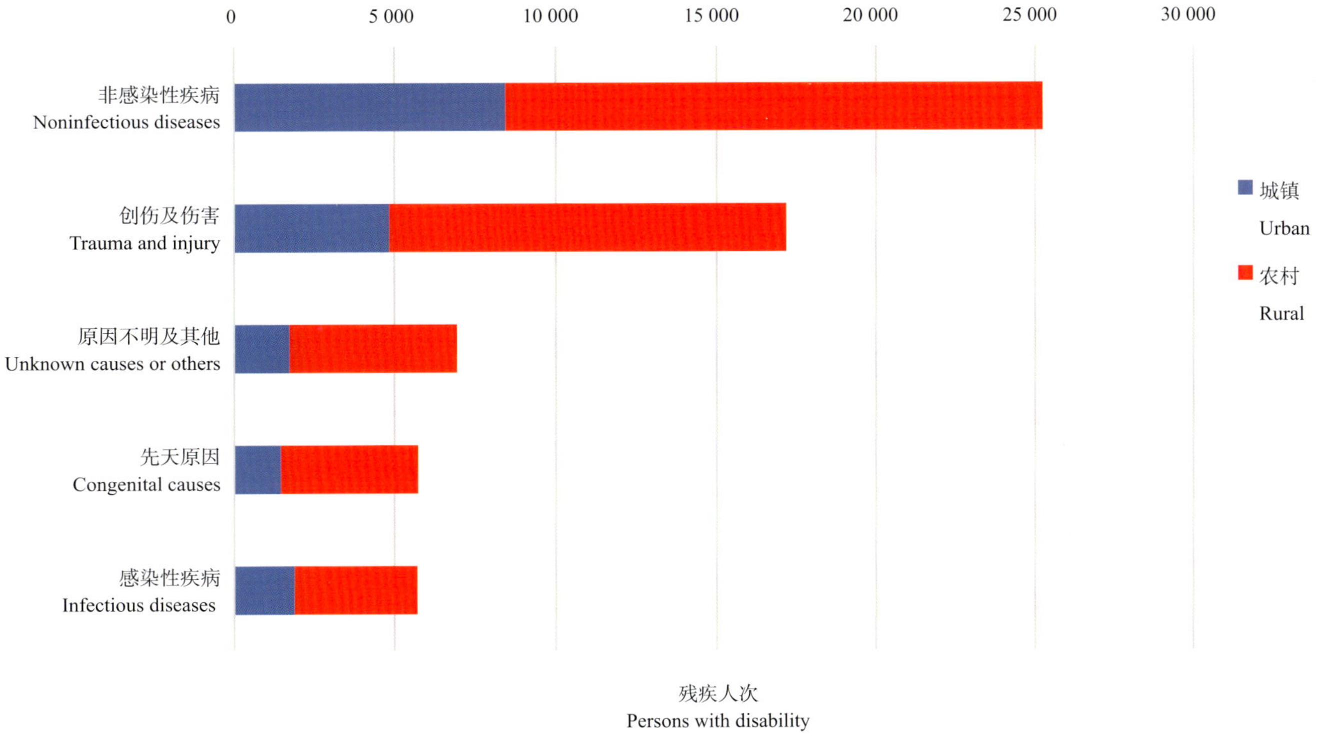

图3-16　第二次全国残疾人抽样调查肢体残疾致残原因城乡分布

Figure 3-16　Regional distribution of main causes of physical disability in SNSSD

省份 Province	非感染性疾病 Noninfectious diseases		创伤及伤害 Trauma and injury		原因不明及其他 Unknown causes or others		先天原因 Congenital causes		感染性疾病 Infectious diseases	
	城镇 Urban	农村 Rural	城镇 Urban	农村 Rural	城镇 Urban	农村 Rural	城镇 Urban	农村 Rural	城镇 Urban	农村 Rural
北京 Beijing	69.38	58.99	15.16	21.73	8.14	8.35	4.78	7.48	5.96	5.47
天津 Tianjin	62.38	60.02	19.29	21.50	7.20	7.00	6.24	8.94	7.10	5.80
河北 Hebei	61.73	53.59	15.64	20.89	8.03	8.67	3.81	9.59	12.47	10.35
山西 Shanxi	51.15	51.39	23.72	24.24	10.80	10.38	8.14	9.30	8.85	6.65
内蒙古 Nei Mongol	50.15	52.68	26.14	20.68	10.64	12.09	8.66	10.21	7.75	7.32
辽宁 Liaoning	53.26	47.09	24.55	26.54	7.49	13.70	7.49	9.37	9.02	5.20
吉林 Jilin	48.65	47.61	25.24	28.53	9.17	7.48	8.21	11.32	11.18	7.02
黑龙江 Heilongjiang	49.11	42.69	27.23	22.87	8.68	12.74	8.09	12.91	9.16	9.87
上海 Shanghai	52.39	41.18	22.41	35.60	8.17	10.22	6.97	8.36	14.44	6.50
江苏 Jiangsu	48.33	33.68	27.51	29.40	6.51	11.39	6.69	8.37	15.99	18.71
浙江 Zhejiang	41.10	37.24	32.19	36.01	9.13	11.24	9.82	9.11	13.70	13.29
安徽 Anhui	42.64	35.29	25.84	24.73	14.73	17.90	7.49	10.75	11.89	13.65
福建 Fujian	32.89	31.53	26.91	30.59	16.28	18.73	13.95	11.65	11.96	9.78
江西 Jiangxi	26.10	31.93	39.62	35.00	14.15	11.96	6.60	10.75	15.41	12.99
山东 Shandong	59.07	54.60	24.36	20.04	7.65	11.98	6.09	9.98	4.96	5.17
河南 Henan	51.78	46.71	25.33	22.60	6.94	16.18	7.50	8.09	11.82	9.03
湖北 Hubei	28.55	22.02	36.73	40.08	12.52	18.38	9.18	9.57	14.52	12.00
湖南 Hunan	32.94	31.93	38.89	40.20	10.98	12.20	11.38	12.61	11.38	8.73
广东 Guangdong	42.49	42.20	26.85	27.46	12.07	12.99	12.93	11.79	9.48	9.18
广西 Guangxi	53.41	45.82	23.53	26.65	9.65	17.98	10.35	7.68	7.29	5.93
海南 Hainan	38.19	27.69	18.77	18.73	28.48	36.64	5.83	7.58	10.36	10.74
重庆 Chongqing	29.62	28.07	43.54	45.66	9.74	8.26	7.75	10.12	11.93	9.05
四川 Sichuan	29.15	30.96	42.40	41.93	7.67	9.44	12.69	12.23	12.83	9.86
贵州 Guizhou	30.56	24.37	40.48	47.77	10.32	11.29	9.92	10.40	9.52	6.84
云南 Yunnan	25.91	26.04	41.14	40.98	11.14	13.68	9.55	12.43	13.18	8.65
西藏 Xizang	35.79	43.91	33.68	23.22	8.42	12.87	12.63	19.08	9.47	4.83
陕西 Shaanxi	38.41	37.85	30.68	33.24	12.18	12.87	7.49	8.55	14.52	9.13
甘肃 Gansu	42.18	47.18	29.86	28.08	9.95	7.27	6.64	11.22	12.32	9.65
青海 Qinghai	54.95	40.55	24.18	30.35	6.59	9.20	6.04	12.44	12.09	8.96
宁夏 Ningxia	37.57	43.63	37.57	29.05	6.35	11.69	9.94	10.53	11.88	6.71
新疆 Xinjiang	45.40	28.00	22.28	34.32	9.75	8.00	10.86	17.42	13.09	14.84

图 3-17 第二次全国残疾人抽样调查各省（自治区、直辖市）肢体残疾致残原因分布

Figure 3-17 Distribution of main causes of physical disability in 31 provinces in SNSSD

注：单元格色阶表示其数值大小（%）

Note: The numerical value in each color graded table cell represents the proportion of persons with physical disability (%)

具体来看，肢体残疾的致残原因主要为脑血管疾病（20.30%）、骨关节病（18.93%）、其他外伤（16.80%）、其他原因（7.74%）和脊髓灰质炎（7.12%）。其中，男性因工伤、交通事故及其他外伤致残的风险明显高于女性。肢体残疾主要致残原因性别-年龄分布如图3-18所示。

Specifically, the main causes of physical disability were cerebrovascular diseases (20.30%), osteoarthropathy (18.93%), other injuries (16.80%), other causes (7.74%) and poliomyelitis (7.12%). Among them, the risk of disability due to work-related injury, traffic accident and other trauma was significantly higher in males than in females. The distribution of the main causes of physical disability is shown in Figure 3-18.

年龄组 Age group	脑血管疾病 Cerebrovascular diseases		骨关节病 Osteoarthropathy		其他外伤 Other injuries		其他原因 Other causes		脊髓灰质炎 Poliomyelitis		工伤 Work-related injury		交通事故 Traffic accident	
	男 Male	女 Female	男 Male	女 Female	男 Male	女 Female	男 Male	女 Female	男 Male	女 Female	男 Male	女 Female	男 Male	女 Female
0～4	1	2	2	1	6	10	11	16		2			2	1
5～9	7	4	3	6	41	27	26	21	12	7			15	5
10～14	7	3	8	13	78	61	49	32	29	18	2		24	12
15～19	9	6	28	9	117	56	64	38	107	68	23	3	35	13
20～24	8	4	25	16	144	53	63	51	69	48	45	6	53	22
25～29	12	8	44	37	169	79	72	37	147	126	77	18	99	20
30～34	41	10	102	60	339	136	89	78	248	164	162	38	168	46
35～39	58	40	168	124	456	168	178	125	436	287	246	41	229	77
40～44	141	82	240	177	528	233	173	151	506	329	304	69	298	80
45～49	262	172	240	249	542	229	173	120	442	288	316	67	231	89
50～54	505	391	352	497	615	339	201	161	220	146	410	78	273	88
55～59	678	507	387	642	484	313	186	204	144	91	332	78	173	82
60～64	925	621	416	738	422	327	160	183	70	38	238	48	131	50
65～69	1 158	843	558	1 002	443	406	209	196	50	25	215	45	112	68
70～74	1 291	1 027	640	1 136	433	534	207	246	26	13	170	38	111	69
75～79	946	831	562	966	389	526	193	253	27	12	92	29	50	43
80～84	466	517	404	674	253	460	128	242	6	7	51	12	34	28
85+	179	251	190	487	135	391	68	178	1	2	13	11	15	16

图3-18　第二次全国残疾人抽样调查肢体残疾主要致残原因性别-年龄分布

Figure 3-18　Age-sex distribution of main causes of physical disability in SNSSD

注：单元格色阶表示其数值大小（人次）；空白处表示无数据

Note: The numerical value in each color graded table cell represents the number of persons with physical disability. The blank space indicates no data

肢体残疾现患率
Prevalence of Physical Disability

1∶16 500 000

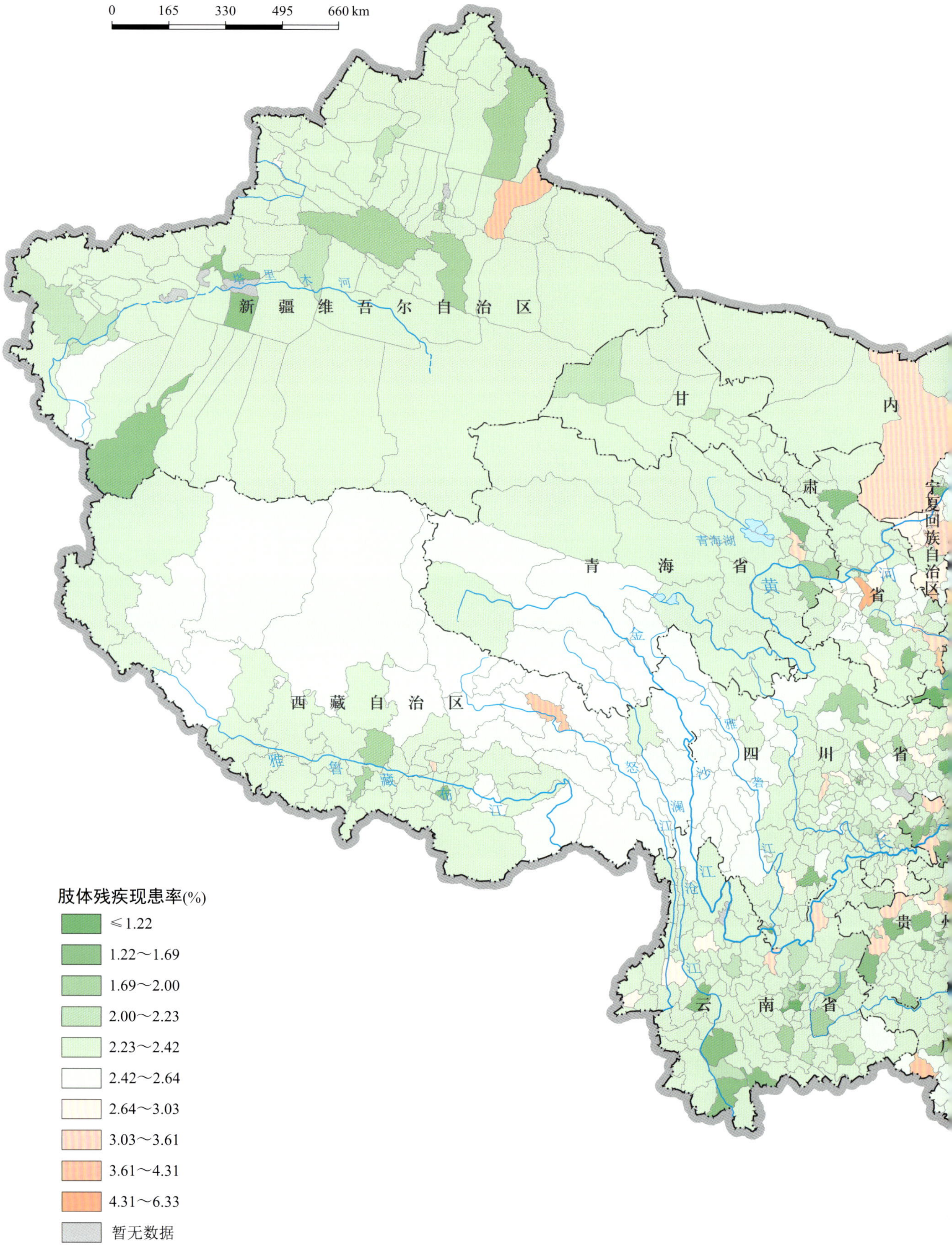

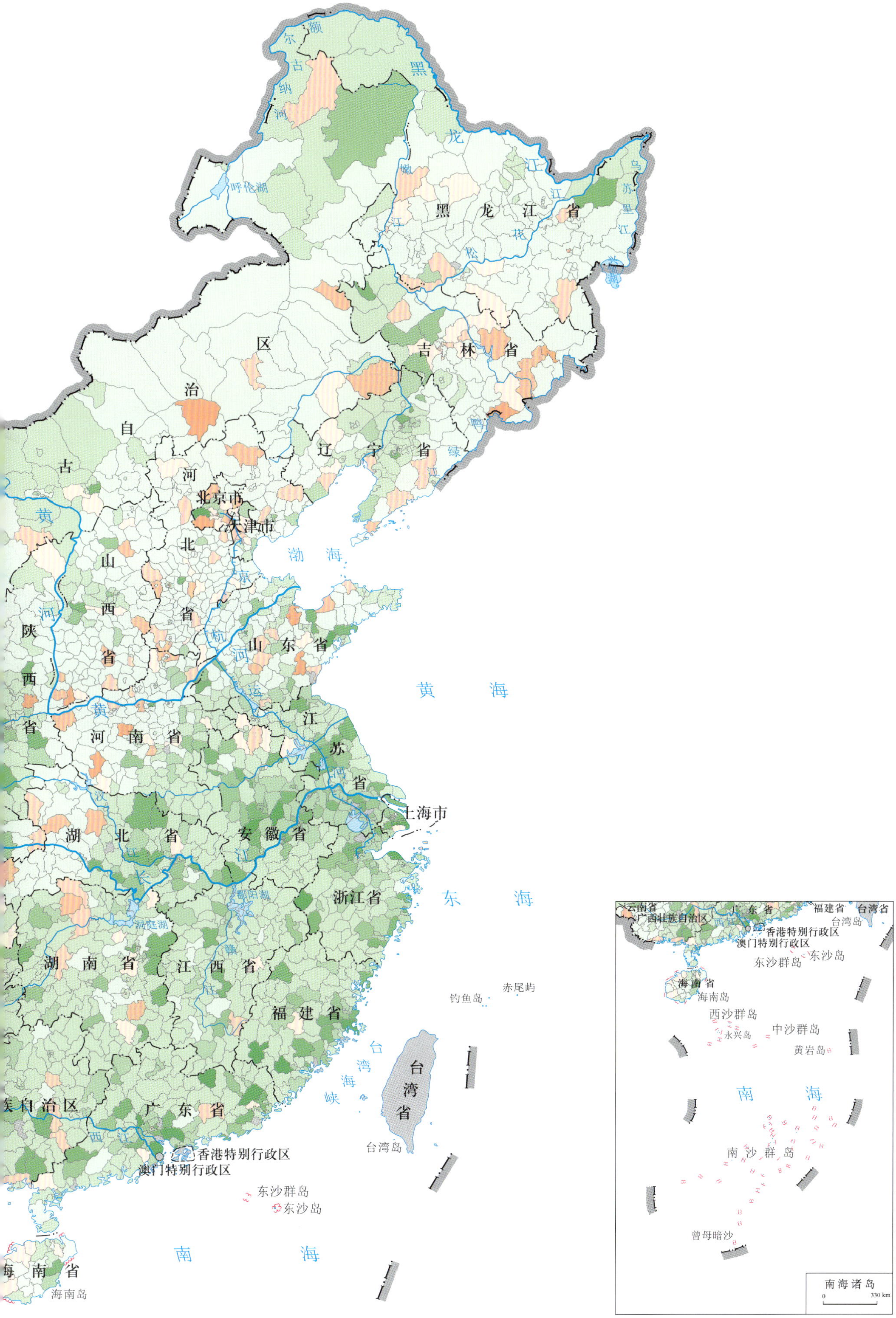
额尔古纳河
黑龙江
呼伦湖
乌苏里江
嫩江
松花江
黑龙江省
吉林省
辽宁省
鸭绿江
内蒙古自治区
河北省
北京市
天津市
渤海
山西省
陕西省
山东省
京杭运河
黄河
河南省
江苏省
上海市
黄海
湖北省
安徽省
长江
汉江
洞庭湖
鄱阳湖
赣江
浙江省
东海
湖南省
江西省
福建省
钓鱼岛
赤尾屿
台湾海峡
台湾省
台湾岛
广西壮族自治区
广东省
西江
香港特别行政区
澳门特别行政区
东沙群岛
东沙岛
南海
海南省
海南岛
云南省
福建省
台湾省
西沙群岛
永兴岛
中沙群岛
黄岩岛
南沙群岛
曾母暗沙
南海诸岛
0
330 km

肢体残疾年龄标化现患率

Age-standardized Prevalence of Physical Disability

1：16 500 000

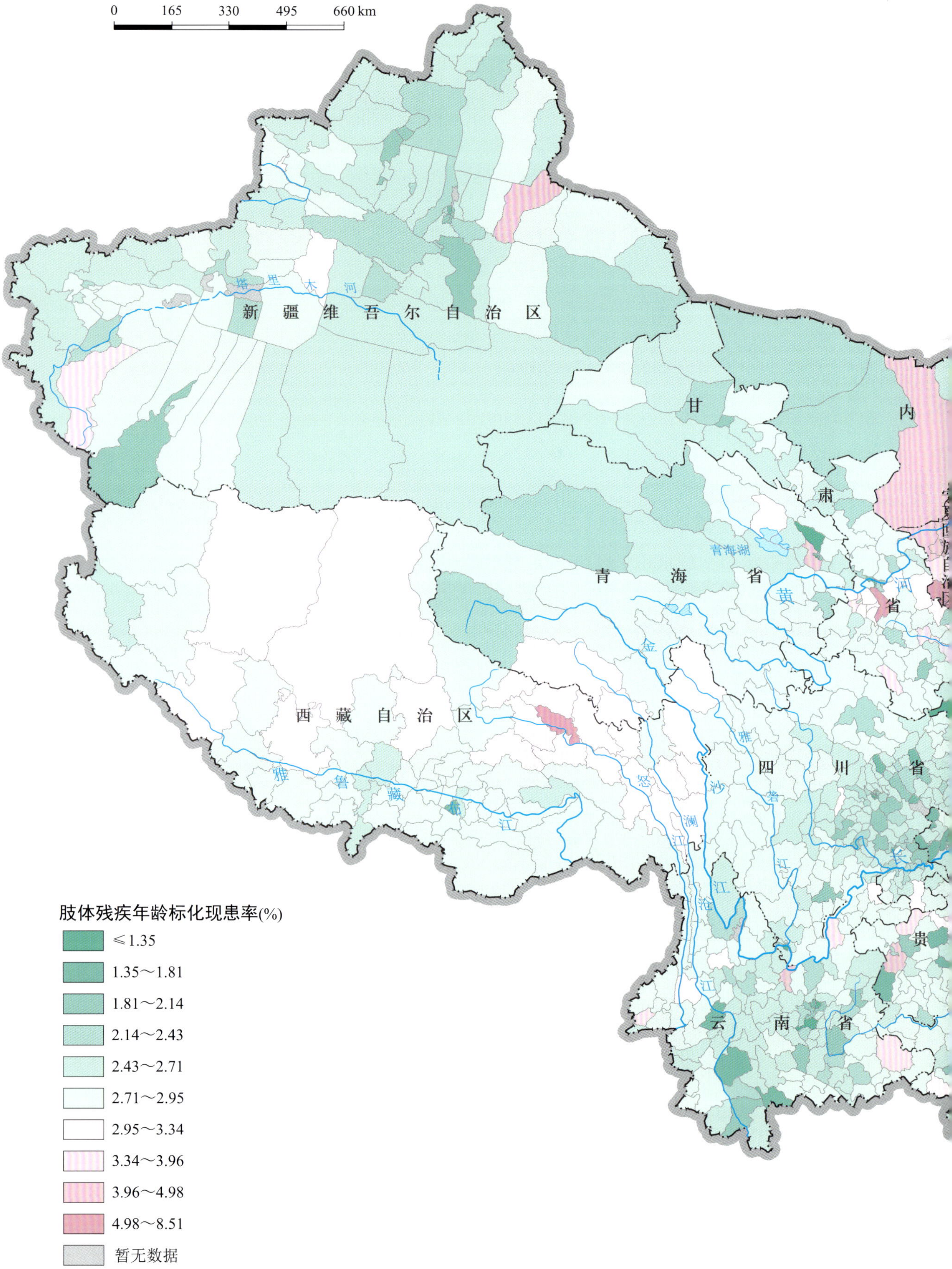

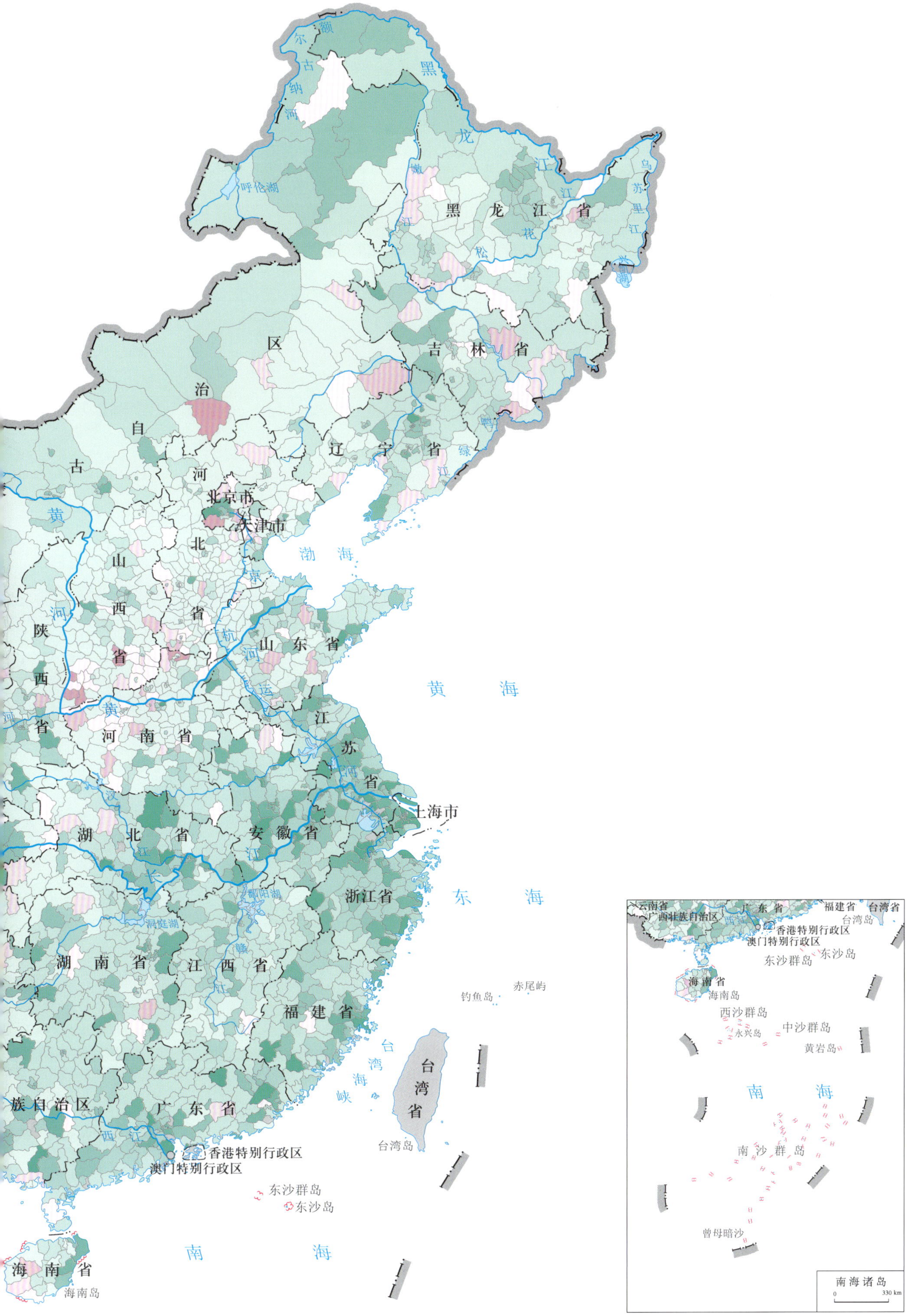

额尔古纳河
黑龙江
呼伦湖
乌苏里江
嫩江
松花江
黑 龙 江 省
兴凯湖
吉 林 省
鸭绿江
辽 宁 省
内蒙古自治区
河北省
北京市
天津市
渤 海
京杭运河
山西省
陕西省
黄河
山东省
黄 海
河南省
江苏省
上海市
湖北省
安徽省
长江
汉水
洞庭湖
鄱阳湖
浙江省
东 海
湖南省
江西省
赣江
福建省
钓鱼岛
赤尾屿
台湾海峡
台湾省
台湾岛
广西壮族自治区
广东省
西江
香港特别行政区
澳门特别行政区
东沙群岛
东沙岛
南 海
海南省
海南岛
云南省
福建省
台湾省
台湾岛
广东省
香港特别行政区
澳门特别行政区
东沙群岛
东沙岛
海南省
海南岛
西沙群岛
永兴岛
中沙群岛
黄岩岛
南 海
南 沙 群 岛
曾母暗沙
南海诸岛
0
330 km

男性肢体残疾现患率

Prevalence of Physical Disability (Male)

1：16 500 000

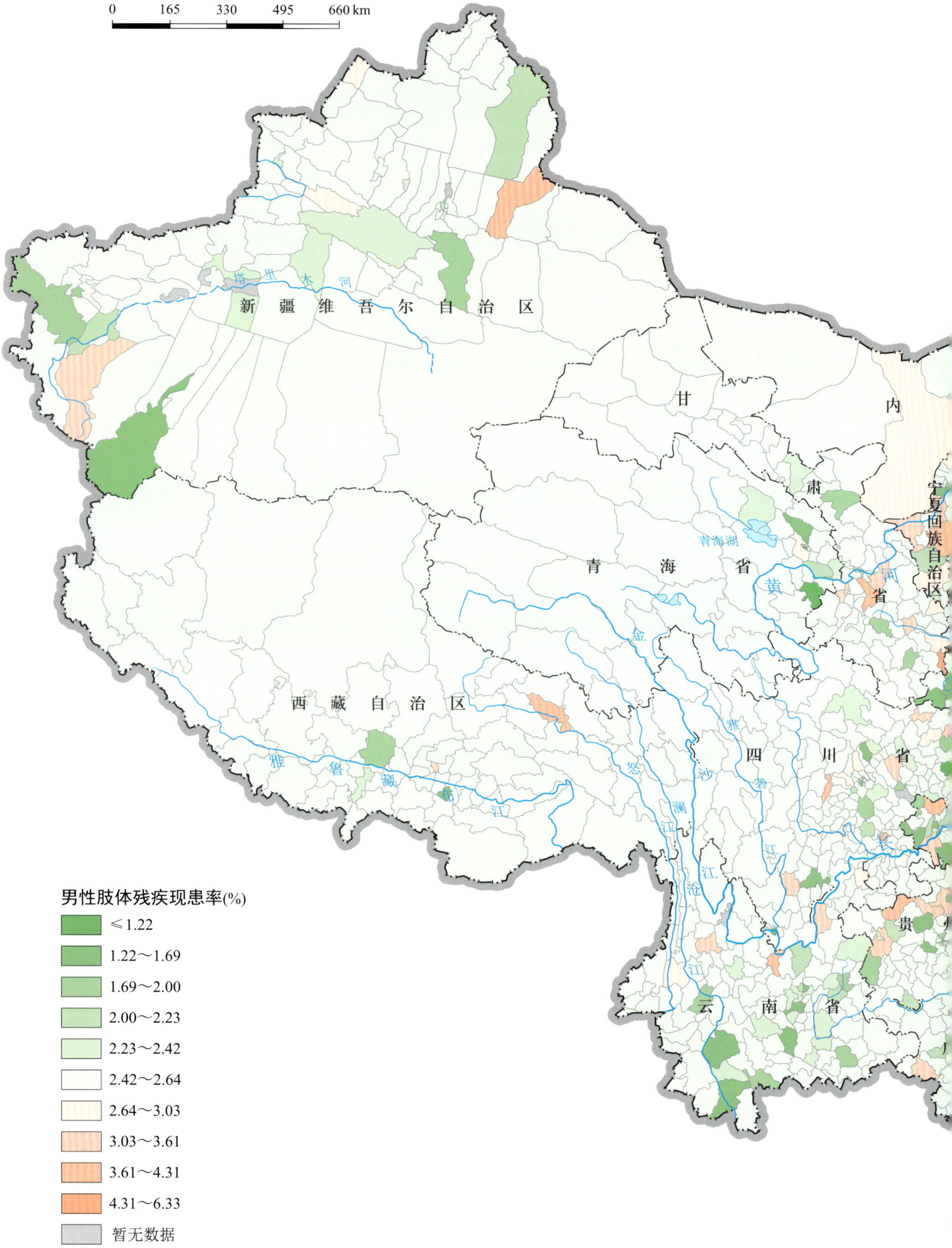

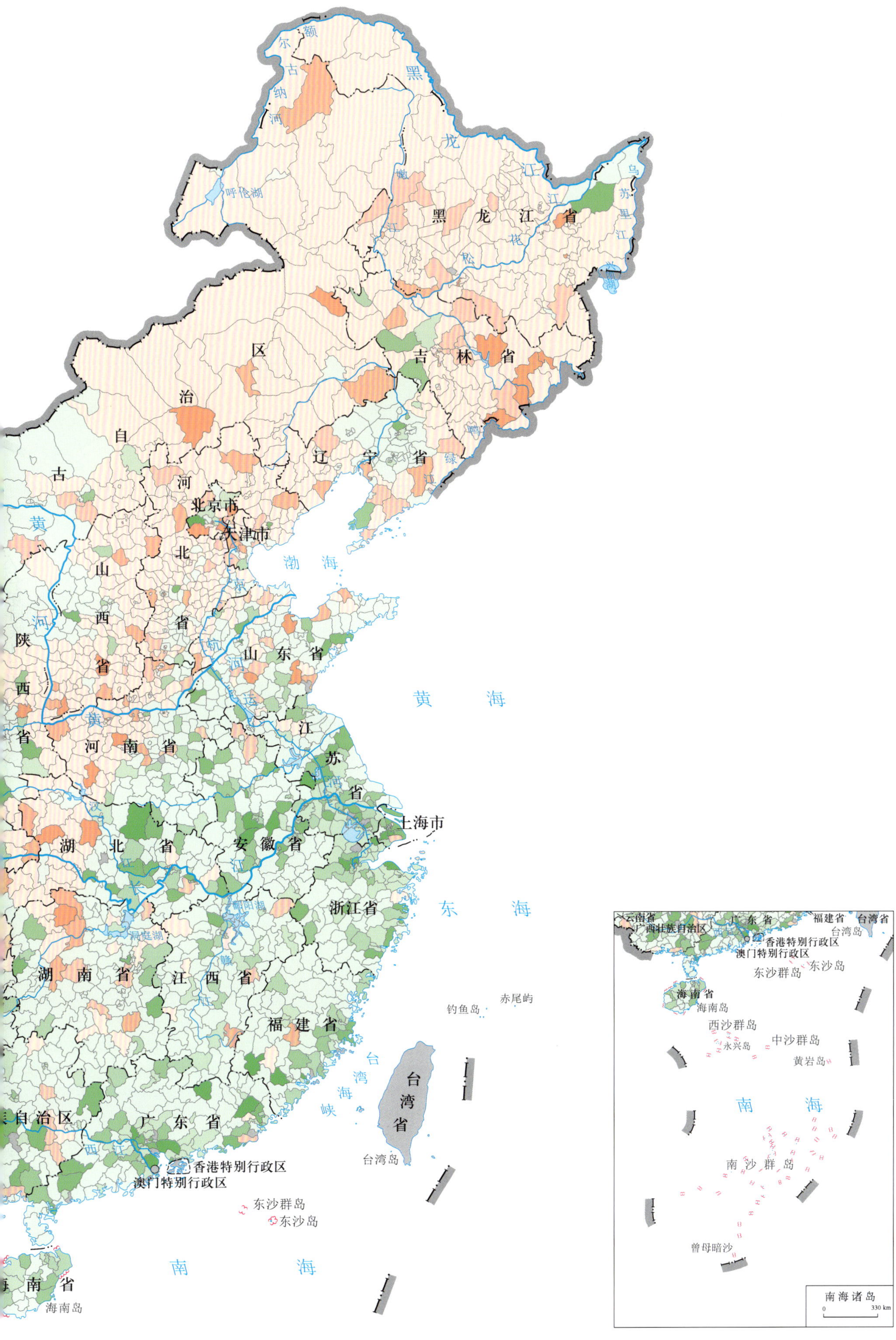

黑龙江省
吉林省
辽宁省
北京市
天津市
河北省
山西省
山东省
河南省
江苏省
上海市
安徽省
湖北省
浙江省
湖南省
江西省
福建省
广东省
台湾省
香港特别行政区
澳门特别行政区
海南省
渤海
黄海
东海
南海
钓鱼岛
赤尾屿
台湾岛
东沙群岛
东沙岛
海南岛
南海诸岛
西沙群岛
中沙群岛
南沙群岛
永兴岛
黄岩岛
曾母暗沙

男性肢体残疾年龄标化现患率

Age-standardized Prevalence of Physical Disability (Male)

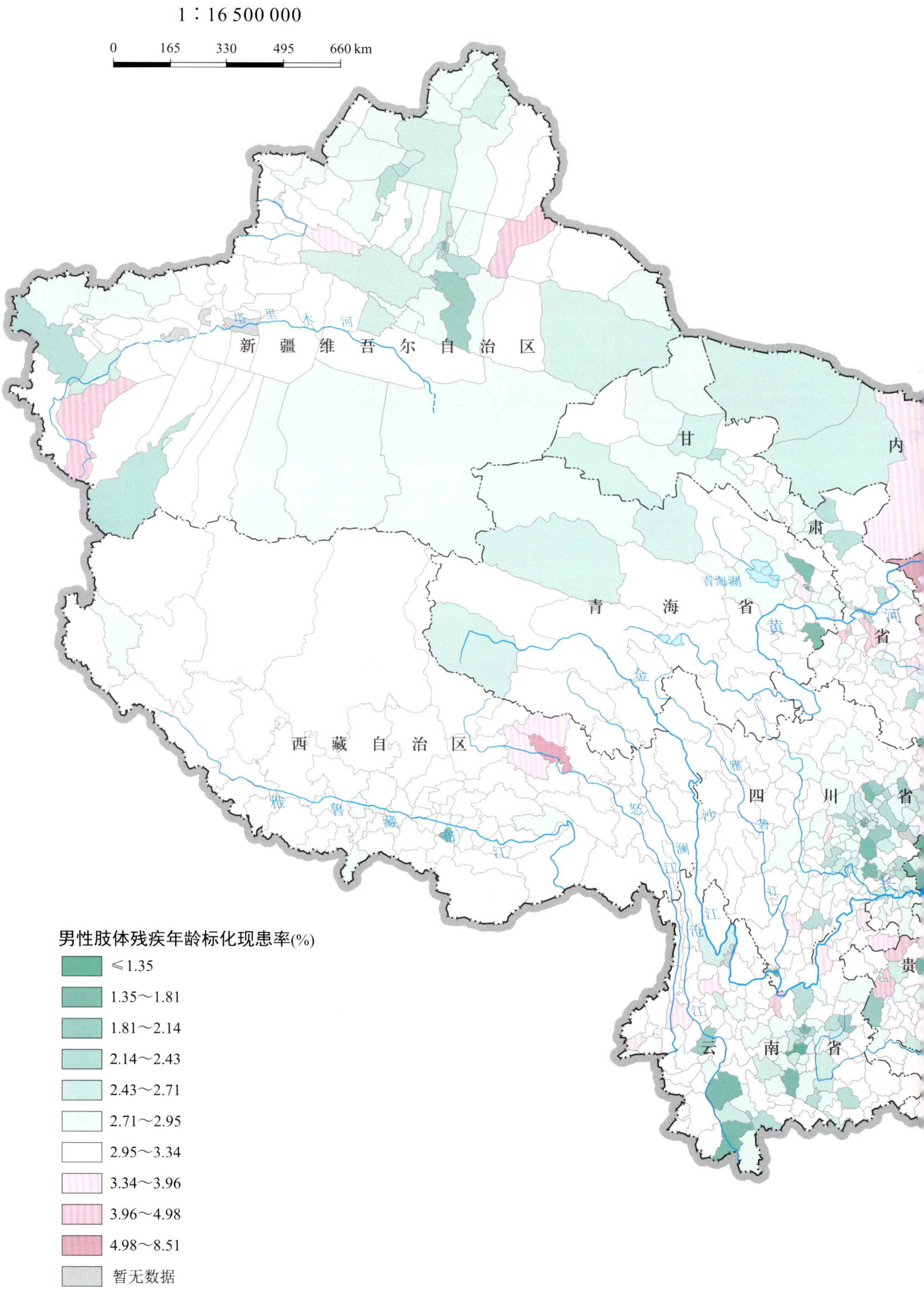

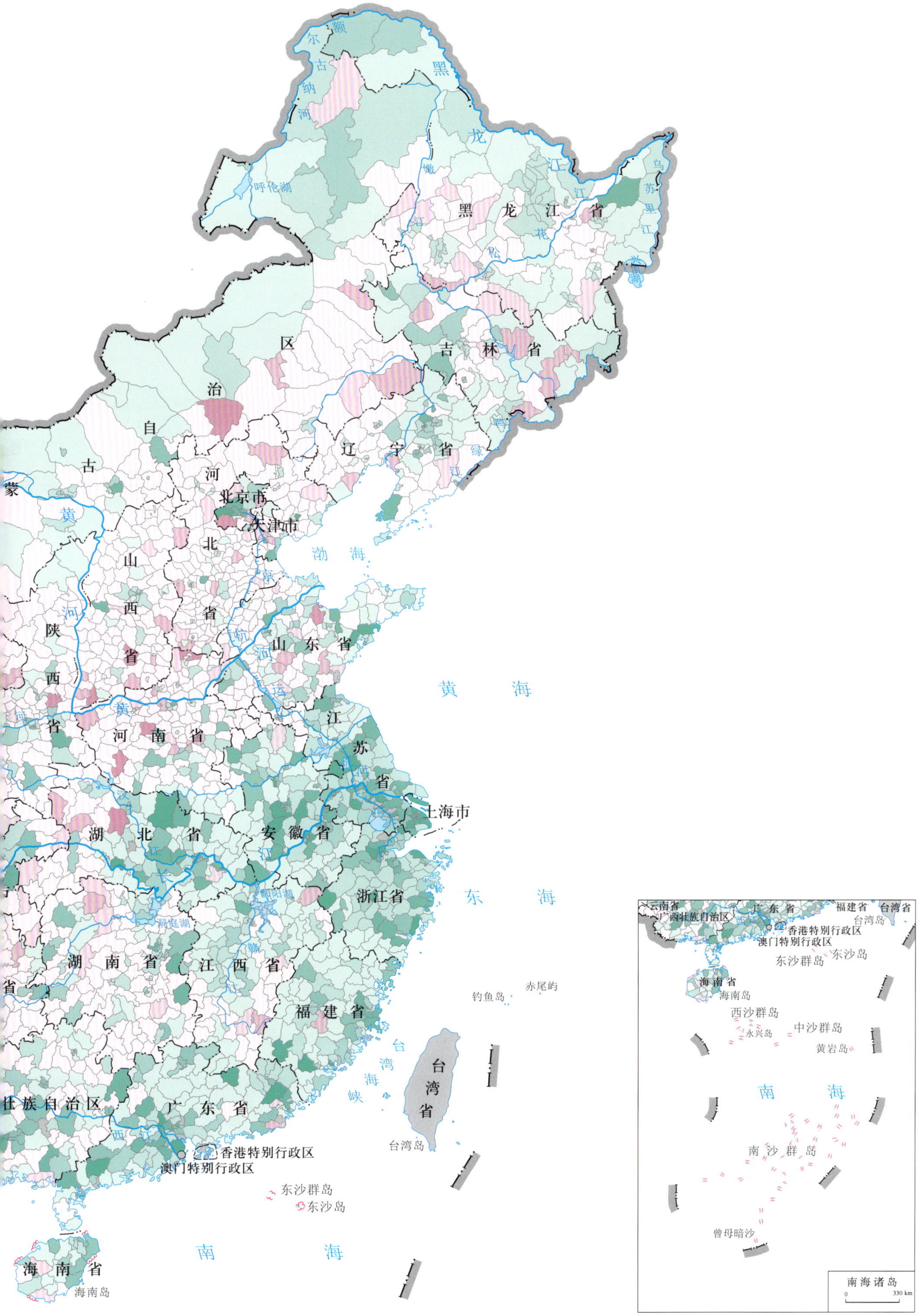

黑龙江省
吉林省
辽宁省
北京市
天津市
河北省
山西省
山东省
陕西省
河南省
江苏省
上海市
湖北省
安徽省
浙江省
湖南省
江西省
福建省
广东省
台湾省
海南省
蒙古自治区
壮族自治区
香港特别行政区
澳门特别行政区
额尔古纳河
黑龙江
乌苏里江
松花江
嫩江
呼伦湖
黄河
京杭运河
汉江
长江
洞庭湖
鄱阳湖
赣江
西江
渤海
黄海
东海
南海
台湾海峡
钓鱼岛
赤尾屿
台湾岛
东沙群岛
东沙岛
海南岛
云南省
广西壮族自治区
广东省
福建省
台湾省
台湾岛
香港特别行政区
澳门特别行政区
东沙岛
东沙群岛
海南省
海南岛
西沙群岛
永兴岛
中沙群岛
黄岩岛
南海
南沙群岛
曾母暗沙
南海诸岛
0
330 km

女性肢体残疾现患率

Prevalence of Physical Disability (Female)

1：16 500 000

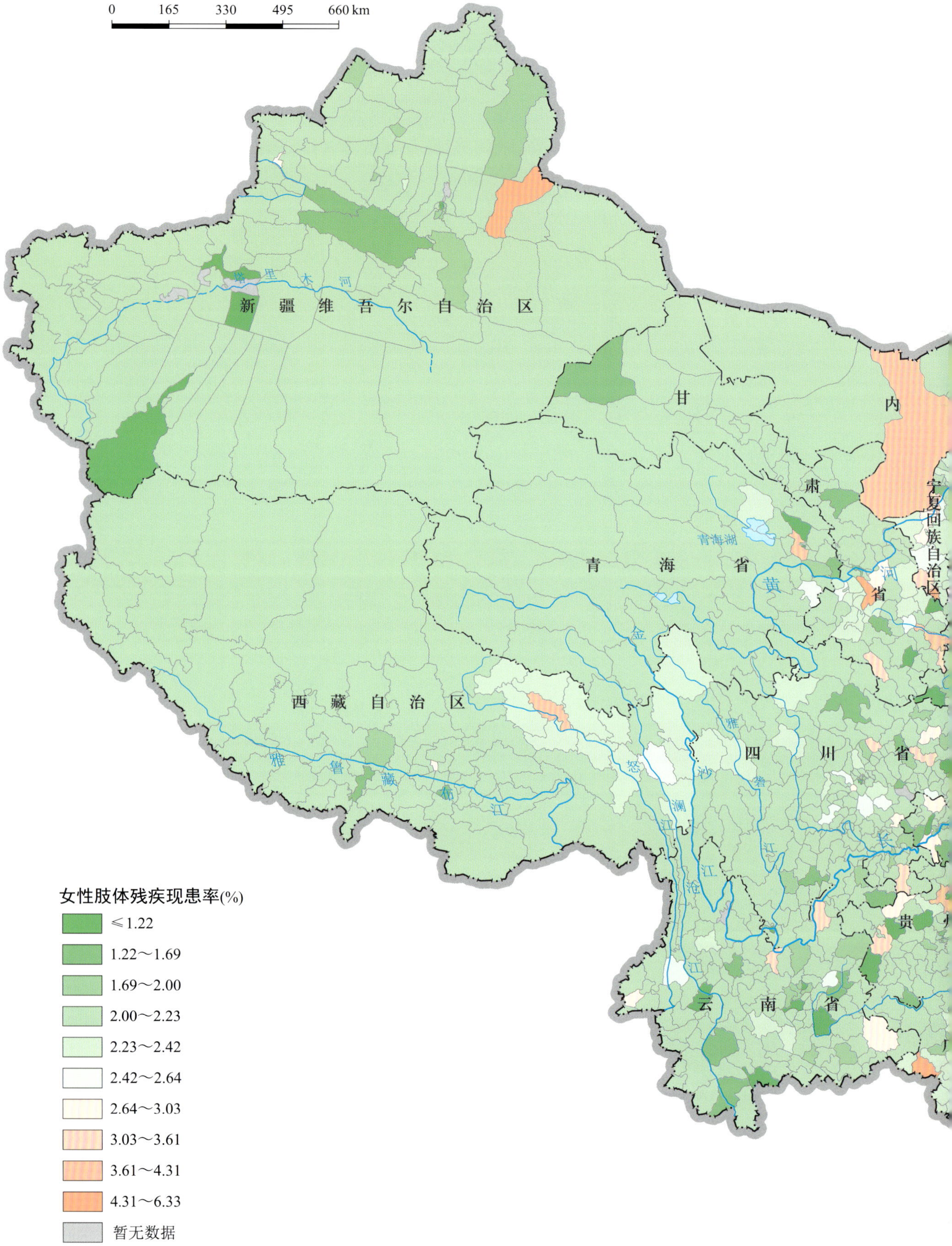

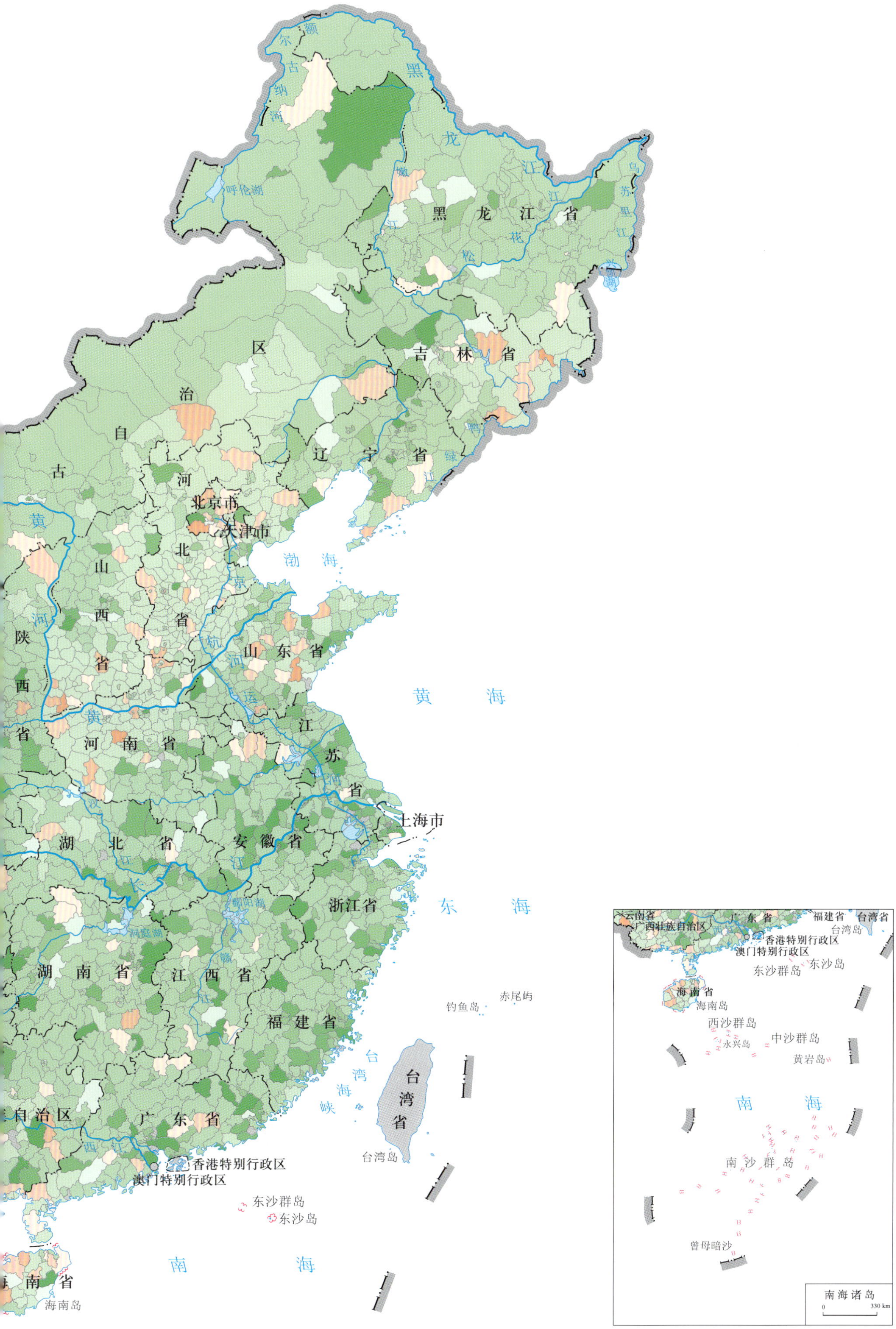
额尔古纳河
黑龙江
乌苏里江
呼伦湖
嫩江
松花江
兴凯湖
黑龙江省
吉林省
内蒙古自治区
辽宁省
鸭绿江
河北省
北京市
天津市
渤海
黄河
山西省
陕西省
京杭运河
山东省
黄海
河南省
江苏省
汉江
上海市
湖北省
安徽省
长江
洞庭湖
鄱阳湖
赣江
浙江省
东海
湖南省
江西省
福建省
钓鱼岛
赤尾屿
台湾海峡
台湾省
台湾岛
自治区
广东省
西江
香港特别行政区
澳门特别行政区
东沙群岛
东沙岛
南海
海南省
海南岛
云南省
广西壮族自治区
广东省
福建省
台湾省
台湾岛
香港特别行政区
澳门特别行政区
东沙群岛
东沙岛
海南省
海南岛
西沙群岛
永兴岛
中沙群岛
黄岩岛
南海
南沙群岛
曾母暗沙
南海诸岛
0
330 km

女性肢体残疾年龄标化现患率
Age-standardized Prevalence of Physical Disability (Female)

1：16 500 000

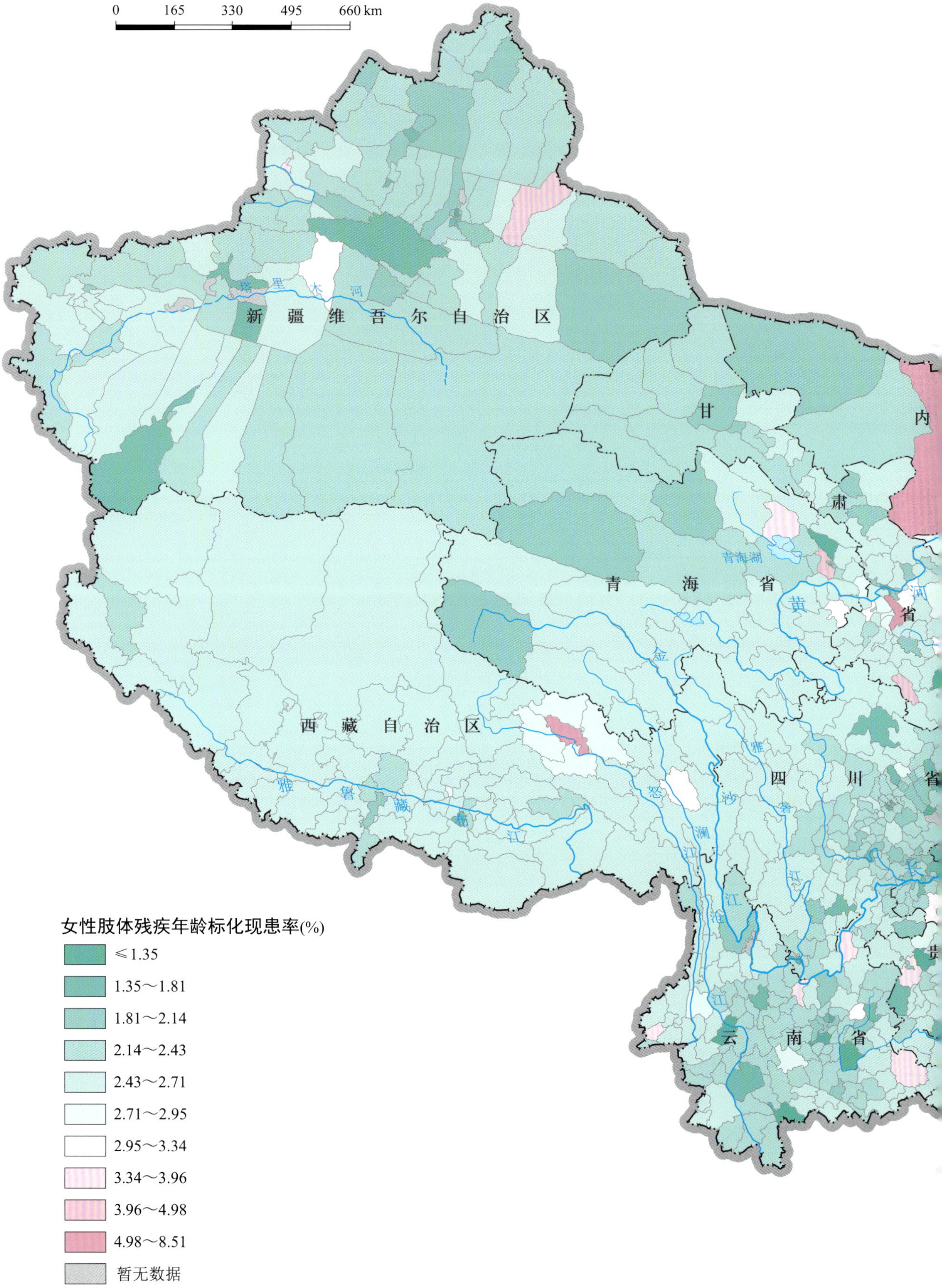

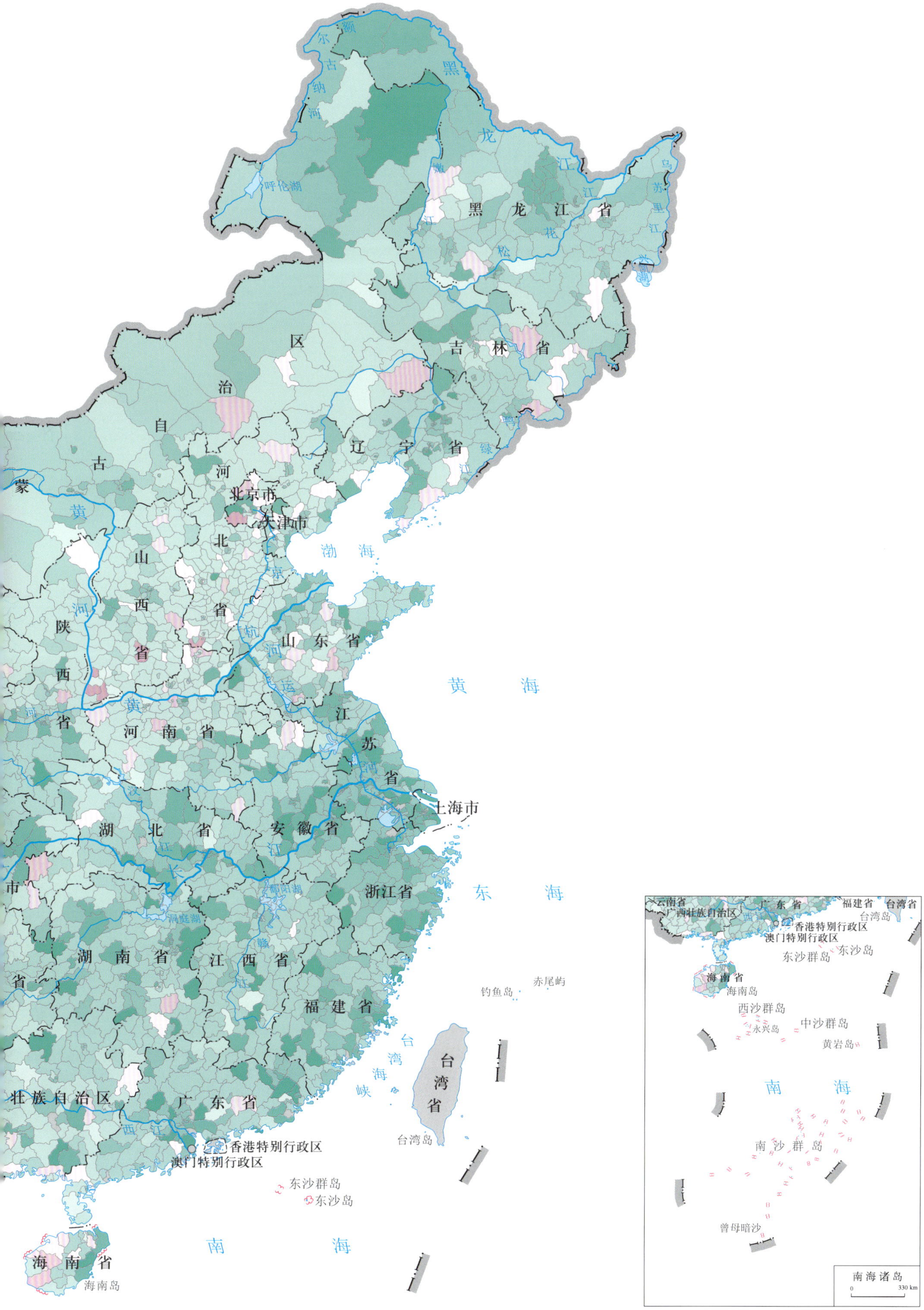
额尔古纳河
黑龙江
呼伦湖
乌苏里江
松花江
兴凯湖
黑龙江省
吉林省
辽宁省
鸭绿江
内蒙古自治区
河北省
北京市
天津市
渤海
京杭运河
山西省
山东省
陕西省
河南省
黄河
黄海
江苏省
上海市
安徽省
湖北省
汉江
长江
洞庭湖
鄱阳湖
赣江
浙江省
东海
湖南省
江西省
福建省
钓鱼岛
赤尾屿
台湾海峡
台湾省
台湾岛
广西壮族自治区
广东省
西江
香港特别行政区
澳门特别行政区
东沙群岛
东沙岛
南海
海南省
海南岛
云南省
广东省
福建省
台湾省
台湾岛
广西壮族自治区
香港特别行政区
澳门特别行政区
东沙群岛
东沙岛
海南省
海南岛
西沙群岛
永兴岛
中沙群岛
黄岩岛
南海
南沙群岛
曾母暗沙
南海诸岛
0
330 km

智力残疾
Intellectual Disability

根据第二次全国残疾人抽样调查残疾标准（2006），智力残疾是指智力显著低于一般人水平，并伴有适应行为的障碍。此类残疾是由于神经系统结构、功能障碍，使个体活动和参与受到限制，需要环境提供全面、广泛、有限或间歇的支持。智力残疾包括：在智力发育期间（18岁之前），由于各种有害因素导致的精神发育不全或智力发育迟滞；或者智力发育成熟以后，由于各种有害因素导致的智力损害或智力明显衰退。

Intellectual disability refers to lower than normal intellectual ability and is accompanied by adaptive behavior disorders. This kind of disability results from impairment of the structure and functions of the nervous system, limits individual activity and participation, and requires all-round, extensive, limited, or intermittent support. Intellectual disabilities include: hypoplasia or retardation caused by various harmful factors during intellectual development (up to the age of 18); intellectual impairment or distinct decline due to various harmful factors after intellectual maturation (The Standard of Second National Sample Survey on Disability, 2006).

第二次全国残疾人抽样调查年鉴数据显示，调查时点共有19 218人次为智力残疾（包括仅为智力残疾，以及在智力残疾的同时还有其他类型残疾的人），现患率为0.76%。从构成比看，在智力残疾人口中，男性（55.18%）多于女性（44.82%）；农村人口（77.04%）多于城镇人口（22.96%）；并且多见于中低年龄人口。智力残疾人口性别-年龄分布如图3-19所示。从地区分布结构看，智力残疾人口较多的省份分别为河南省（6.14%）、四川省（5.28%）、河北省（5.06%）、湖北省（4.95%）和广东省（4.38%）。

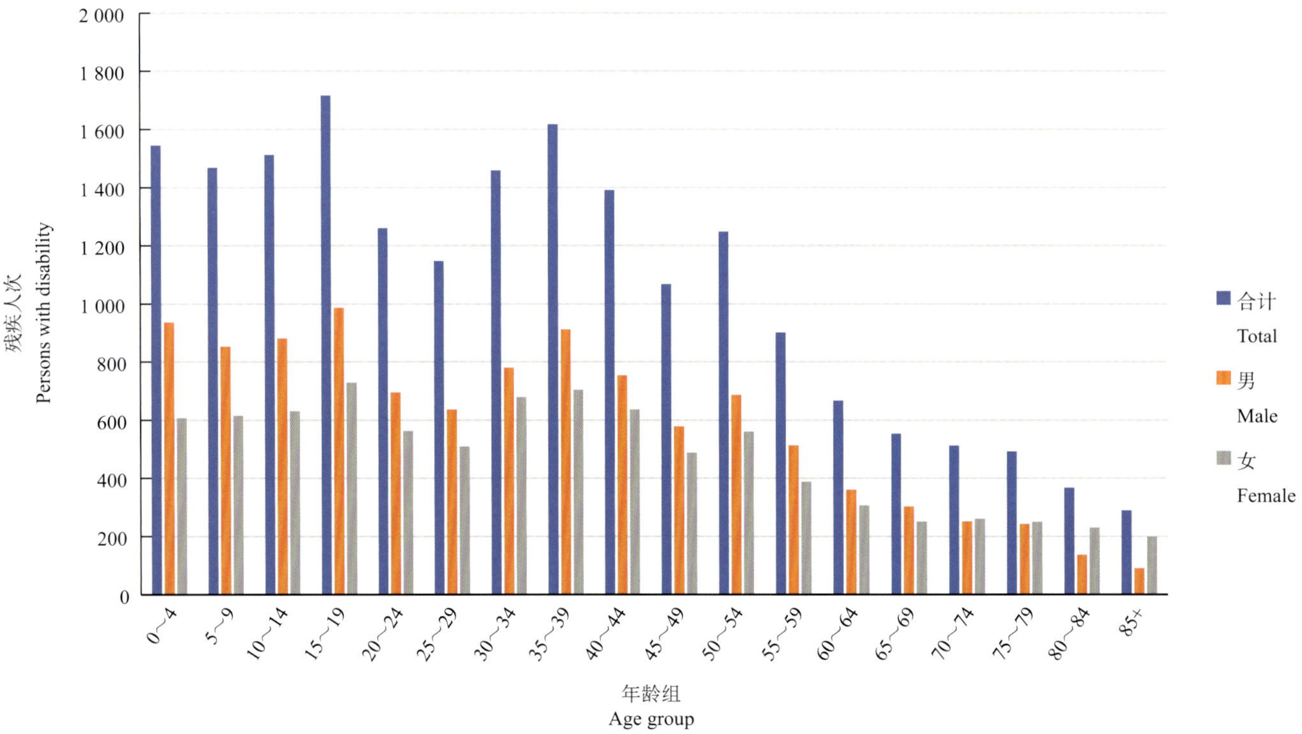

图3-19 第二次全国残疾人抽样调查智力残疾人口性别-年龄分布

Figure 3-19 Age-sex distribution of intellectual disability in SNSSD

According to the SNSSD, 19 218 cases had intellectual disability. The prevalence of intellectual disability was 0.76%. The proportion of intellectual disability in males (55.18%) was higher than that in females (44.82%), and the proportion of the rural population (77.04%) was higher than that of the urban population (22.96%). Intellectual disabilities were more common and widespread in younger period of life (Figure 3-19). In terms of regional distribution, provinces with the larger proportion of intellectual disability were Henan Province (6.14%), Sichuan Province (5.28%), Hebei Province (5.06%), Hubei Province (4.95%) and Guangdong Province (4.38%).

将调查包含的全部致残原因进行归类，即先天遗传性原因，先天非遗传性原因（包括新生儿窒息、早产、低体重和过期产、发育畸形、母孕期外伤及物理伤害），非感染性疾病（包括脑疾病、内分泌障碍、惊厥性疾病、营养不良），创伤及伤害（包括产伤、工伤、交通事故、其他外伤、中毒或过敏反应），原因不明及其他（包括不良社会文化因素、原因不明及其他）（郑晓瑛 等，2008）。在智力残疾的致残原因类别中，非感染性疾病致残在城镇地区居首位，而农村残疾人口的致残风险主要为不明原因及其他、非感染性疾病和先天遗传性原因，具体如图3-20、图3-21所示。

To classify the causes of intellectual disability into 5 groups: congenital genetic causes, congenital non-genetic causes (including neonatal asphyxia, premature birth, low body weight and overdue birth, developmental abnormalities, maternal trauma and physical injuries during pregnancy), noninfectious diseases (including brain diseases, endocrine disorders, convulsive diseases, malnutrition), trauma and injury (including birth injuries, work-related injuries, traffic accidents, other trauma, poisoning or allergic reactions), and unknown causes or others (including harmful sociocultural factors and other reasons) (Zheng et al, 2008). Among them, noninfectious diseases is the main cause in urban areas, while the risk factors of disability in rural areas were mainly attributable to unknown causes or others, noninfectious diseases and congenital genetic causes (Figure 3-20 and Figure 3-21).

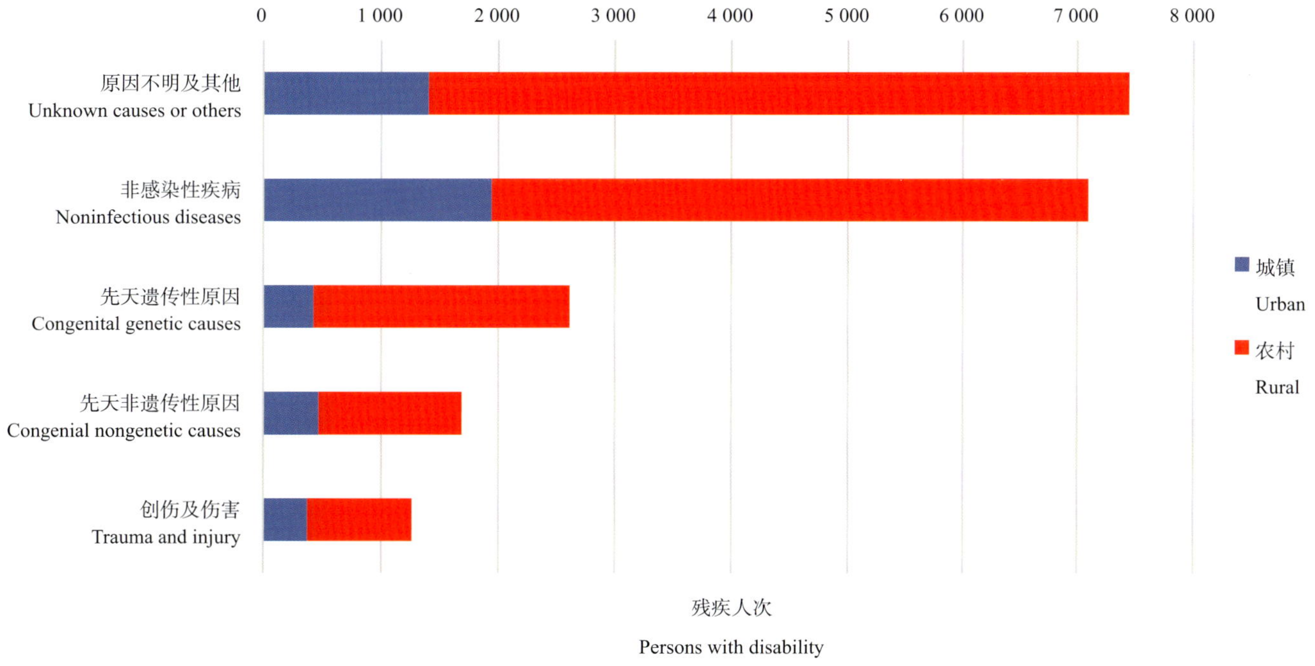

图 3-20　第二次全国残疾人抽样调查智力残疾致残原因城乡分布

Figure 3-20　Regional distribution of main causes of intellectual disability in SNSSD

省份 Province	原因不明及其他 Unknown causes or others		非感染性疾病 Noninfectious diseases		先天遗传性原因 Congenital genetic causes		先天非遗传性原因 Congenial nongenetic causes		创伤及伤害 Trauma and injury	
	城镇 Urban	农村 Rural	城镇 Urban	农村 Rural	城镇 Urban	农村 Rural	城镇 Urban	农村 Rural	城镇 Urban	农村 Rural
北京 Beijing	32.00	29.17	50.67	46.88	4.89	12.85	7.56	7.64	6.44	5.56
天津 Tianjin	19.92	30.14	52.63	41.10	9.02	21.92	12.03	5.48	8.27	5.48
河北 Hebei	36.56	36.82	37.63	40.23	13.98	15.57	9.68	7.39	7.53	5.57
山西 Shanxi	29.06	31.85	52.99	39.69	5.13	20.10	9.40	3.92	7.69	9.14
内蒙古 Nei Mongol	36.79	32.25	41.51	29.81	9.43	27.91	8.49	7.86	9.43	8.13
辽宁 Liaoning	28.57	46.42	42.86	28.35	7.86	14.95	8.57	7.79	12.86	4.98
吉林 Jilin	27.06	32.81	45.41	28.08	11.47	29.02	11.01	5.99	7.80	5.68
黑龙江 Heilongjiang	38.78	53.99	38.78	27.91	5.44	8.90	10.88	3.37	6.80	6.13
上海 Shanghai	22.94	51.67	53.68	20.00	10.82	19.17	11.69	4.17	8.66	5.00
江苏 Jiangsu	28.07	39.09	46.78	34.85	13.45	15.30	9.36	9.70	6.43	5.76
浙江 Zhejiang	33.13	39.03	42.17	36.50	19.28	13.71	8.43	6.96	6.63	8.44
安徽 Anhui	41.67	41.86	37.50	33.49	5.21	13.64	10.42	8.84	10.42	5.12
福建 Fujian	42.36	40.86	34.03	35.73	12.50	14.58	6.94	5.34	8.33	7.39
江西 Jiangxi	41.67	41.20	29.76	37.80	11.90	14.05	11.90	8.40	10.71	5.49
山东 Shandong	29.41	36.97	38.97	37.82	19.85	11.75	8.82	11.07	7.35	5.96
河南 Henan	33.33	55.35	48.25	31.14	6.14	7.22	6.14	7.22	7.02	2.63
湖北 Hubei	36.50	48.47	41.61	21.84	11.68	20.49	10.95	7.85	4.38	6.13
湖南 Hunan	34.74	33.16	39.47	40.70	11.05	14.56	11.58	10.70	8.42	6.84
广东 Guangdong	26.18	41.52	46.91	36.57	9.45	11.31	18.55	13.78	5.09	5.12
广西 Guangxi	32.87	48.22	48.95	40.53	4.20	7.10	15.38	6.66	9.09	4.14
海南 Hainan	35.64	39.74	52.48	41.45	1.98	8.55	6.93	8.55	7.92	4.27
重庆 Chongqing	40.63	44.16	36.72	32.71	9.38	12.38	8.59	8.41	8.59	5.61
四川 Sichuan	26.57	32.45	37.06	37.73	7.69	14.56	17.48	14.22	15.38	6.88
贵州 Guizhou	42.59	33.11	33.33	44.74	9.26	10.51	18.52	9.84	1.85	5.15
云南 Yunnan	39.38	49.08	33.13	30.14	10.00	12.83	9.38	3.87	11.88	5.91
西藏 Xizang	16.67	38.89	29.17	26.67	41.67	24.44	8.33	6.67	4.17	5.56
陕西 Shaanxi	40.86	52.01	31.18	23.71	11.83	17.40	11.83	4.02	8.60	5.74
甘肃 Gansu	29.31	33.52	48.28	32.78	3.45	26.34	3.45	6.63	22.41	7.55
青海 Qinghai	26.32	46.41	52.63	35.95	2.63	9.80	15.79	5.23	5.26	5.23
宁夏 Ningxia	28.57	30.16	38.46	47.21	17.58	18.36	5.49	9.18	14.29	8.52
新疆 Xinjiang	32.65	34.34	52.04	32.83	3.06	12.65	10.20	16.57	11.22	13.25

图 3-21 第二次全国残疾人抽样调查各省（自治区、直辖市）智力残疾致残原因城乡分布

Figure 3-21 Distribution of main causes of intellectual disability in 31 provinces in SNSSD

注：单元格色阶表示其数值大小（%）

Note：The numerical value in each color graded table cell represents the proportion of persons with intellectual disability（%）

具体来看，智力残疾最主要的致残原因为原因不明（29.43%）、脑疾病（29.21%）、遗传性疾病（13.62%）、其他原因（6.36%）和惊厥性疾病（6.07%），其性别-年龄分布如图3-22所示。

Specifically, the main causes of intellectual disability were unknown causes (29.43%), brain diseases (29.21%), genetic diseases (13.62%), other causes (6.36%) and convulsive disorders (6.07%). The distribution of the main causes of intellectual disability is shown in Figure 3-22.

年龄组 Age group	原因不明 Unknown causes		脑疾病 Brain diseases		遗传性疾病 Genetic diseases		其他原因 Other causes		惊厥性疾病 Convulsive disorders	
	男 Male	女 Female	男 Male	女 Female	男 Male	女 Female	男 Male	女 Female	男 Male	女 Female
0～4	273	166	118	78	97	68	48	32	49	20
5～9	209	168	188	115	103	100	47	39	62	43
10～14	250	178	213	140	138	111	53	32	78	47
15～19	266	228	249	159	197	132	57	38	84	71
20～24	183	197	188	134	110	86	46	45	64	46
25～29	166	168	166	145	103	68	33	37	63	42
30～34	210	220	196	186	149	115	48	46	63	41
35～39	274	253	251	193	129	118	59	33	64	46
40～44	231	208	205	205	109	98	45	49	51	36
45～49	171	186	157	132	82	69	35	32	32	26
50～54	241	238	158	141	100	67	39	44	46	25
55～59	186	138	133	119	66	55	37	37	27	9
60～64	126	99	118	116	41	34	21	24	13	5
65～69	70	64	161	132	17	18	11	19	4	2
70～74	51	57	167	168	7	11	6	15	2	1
75～79	37	44	176	169	4	9	13	16	2	2
80～84	21	32	98	155	2	4	5	31		
85+	15	32	68	116			7	43		

图3-22 第二次全国残疾人抽样调查智力残疾主要致残原因性别-年龄分布

Figure 3-22 Age-sex distribution of main causes of intellectual disability in SNSSD

注：单元格色阶表示其数值大小（人次）；空白处表示无数据

Note: The numerical value in each color graded table cell represents the number of persons with intellectual disability. The blank space indicates no data

智力残疾现患率

Prevalence of Intellectual Disability

1：16 500 000

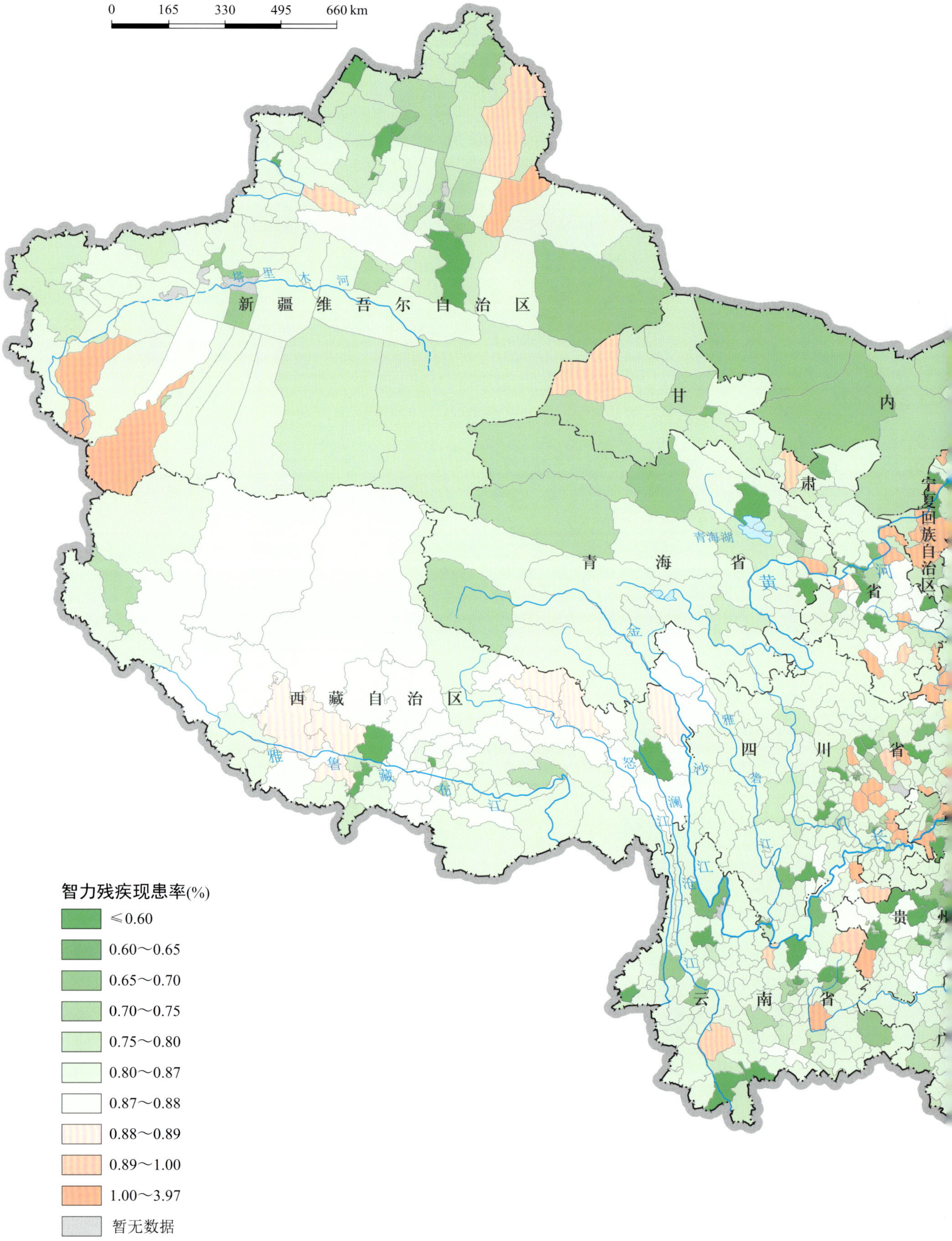

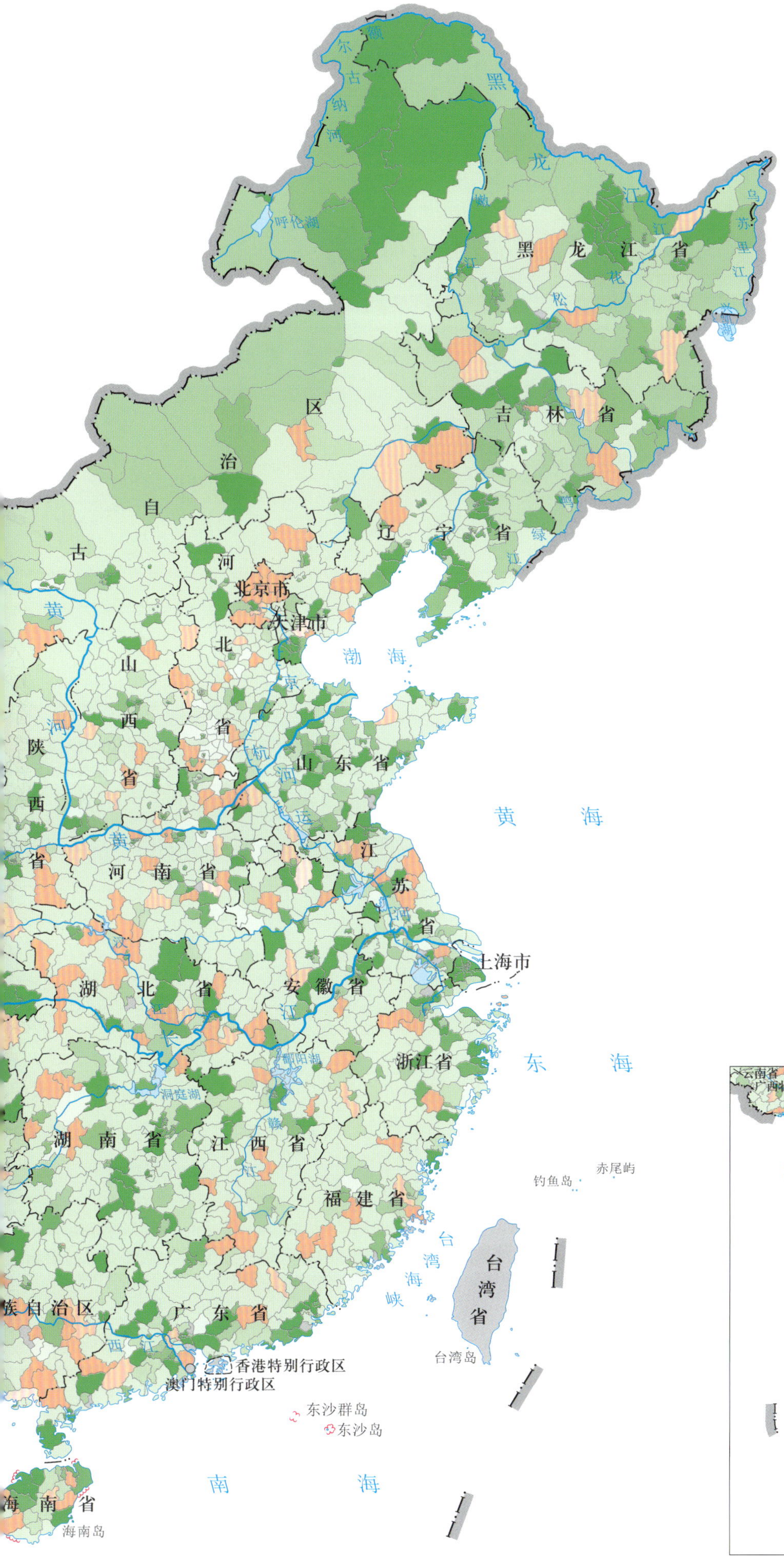
额尔古纳河
呼伦湖
黑龙江
嫩江
乌苏里江
松花江
兴凯湖
黑龙江省
吉林省
鸭绿江
辽宁省
内蒙古自治区
河北省
北京市
天津市
渤海
山西省
黄河
陕西省
山东省
京杭运河
黄海
河南省
江苏省
上海市
湖北省
安徽省
汉江
长江
洞庭湖
鄱阳湖
浙江省
东海
湖南省
江西省
赣江
福建省
钓鱼岛
赤尾屿
台湾海峡
台湾省
台湾岛
广西壮族自治区
广东省
西江
香港特别行政区
澳门特别行政区
东沙群岛
东沙岛
南海
海南省
海南岛

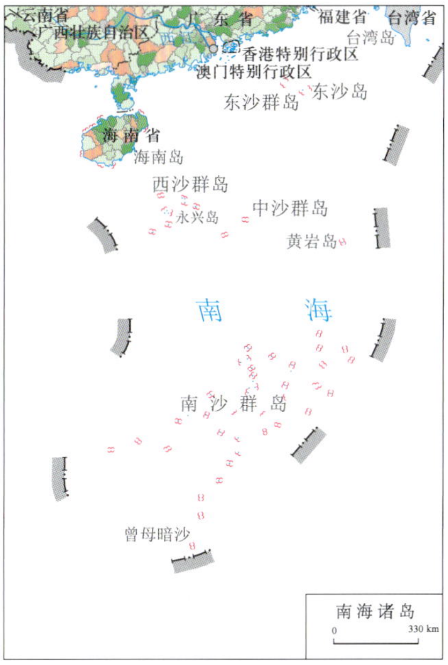
云南省
广西壮族自治区
广东省
福建省
台湾省
台湾岛
香港特别行政区
澳门特别行政区
东沙群岛
东沙岛
海南省
海南岛
西沙群岛
永兴岛
中沙群岛
黄岩岛
南海
南沙群岛
曾母暗沙
南海诸岛
0
330 km

智力残疾年龄标化现患率

Age-standardized Prevalence of Intellectual Disability

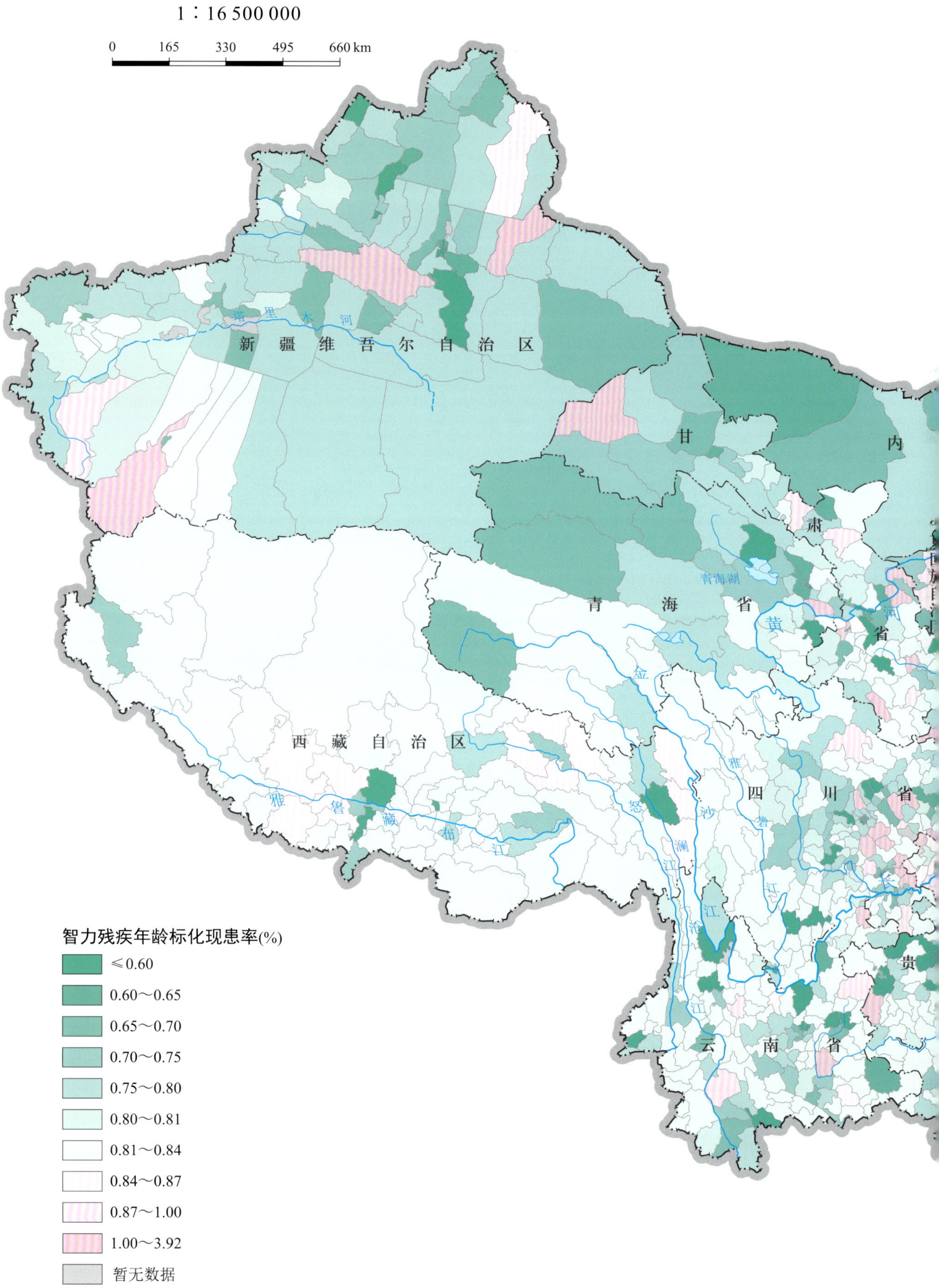

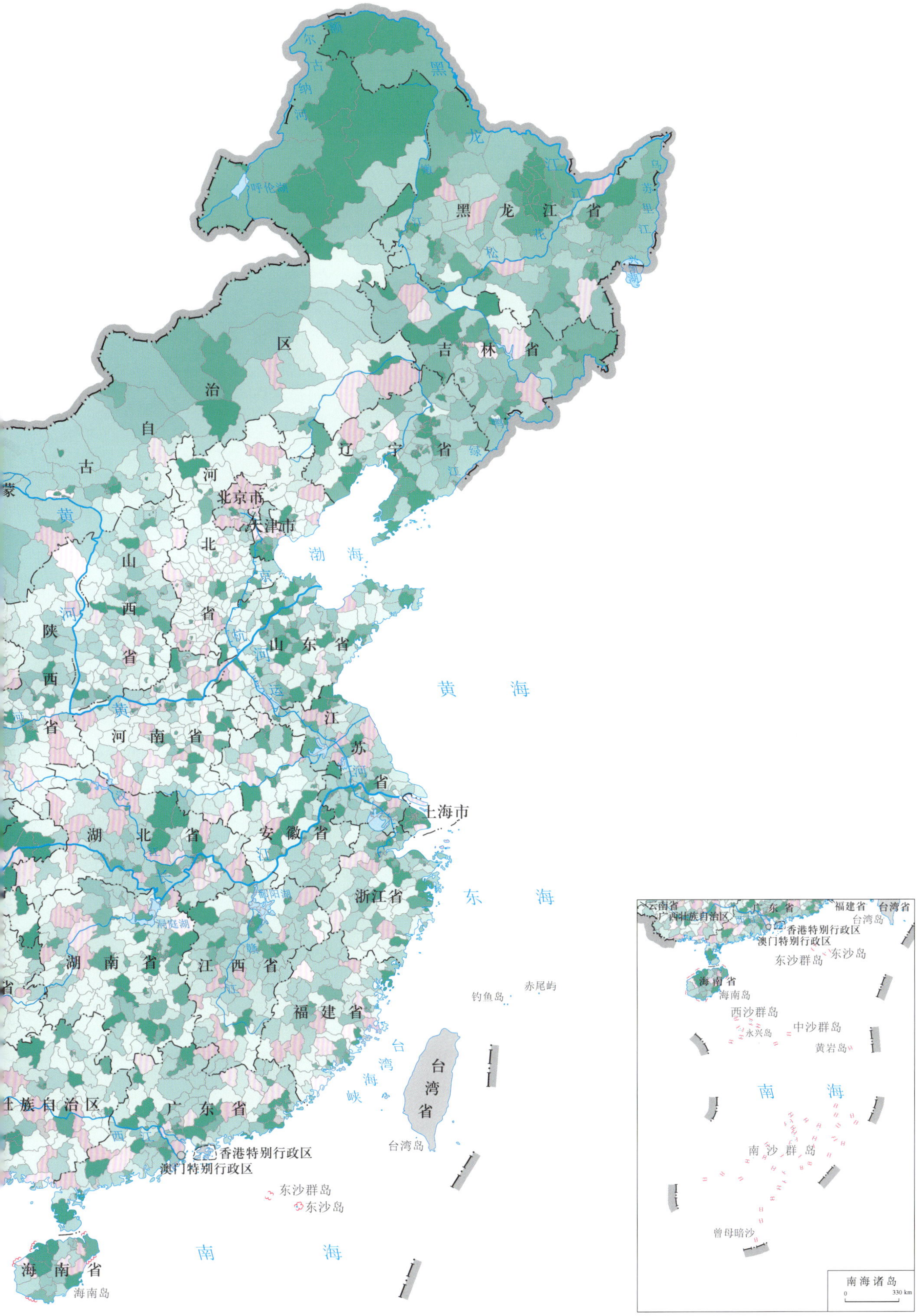

黑龙江省
吉林省
辽宁省
蒙古自治区
河北省
北京市
天津市
山西省
陕西省
山东省
河南省
江苏省
上海市
湖北省
安徽省
浙江省
湖南省
江西省
福建省
台湾省
广东省
壮族自治区
香港特别行政区
澳门特别行政区
海南省
海南岛
台湾岛
钓鱼岛
赤尾屿
东沙群岛
东沙岛
渤海
黄海
东海
南海
台湾海峡
额尔古纳河
黑龙江
乌苏里江
松花江
嫩江
鸭绿江
呼伦湖
兴凯湖
黄河
京杭运河
汉江
长江
鄱阳湖
洞庭湖
赣江
西江
云南省
广西壮族自治区
福建省
台湾省
广东省
台湾岛
香港特别行政区
澳门特别行政区
东沙群岛
东沙岛
海南省
海南岛
西沙群岛
永兴岛
中沙群岛
黄岩岛
南海
南沙群岛
曾母暗沙
南海诸岛
0
330 km

男性智力残疾现患率

Prevalence of Intellectual Disability (Male)

1∶16 500 000

0　165　330　495　660 km

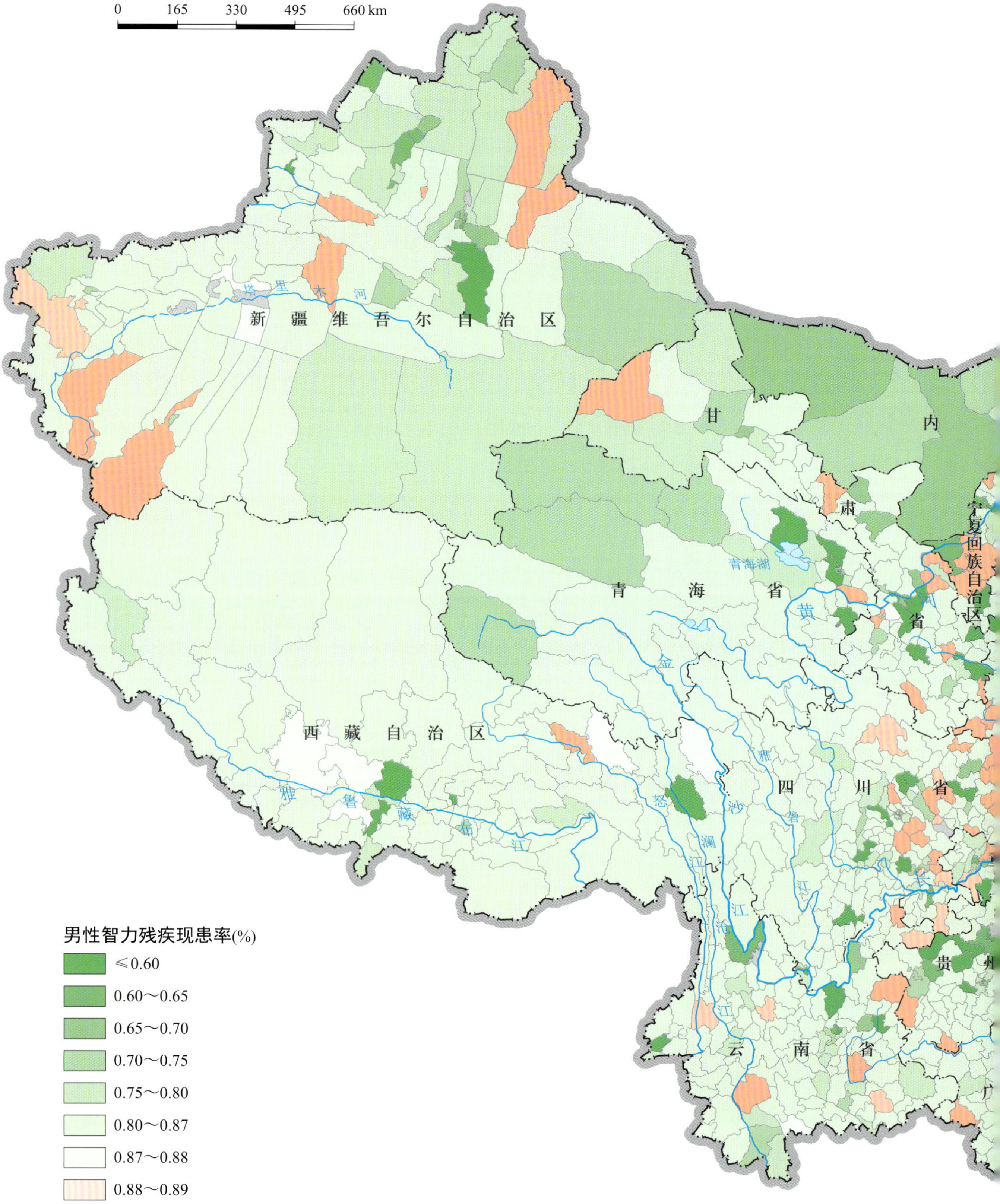

男性智力残疾现患率(%)

- ≤0.60
- 0.60～0.65
- 0.65～0.70
- 0.70～0.75
- 0.75～0.80
- 0.80～0.87
- 0.87～0.88
- 0.88～0.89
- 0.89～1.00
- 1.00～3.97
- 暂无数据

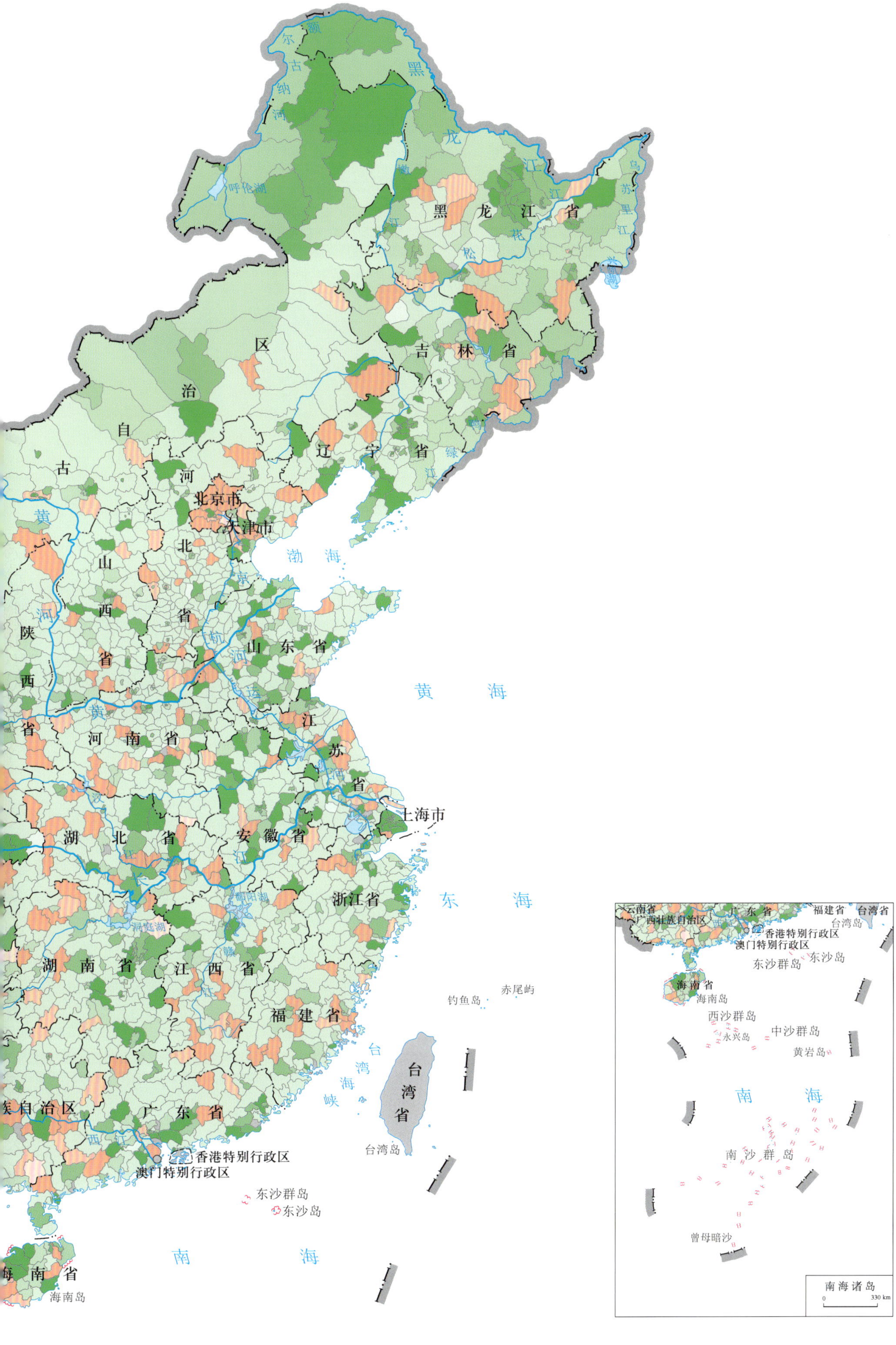
黑龙江省
吉林省
辽宁省
北京市
天津市
河北省
山西省
山东省
河南省
江苏省
上海市
安徽省
湖北省
浙江省
湖南省
江西省
福建省
广东省
台湾省
海南省
陕西省
香港特别行政区
澳门特别行政区
渤海
黄海
东海
南海
台湾海峡
钓鱼岛
赤尾屿
台湾岛
东沙群岛
东沙岛
海南岛
呼伦湖
洞庭湖
鄱阳湖
黑龙江
乌苏里江
松花江
黄河
京杭运河
长江
西江
南海诸岛
西沙群岛
永兴岛
中沙群岛
黄岩岛
南沙群岛
曾母暗沙
0 330 km

男性智力残疾年龄标化现患率

Age-standardized Prevalence of Intellectual Disability (Male)

1：16 500 000

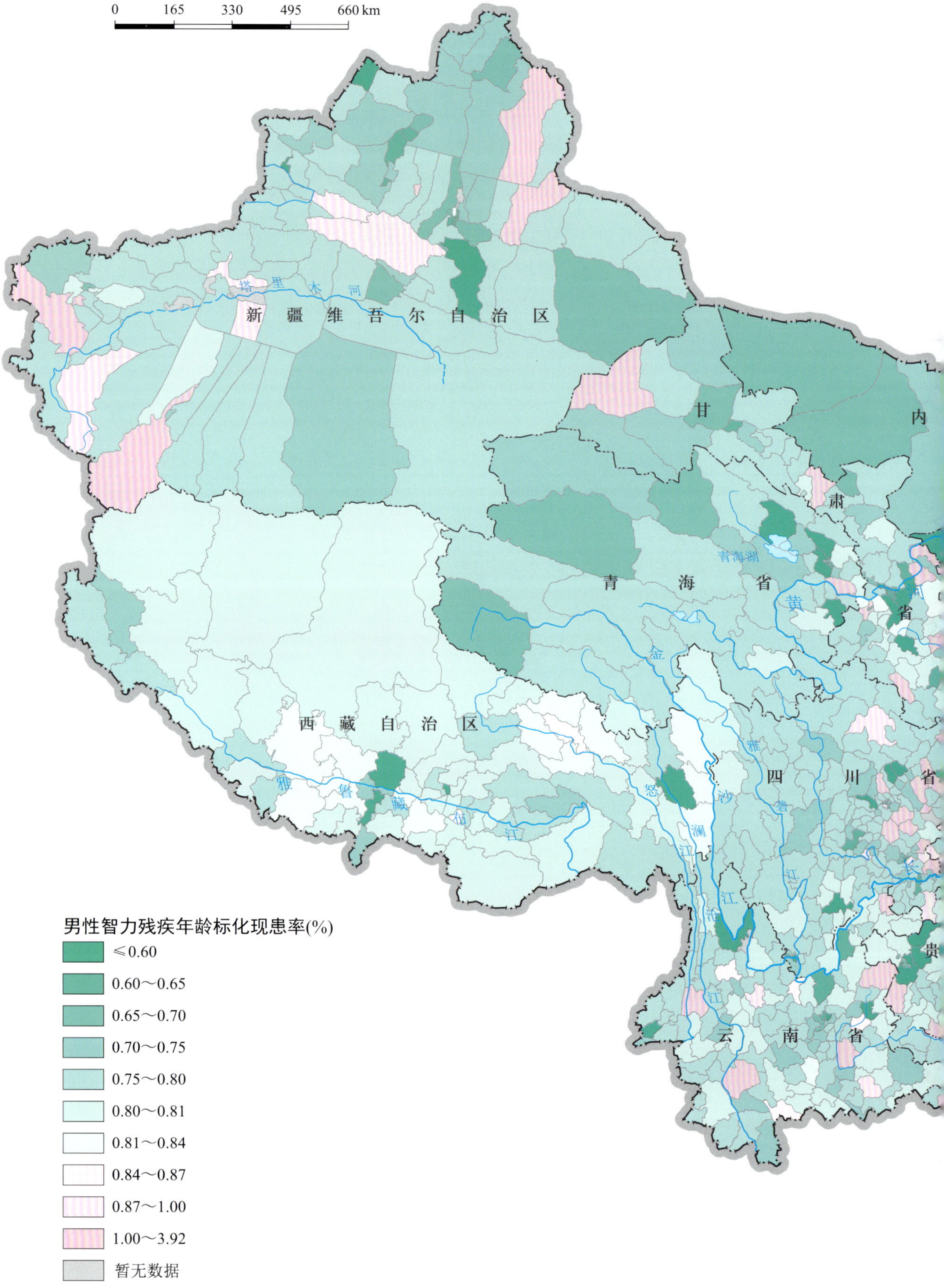

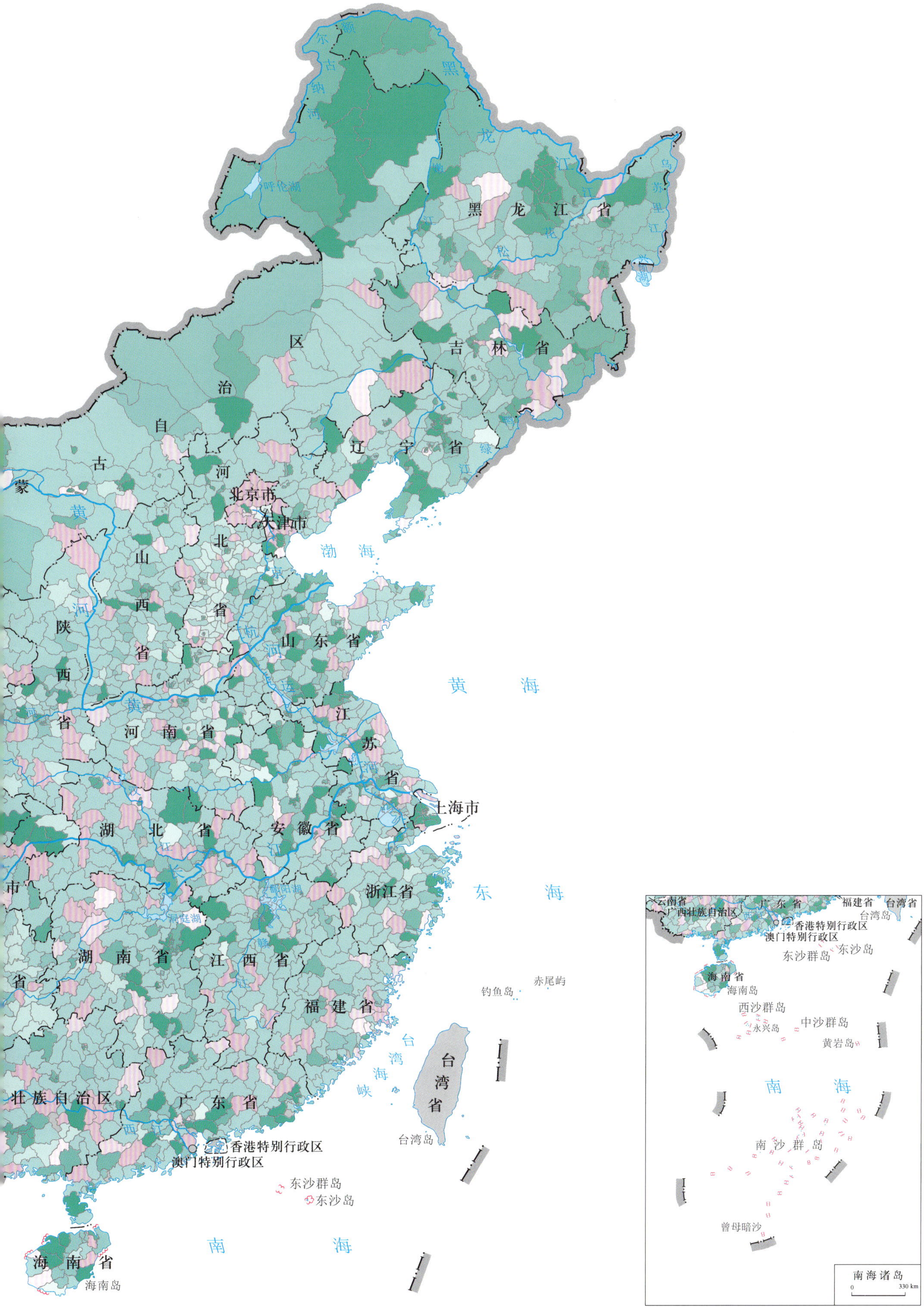

黑龙江省
吉林省
辽宁省
区
治
自
古
蒙
北京市
天津市
河
北
省
山
西
省
陕
西
省
山东省
河南省
江
苏
省
上海市
湖北省
安徽省
浙江省
湖南省
江西省
福建省
省
市
壮族自治区
广东省
香港特别行政区
澳门特别行政区
海南省
海南岛
台湾省
台湾岛
钓鱼岛
赤尾屿
东沙群岛
东沙岛
呼伦湖
渤海
黄海
东海
台湾海峡
南海
黑
龙
江
乌
苏
里
江
松
花
江
鸭
绿
江
黄
河
大
运
河
长江
洞庭湖
鄱阳湖
西江
云南省
广西壮族自治区
广东省
福建省
台湾省
台湾岛
香港特别行政区
澳门特别行政区
东沙群岛
东沙岛
海南省
海南岛
西沙群岛
永兴岛
中沙群岛
黄岩岛
南海
南沙群岛
曾母暗沙
南海诸岛
0
330 km

女性智力残疾现患率

Prevalence of Intellectual Disability (Female)

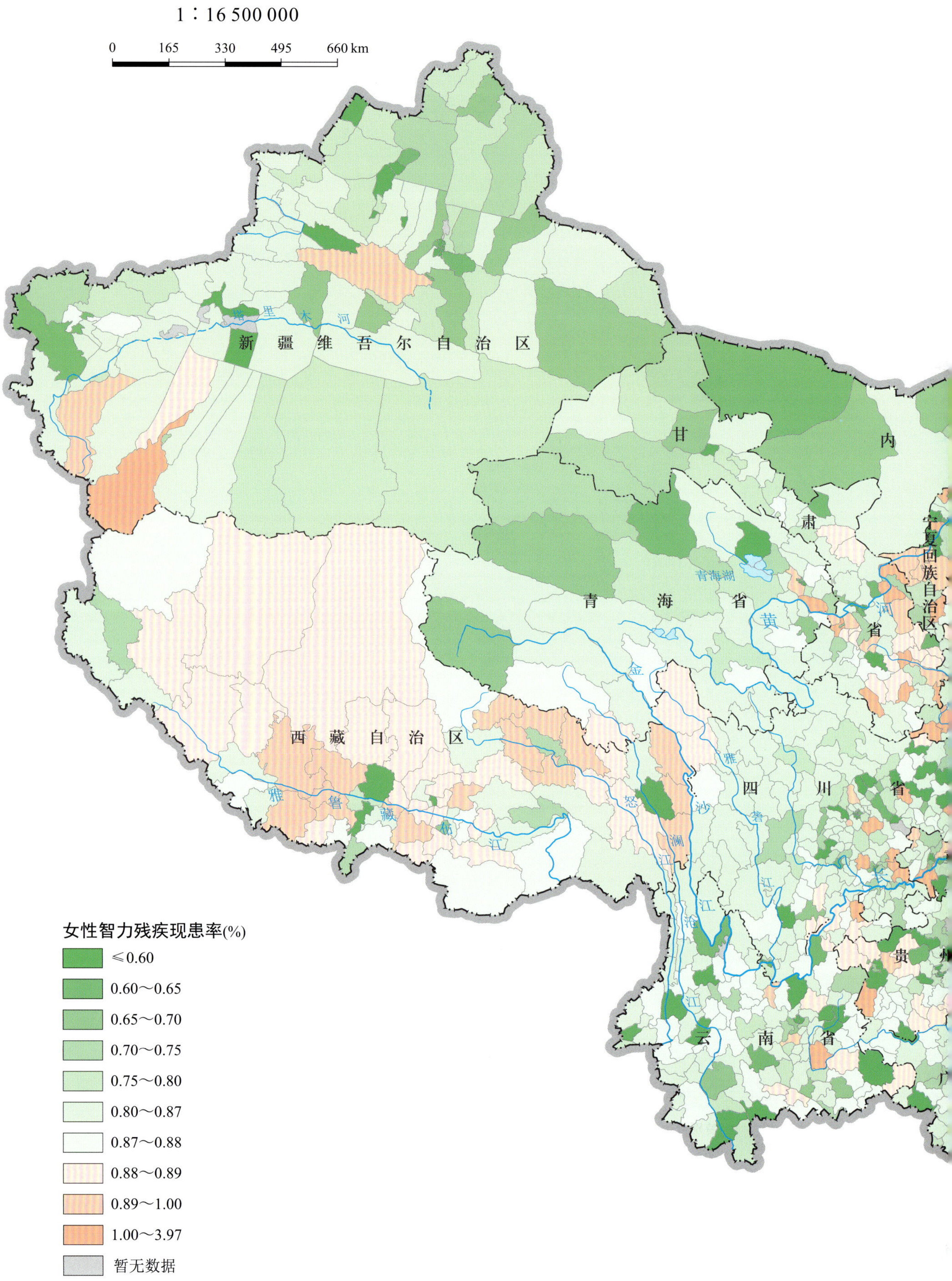

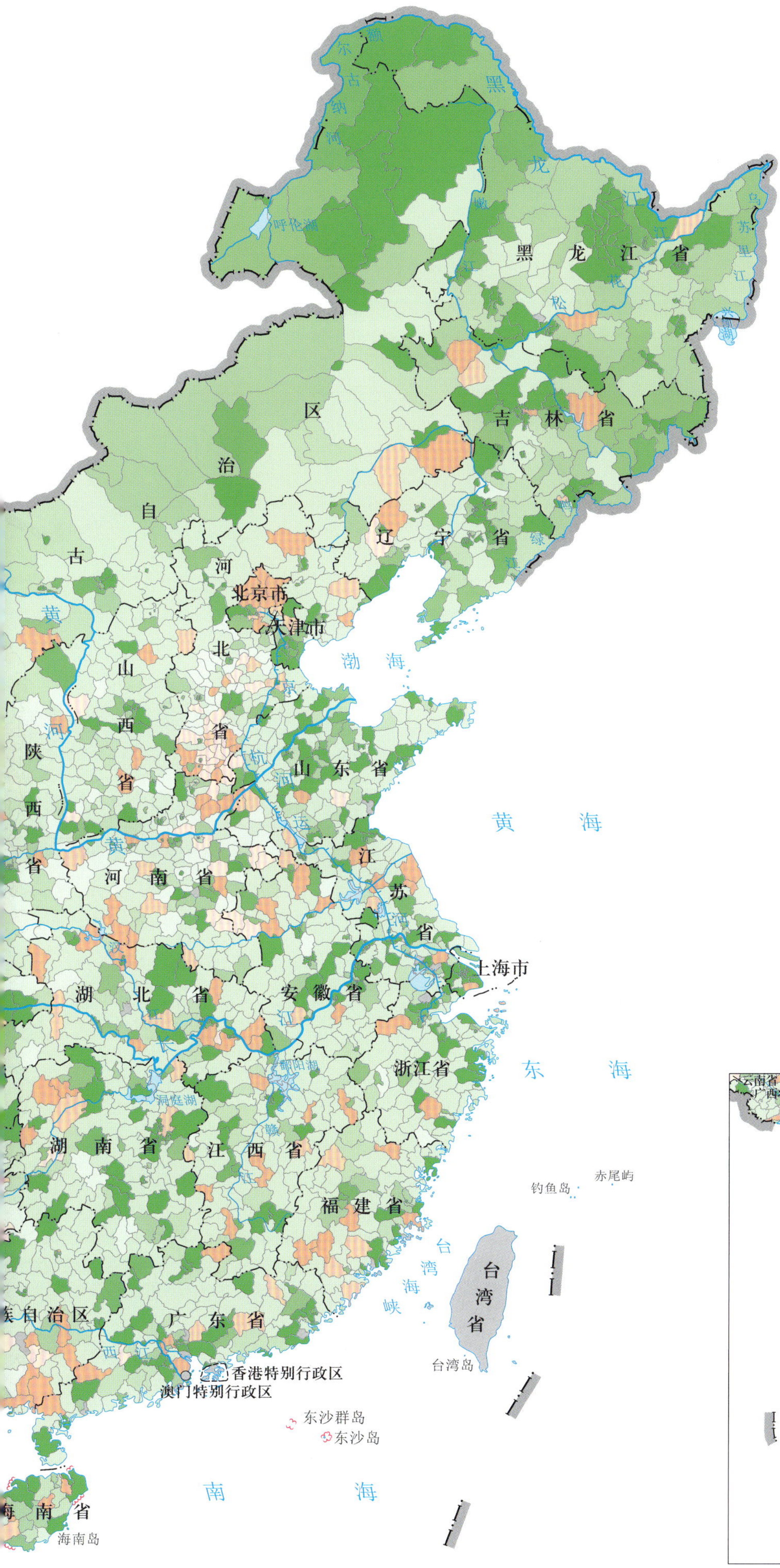

黑龙江省
吉林省
辽宁省
北京市
天津市
河北省
山西省
山东省
河南省
江苏省
上海市
安徽省
湖北省
浙江省
湖南省
江西省
福建省
广东省
香港特别行政区
澳门特别行政区
台湾省
台湾岛
海南省
海南岛
东沙群岛
东沙岛
钓鱼岛
赤尾屿
渤海
黄海
东海
南海
台湾海峡
呼伦湖
洞庭湖
鄱阳湖

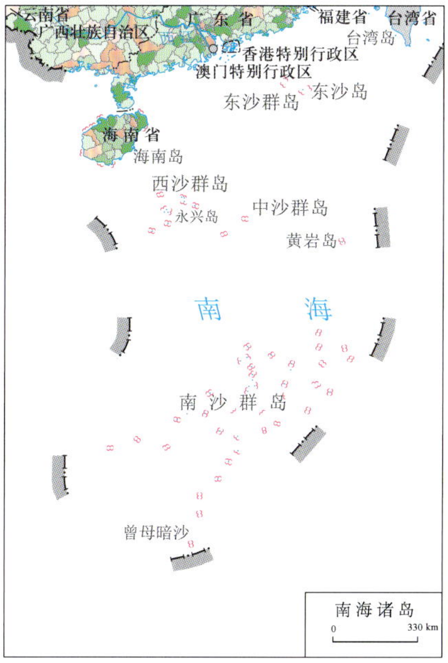

云南省
广西壮族自治区
广东省
福建省
台湾省
台湾岛
香港特别行政区
澳门特别行政区
东沙群岛
东沙岛
海南省
海南岛
西沙群岛
永兴岛
中沙群岛
黄岩岛
南海
南沙群岛
曾母暗沙
南海诸岛
0
330 km

女性智力残疾年龄标化现患率

Age-standardized Prevalence of Intellectual Disability (Female)

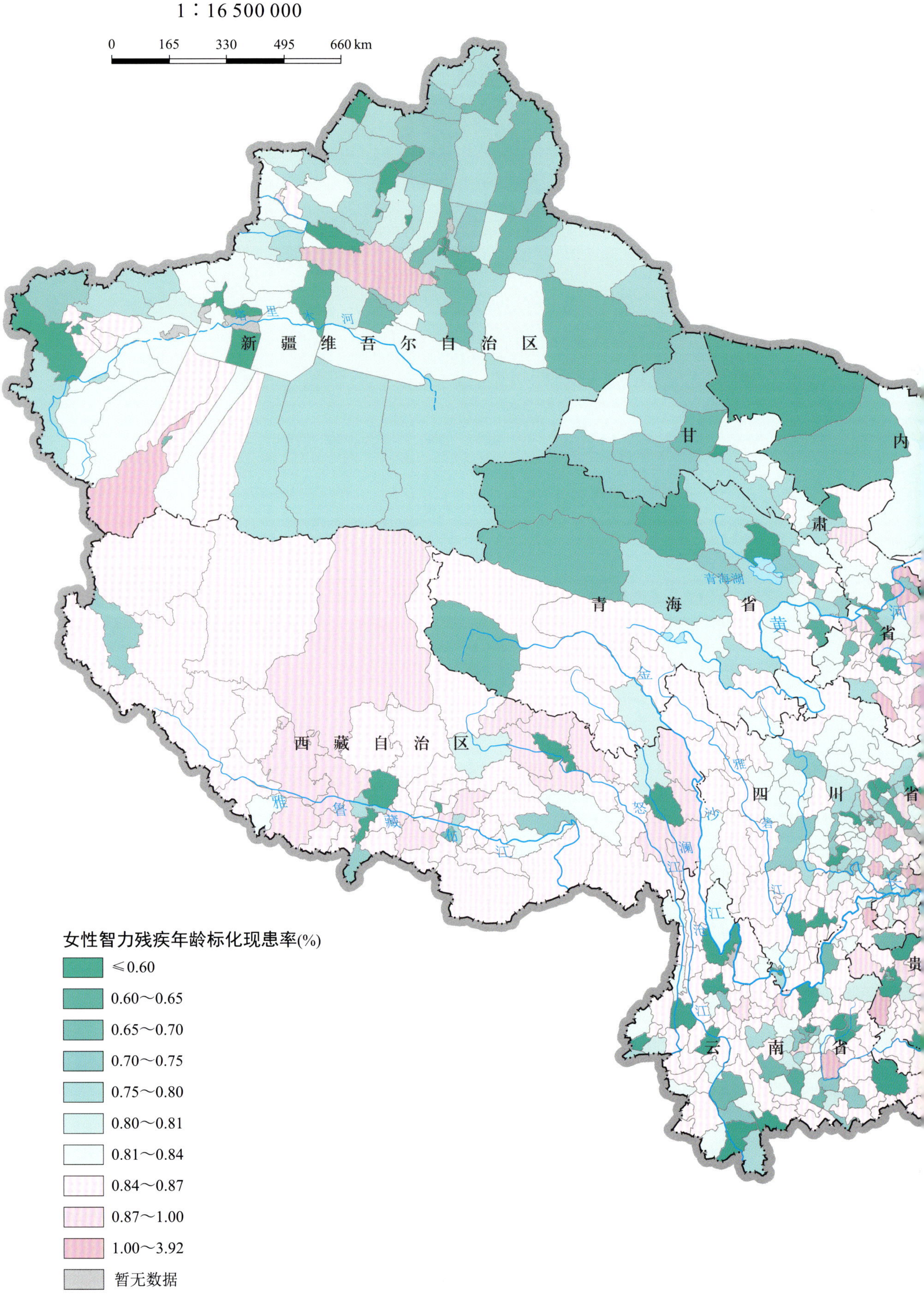

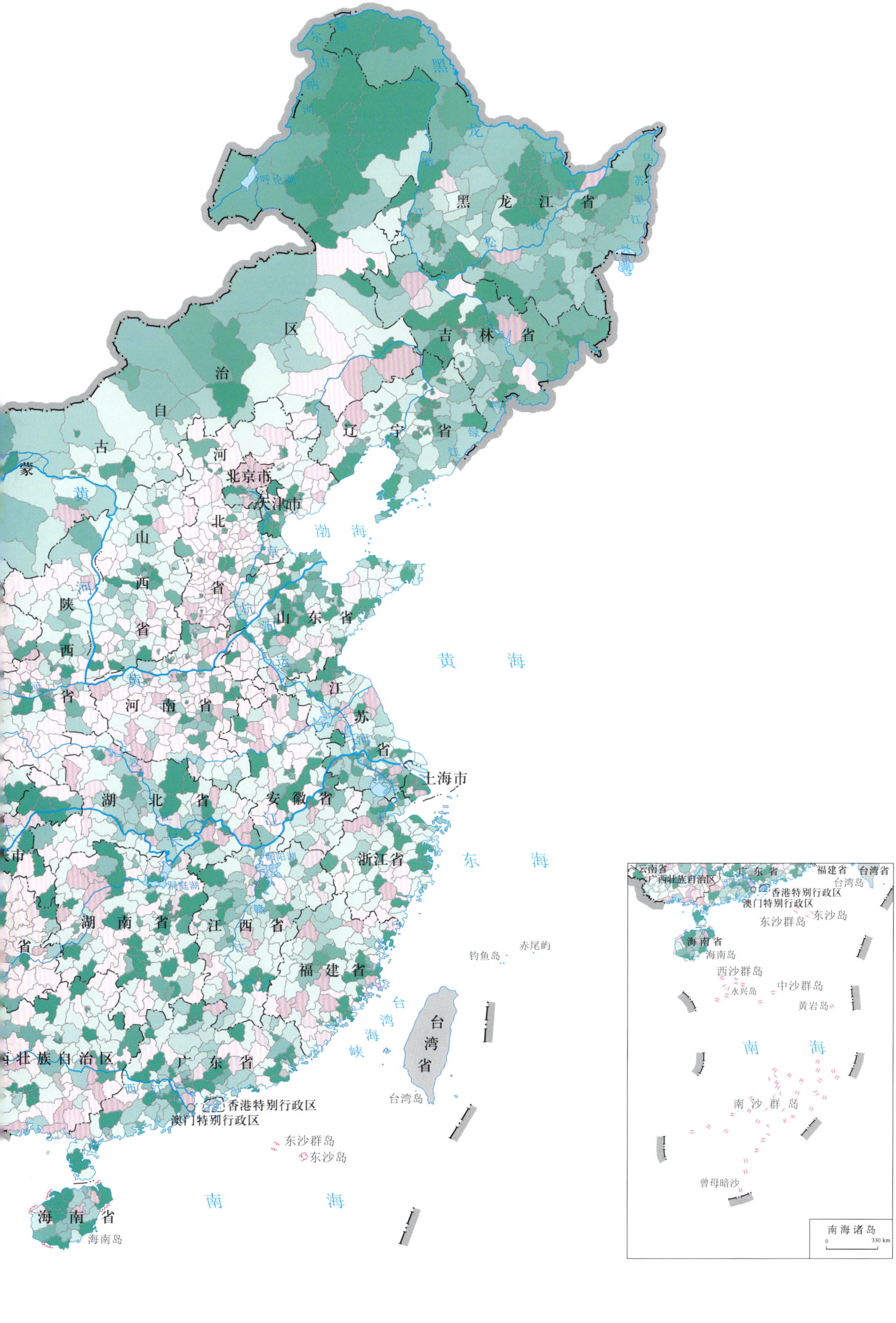

黑龙江省
吉林省
辽宁省
区
治
自
古
蒙
呼伦湖
北京市
天津市
河
北
省
山
西
省
陕
西
省
山东省
河南省
江
苏
省
上海市
湖北省
安徽省
浙江省
湖南省
江西省
福建省
广东省
壮族自治区
香港特别行政区
澳门特别行政区
海南省
海南岛
台
湾
省
台湾岛
钓鱼岛
赤尾屿
东沙群岛
东沙岛
渤海
黄海
东海
南海
台湾海峡
鄱阳湖
洞庭湖
云南省
广西壮族自治区
广东省
福建省
台湾省
台湾岛
香港特别行政区
澳门特别行政区
东沙群岛
东沙岛
海南省
海南岛
西沙群岛
永兴岛
中沙群岛
黄岩岛
南海
南沙群岛
曾母暗沙
南海诸岛
0
330 km

精神残疾
Mental Disability

根据第二次全国残疾人抽样调查残疾标准（2006），精神残疾是指各类精神障碍持续一年以上未痊愈，由于认知、情感和行为障碍，影响其日常生活和社会参与。

Mental disability refers to psychiatric disorders lasting more than 1 year that manifest as cognitive, affective, and behavior disorders affecting the daily life and social participation of the patient (The Standard of Second National Sample Survey on Disability, 2006).

第二次全国残疾人抽样调查年鉴数据显示，调查时点共有15 928人次为精神残疾（包括仅为精神残疾，以及在精神残疾的同时还有其他类型残疾的人），现患率为0.63%。从构成比看，在精神残疾人口中，女性（53.51%）多于男性（46.49%）；农村人口（71.01%）多于城镇人口（28.99%）；并且多见于中年人群。精神残疾人口性别-年龄分布如图3-23所示。从地区分布结构看，精神残疾人口较多的省份分别为广东省（6.54%）、四川省（6.35%）、河南省（5.93%）、北京市（4.86%）和河北省（4.78%）。

According to the SNSSD, 15 928 cases had mental disability. The prevalence of mental disability was 0.63%. The proportion of mental disability in males (46.49%) was lower than that in females (53.51%), and the proportion of the rural population (71.01%) was higher than that of the urban population (28.99%). Mental disabilities were more common and widespread in middle-aged people (Figure 3-23). In terms of regional distribution, provinces with the larger proportion of mental disability were Guangdong Province (6.54%), Sichuan Province (6.35%), Henan Province (5.93%), Beijing Municipality (4.86%) and Hebei Province (4.78%).

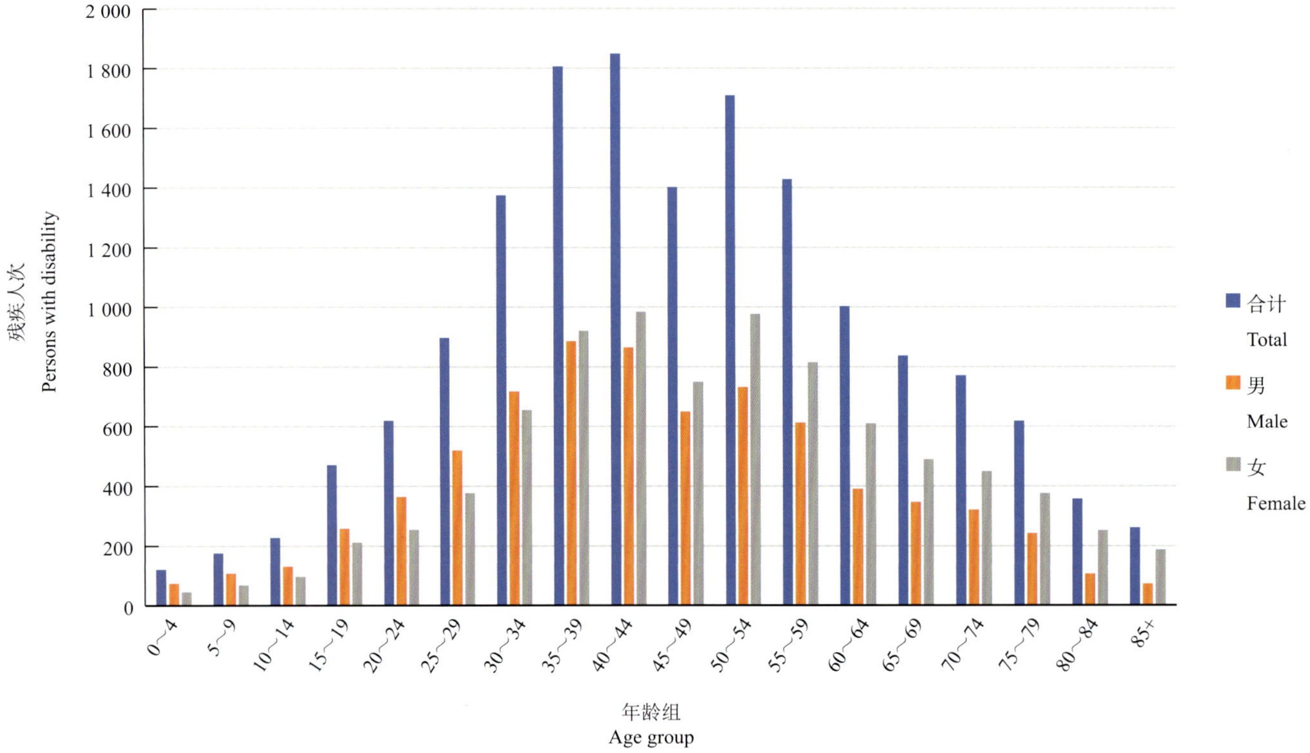

图3-23 第二次全国残疾人抽样调查精神残疾人口性别-年龄分布

Figure 3-23 Age-sex distribution of mental disability in SNSSD

精神残疾主要由神经、精神异常等原因造成，将调查包含的全部致残原因归类为：精神分裂症，痴呆，癫痫，其他器质性精神障碍，心境障碍，其他非感染性疾病（包括使用精神活性物质所致的障碍、妄想性障碍、分裂情感性障碍、其他精神病性障碍、神经症性障碍、行为综合征、人格障碍和孤独症），原因不明及其他（郑晓瑛等，2008）。可以看出，不论在城镇地区还是农村地区，精神残疾的首要致残原因均为精神分裂症，而在其他风险因素中，痴呆的构成比在城镇地区大于农村地区，癫痫的构成比则是农村地区高于城镇地区，具体如图3-24、图3-25所示。

Mental disability is mainly caused by nervous system disorders and mental disorders, which can be categorized into 7 groups: schizophrenia, dementia, epilepsy, other organic mental disorders, mood disorders, other noninfectious diseases (including disorders caused by the use of psychoactive substances, delusional disorders, schizoaffective disorders, other psychiatric disorders, neurotic disorders, behavioural syndromes, personality disorders and autism), and unknown causes or others (Zheng et al, 2008). As can be seen, schizophrenia was the main cause of mental disability in both urban and rural areas (Figure 3-24 and Figure 3-25).

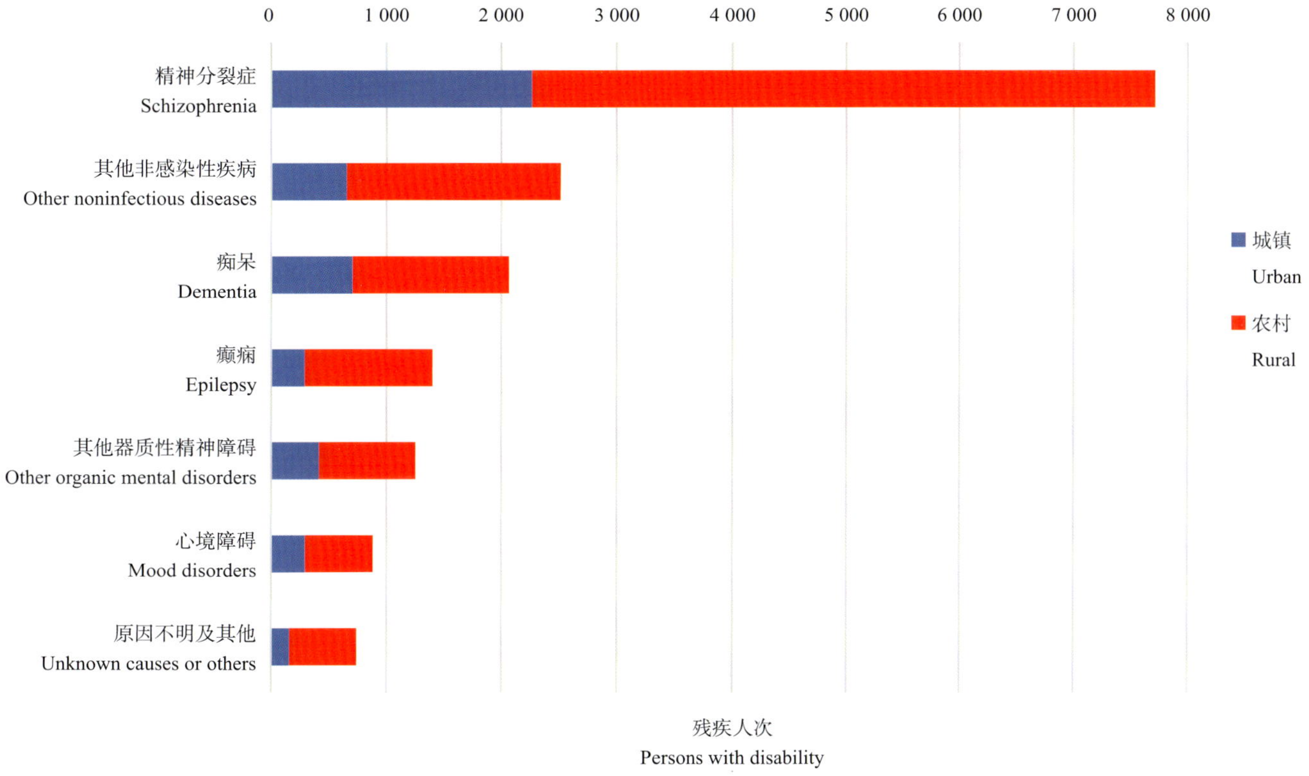

图3-24　第二次全国残疾人抽样调查精神残疾致残原因城乡分布

Figure 3-24　Regional distribution of main causes of mental disability in SNSSD

省份 Province	精神分裂症 Schizophrenia		其他非感染性疾病 Other noninfectious diseases		痴呆 Dementia		癫痫 Epilepsy		其他器质性精神障碍 Other organic mental disorders		心境障碍 Mood disorders	
	城镇 Urban	农村 Rural	城镇 Urban	农村 Rural	城镇 Urban	农村 Rural	城镇 Urban	农村 Rural	城镇 Urban	农村 Rural	城镇 Urban	农村 Rural
北京 Beijing	31.62	33.91	11.76	5.65	37.32	43.04	1.84	2.17	12.50	8.26	8.27	8.26
天津 Tianjin	69.06	48.21	11.60	16.07	8.29	8.04	4.97	14.29	2.21	5.36	4.42	6.25
河北 Hebei	30.77	44.22	23.08	9.98	25.38	23.77	6.15	7.77	10.00	5.23	6.92	8.56
山西 Shanxi	54.44	52.88	17.78	16.91	12.22	12.23	10.00	15.11	6.67	8.27	3.33	1.08
内蒙古 Nei Mongol	49.67	45.25	14.38	23.95	5.88	4.56	7.19	12.55	6.54	3.04	15.69	7.60
辽宁 Liaoning	47.22	49.01	18.89	19.21	9.44	5.30	7.78	9.60	12.22	6.62	5.00	8.28
吉林 Jilin	54.69	54.32	15.10	12.59	8.33	6.83	9.90	13.31	8.33	12.59	3.13	3.24
黑龙江 Heilongjiang	67.89	55.62	16.51	20.12	2.75	4.14	8.26	16.57	0.00	3.55	3.67	6.51
上海 Shanghai	67.43	75.47	5.86	3.77	15.31	13.21	0.98	0.00	4.23	3.77	6.51	3.77
江苏 Jiangsu	42.86	45.22	15.18	13.16	13.84	12.10	2.68	7.43	9.38	5.73	12.50	12.53
浙江 Zhejiang	54.27	52.23	12.20	18.22	17.07	8.91	6.10	5.06	6.10	5.26	7.32	8.10
安徽 Anhui	45.45	41.06	19.83	26.22	13.22	11.18	14.05	12.80	7.44	8.13	4.96	3.86
福建 Fujian	59.63	53.91	11.01	15.07	8.26	13.33	11.01	10.14	12.84	9.28	1.83	3.48
江西 Jiangxi	53.57	48.33	17.86	29.05	19.64	8.48	8.93	7.46	3.57	5.66	3.57	1.54
山东 Shandong	52.54	55.49	17.80	13.29	13.56	8.67	3.39	7.13	6.78	6.94	3.39	7.13
河南 Henan	36.45	33.09	14.02	20.79	13.08	14.70	3.74	8.12	13.08	7.65	12.15	6.33
湖北 Hubei	62.35	54.76	6.47	12.30	10.59	9.72	5.29	6.15	7.65	4.76	3.53	6.35
湖南 Hunan	55.87	53.67	12.85	13.67	8.94	9.62	6.70	7.09	7.82	10.89	2.23	1.52
广东 Guangdong	48.64	46.62	20.54	16.34	14.20	14.65	3.93	6.20	7.55	7.75	7.55	6.06
广西 Guangxi	46.02	51.72	12.39	11.72	13.27	13.10	2.65	7.36	8.85	9.20	1.77	1.84
海南 Hainan	43.86	68.35	14.04	12.95	22.81	5.76	10.53	7.91	5.26	8.63	0.00	0.72
重庆 Chongqing	57.75	62.56	14.08	18.72	5.63	3.45	7.75	6.65	11.27	6.16	2.11	0.99
四川 Sichuan	46.95	57.20	16.90	16.27	16.90	14.14	6.10	9.01	12.68	8.39	5.16	3.75
贵州 Guizhou	43.48	48.11	21.74	16.35	26.09	12.58	7.25	18.55	1.45	5.35	0.00	2.20
云南 Yunnan	42.17	39.92	16.87	15.57	6.63	9.78	9.04	15.77	17.47	9.98	7.23	4.99
西藏 Xizang	15.79	38.37	5.26	12.79	10.53	2.33	31.58	23.26	31.58	18.60	10.53	2.33
陕西 Shaanxi	57.38	51.99	4.92	14.98	8.20	8.87	11.48	11.62	13.93	5.20	1.64	7.03
甘肃 Gansu	25.53	32.96	19.15	23.82	14.89	11.36	14.89	18.56	6.38	2.77	21.28	3.60
青海 Qinghai	43.18	30.12	9.09	15.66	20.45	14.46	4.55	18.07	11.36	18.07	9.09	7.23
宁夏 Ningxia	43.48	43.27	13.04	15.20	13.04	7.02	11.59	18.13	10.14	8.19	7.25	5.85
新疆 Xinjiang	45.65	45.28	16.30	8.96	9.78	16.98	16.30	13.21	8.70	16.51	11.96	2.36

图3-25 第二次全国残疾人抽样调查各省（自治区、直辖市）精神残疾致残原因分布

Figure 3-25 Distribution of main causes of mental disability in 31 provinces in SNSSD

注：单元格色阶表示其数值大小（%）

Note：The numerical value in each color graded table cell represents the proportion of persons with mental disability（%）

具体来看，精神残疾最主要的致残原因为精神分裂症（48.42%），其次为痴呆（12.98%）、癫痫（8.80%）、其他器质性精神障碍（7.87%）和心境障碍（5.54%）。精神残疾主要致残原因性别-年龄分布如图3-26所示。可以看出，精神分裂症和癫痫致残高发于中青年人群，痴呆致残则多见于65岁及以上老年人口。

Specifically, the main causes of mental disability were schizophrenia (48.42%), followed by dementia (12.98%), epilepsy (8.80%), other organic mental disorders (7.87%) and mood disorders (5.54%). The distribution of the main causes of mental disability is shown in Figure 3-26. It is found that mental disability caused by schizophrenia and epilepsy was more common in the middle-aged adults and adolescents, while the disability caused by dementia was more common in the elderly population over 65 years old.

年龄组 Age group	精神分裂症 Schizophrenia		痴呆 Dementia		癫痫 Epilepsy		其他器质性精神障碍 Other organic mental disorders		心境障碍 Mood disorders	
	男 Male	女 Female	男 Male	女 Female	男 Male	女 Female	男 Male	女 Female	男 Male	女 Female
0～4		1	3	4	10	6	4	6		
5～9	1	1	10	9	32	20	11	10		1
10～14	13	7	14	16	50	37	13	10	1	1
15～19	76	61	28	26	68	54	38	37	7	7
20～24	181	141	43	19	63	35	40	22	13	10
25～29	307	218	33	21	80	46	40	29	12	11
30～34	432	378	38	31	88	76	67	50	23	45
35～39	508	548	43	40	80	77	83	42	35	63
40～44	508	559	46	35	96	96	58	57	39	71
45～49	340	400	41	28	62	52	43	32	42	82
50～54	367	563	53	49	45	61	81	70	36	68
55～59	306	452	61	50	32	36	45	45	43	78
60～64	156	326	58	60	22	23	43	26	26	46
65～69	114	231	106	101	20	8	30	36	13	32
70～74	100	159	109	152	10	8	40	38	10	35
75～79	53	116	123	176	8		24	29	7	13
80～84	15	49	69	168			9	23	4	4
85+	6	20	59	145		1	6	16		5

图3-26　第二次全国残疾人抽样调查精神残疾主要致残原因性别-年龄分布

Figure 3-26　Age-sex distribution of main causes of mental disability in SNSSD

注：单元格色阶表示其数值大小（人次）；空白处表示无数据

Note: The numerical value in each color graded table cell represents the number of persons with mental disability. The blank space indicates no data

精神残疾现患率

Prevalence of Mental Disability

1∶16 500 000

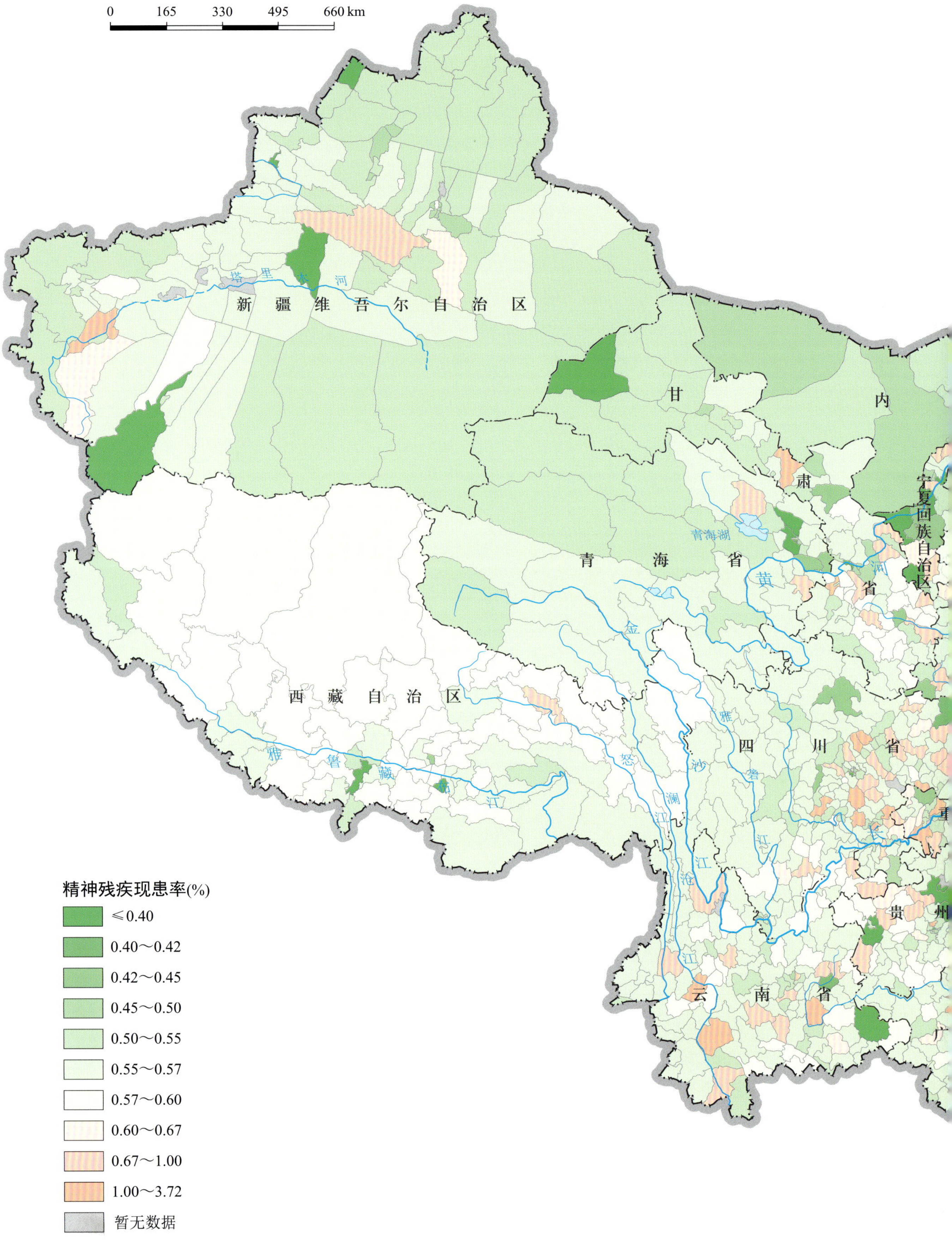

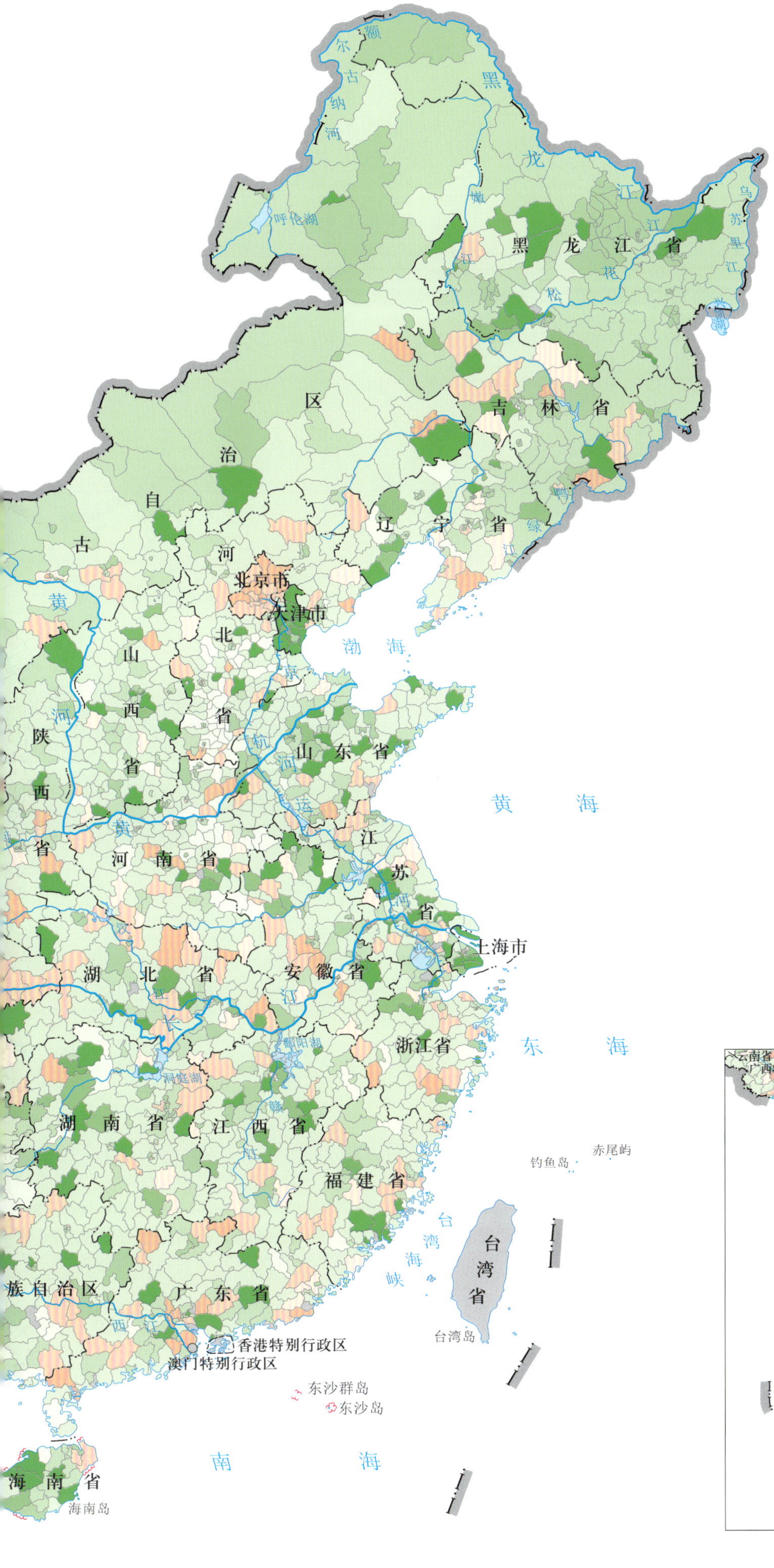
黑龙江省
吉林省
辽宁省
北京市
天津市
河北省
山西省
陕西省
山东省
河南省
江苏省
上海市
安徽省
湖北省
浙江省
湖南省
江西省
福建省
广东省
台湾省
海南省
香港特别行政区
澳门特别行政区
族自治区
区
治
自
古
呼伦湖
渤海
黄海
东海
南海
台湾海峡
钓鱼岛
赤尾屿
台湾岛
东沙群岛
东沙岛
海南岛
洞庭湖
鄱阳湖

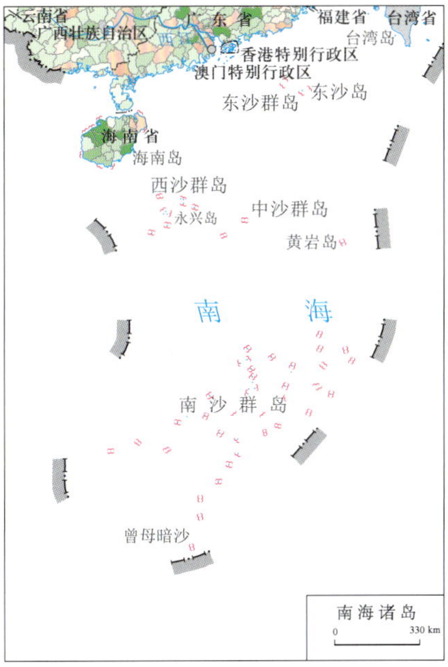
云南省
广西壮族自治区
广东省
福建省
台湾省
台湾岛
香港特别行政区
澳门特别行政区
东沙群岛
东沙岛
海南省
海南岛
西沙群岛
永兴岛
中沙群岛
黄岩岛
南海
南沙群岛
曾母暗沙
南海诸岛
0
330 km

精神残疾年龄标化现患率

Age-standardized Prevalence of Mental Disability

1∶16 500 000

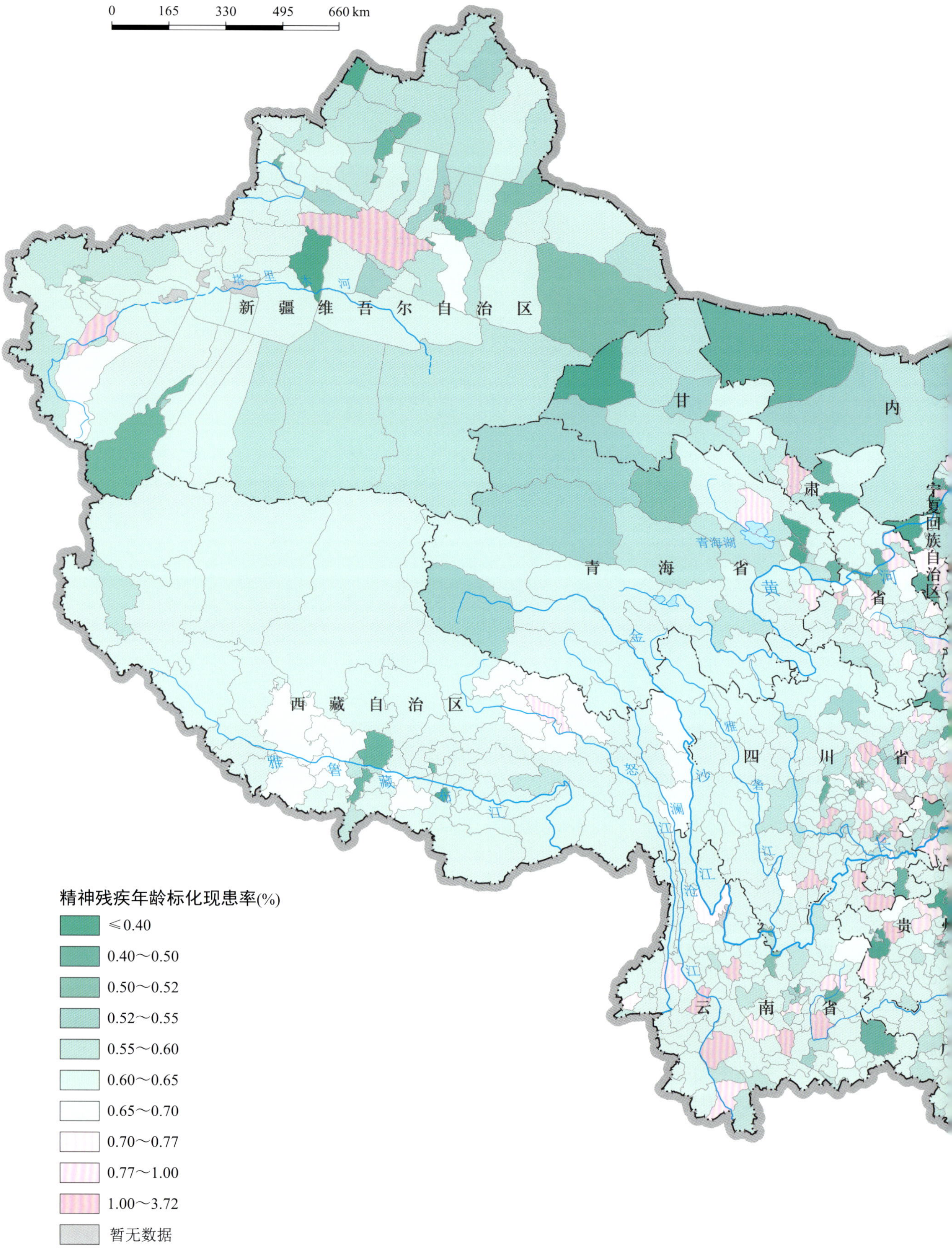

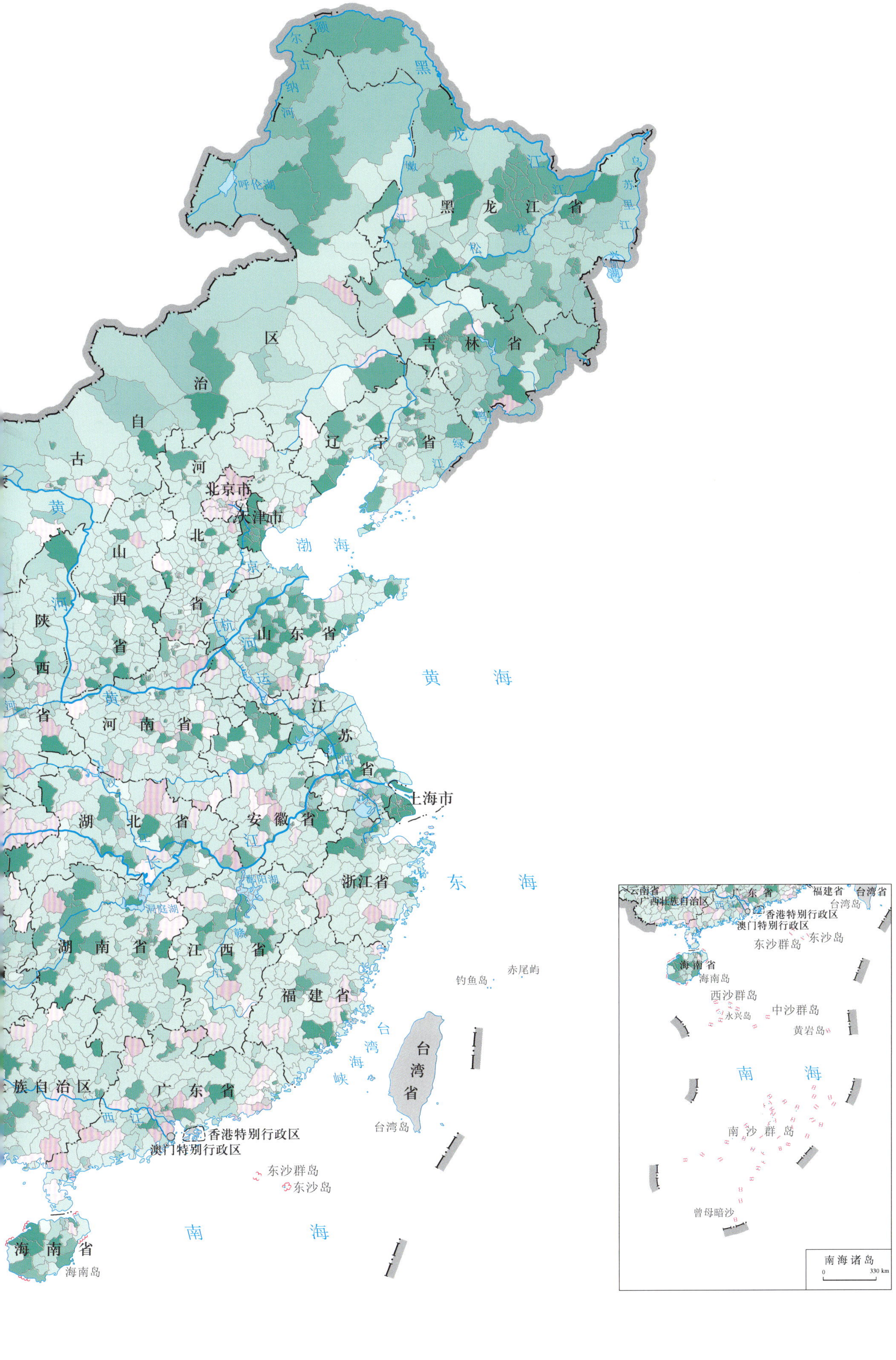
黑龙江省
吉林省
辽宁省
北京市
天津市
河北省
山西省
陕西省
山东省
河南省
江苏省
上海市
湖北省
安徽省
浙江省
湖南省
江西省
福建省
台湾省
广东省
海南省
香港特别行政区
澳门特别行政区
黄海
渤海
东海
南海
台湾海峡
钓鱼岛
赤尾屿
台湾岛
东沙群岛
东沙岛
海南岛
呼伦湖
洞庭湖
鄱阳湖
南海诸岛
西沙群岛
中沙群岛
永兴岛
黄岩岛
南沙群岛
曾母暗沙
0
330 km

男性精神残疾现患率

Prevalence of Mental Disability (Male)

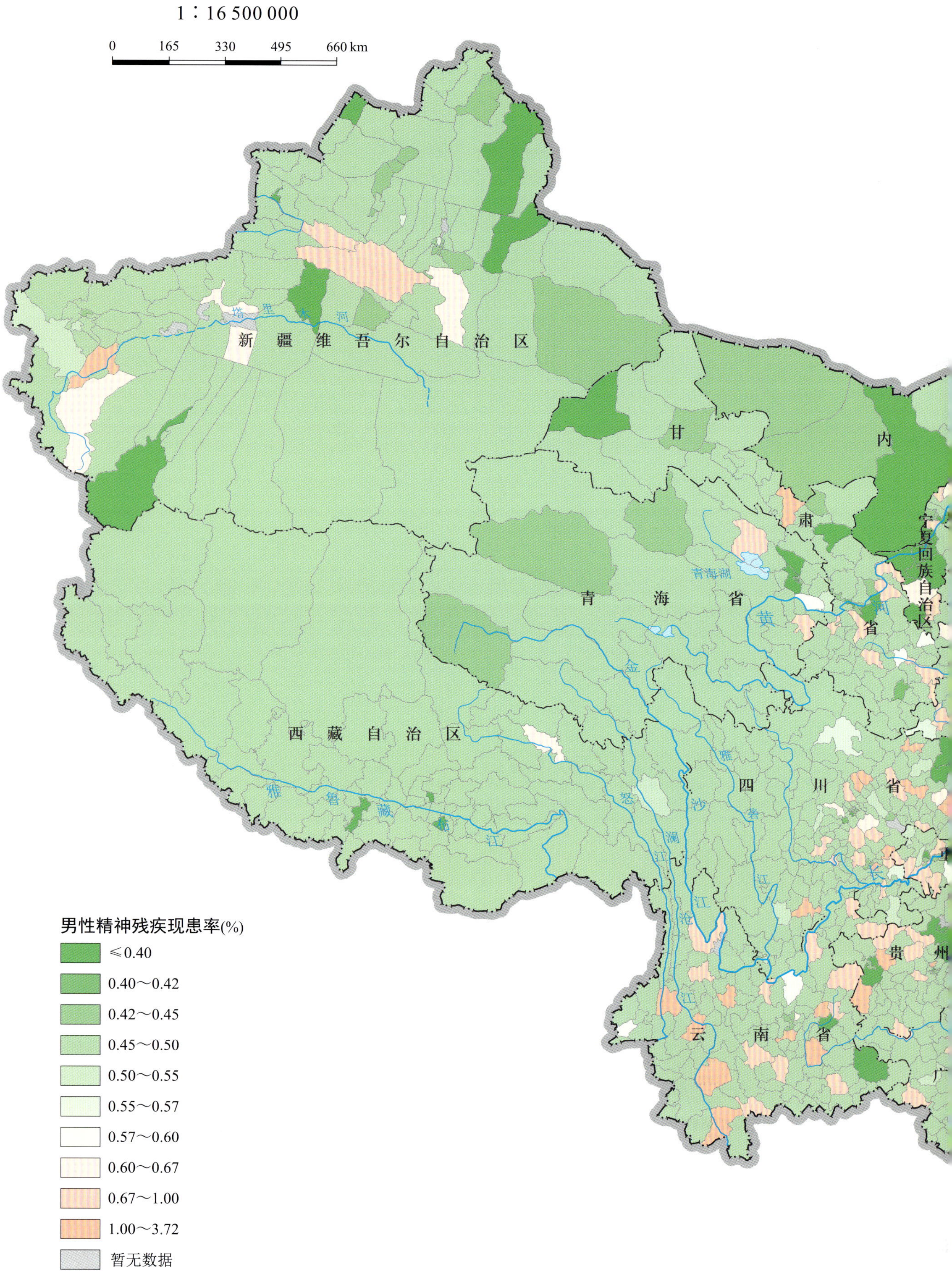

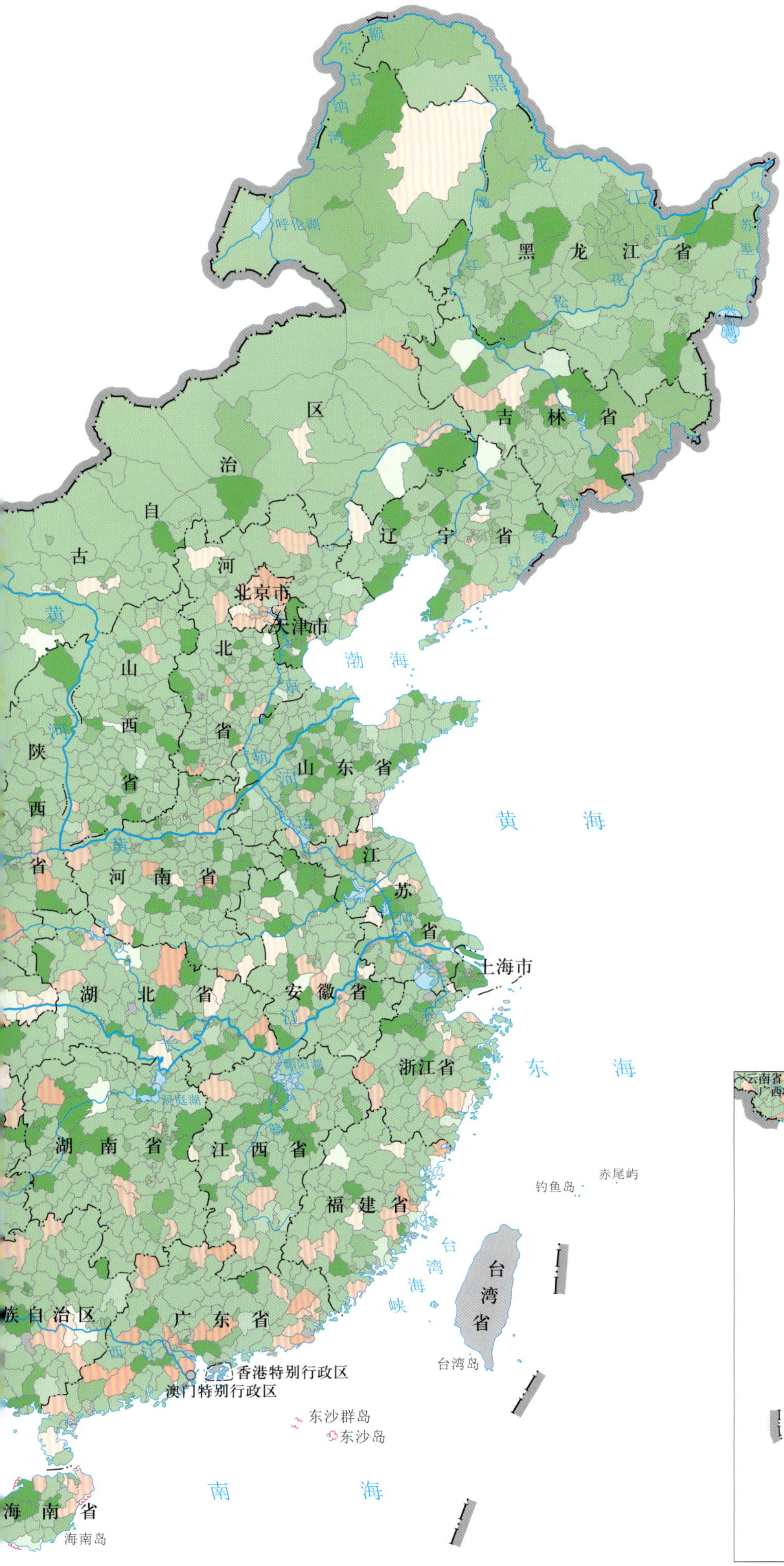
黑龙江省
吉林省
辽宁省
区
治
自
古
河
北京市
天津市
北
山
西
省
陕
西
省
山东省
河南省
江
苏
省
上海市
湖北省
安徽省
浙江省
湖南省
江西省
福建省
族自治区
广东省
香港特别行政区
澳门特别行政区
东沙群岛
东沙岛
海南省
海南岛
台
湾
省
台湾岛
钓鱼岛
赤尾屿
渤海
黄海
东海
南海
台湾海峡
黑龙江
额尔古纳河
呼伦湖
乌苏里江
松花江
鸭绿江
黄河
长江
洞庭湖
鄱阳湖
兴凯湖
嫩江
京杭运河

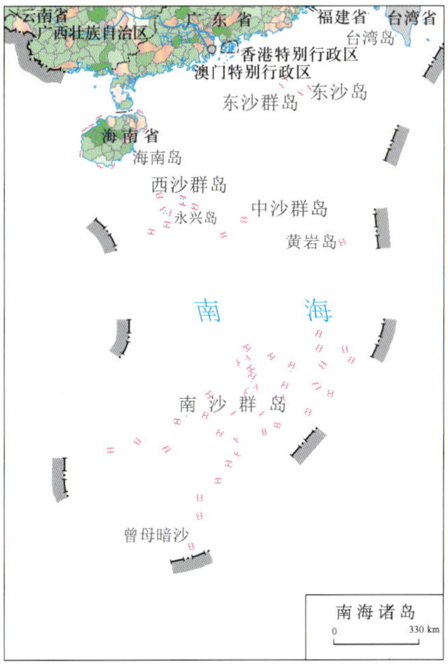
云南省
广西壮族自治区
广东省
福建省
台湾省
台湾岛
香港特别行政区
澳门特别行政区
东沙群岛
东沙岛
海南省
海南岛
西沙群岛
永兴岛
中沙群岛
黄岩岛
南海
南沙群岛
曾母暗沙
南海诸岛
0
330 km

男性精神残疾年龄标化现患率

Age-standardized Prevalence of Mental Disability (Male)

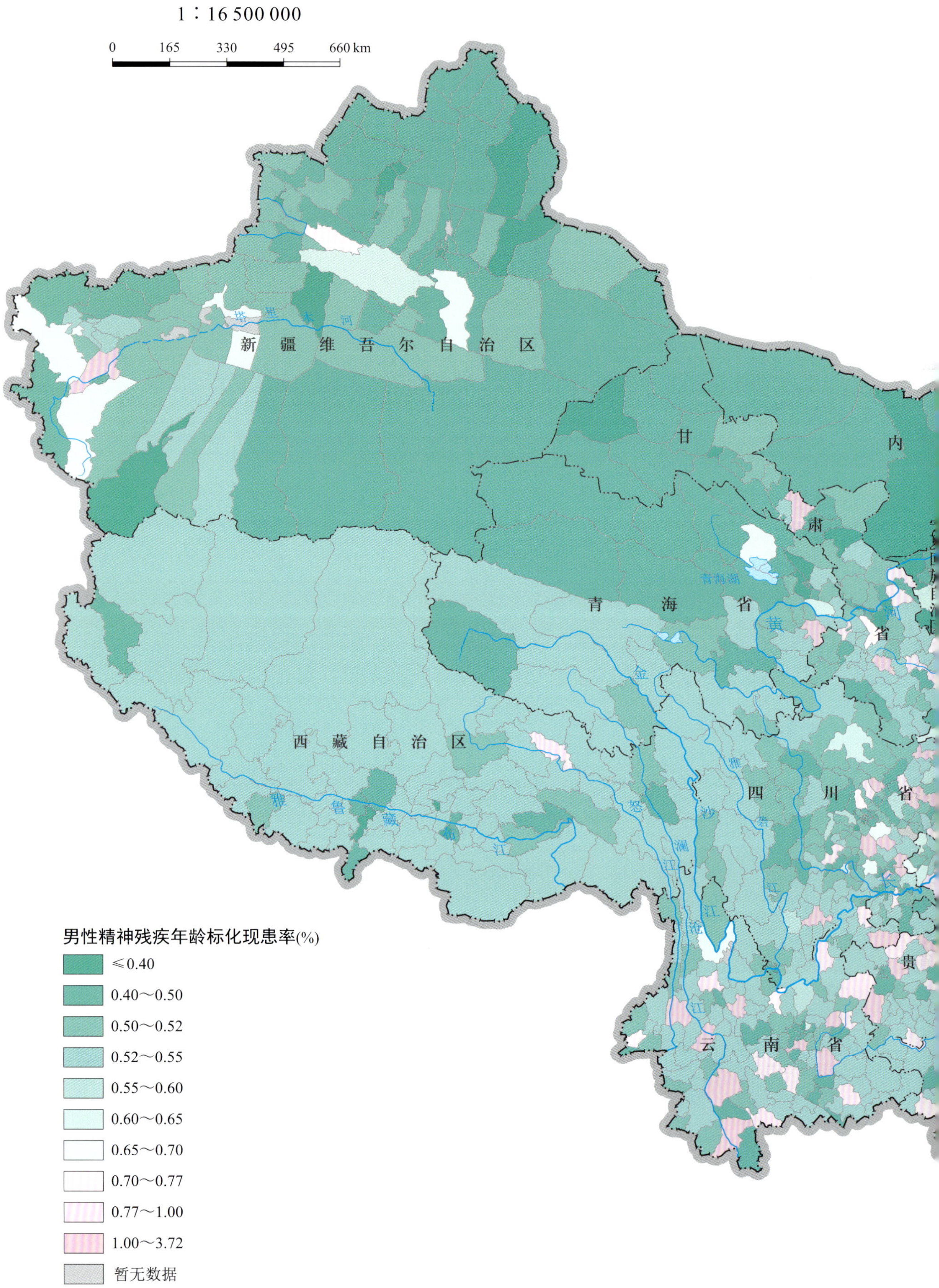

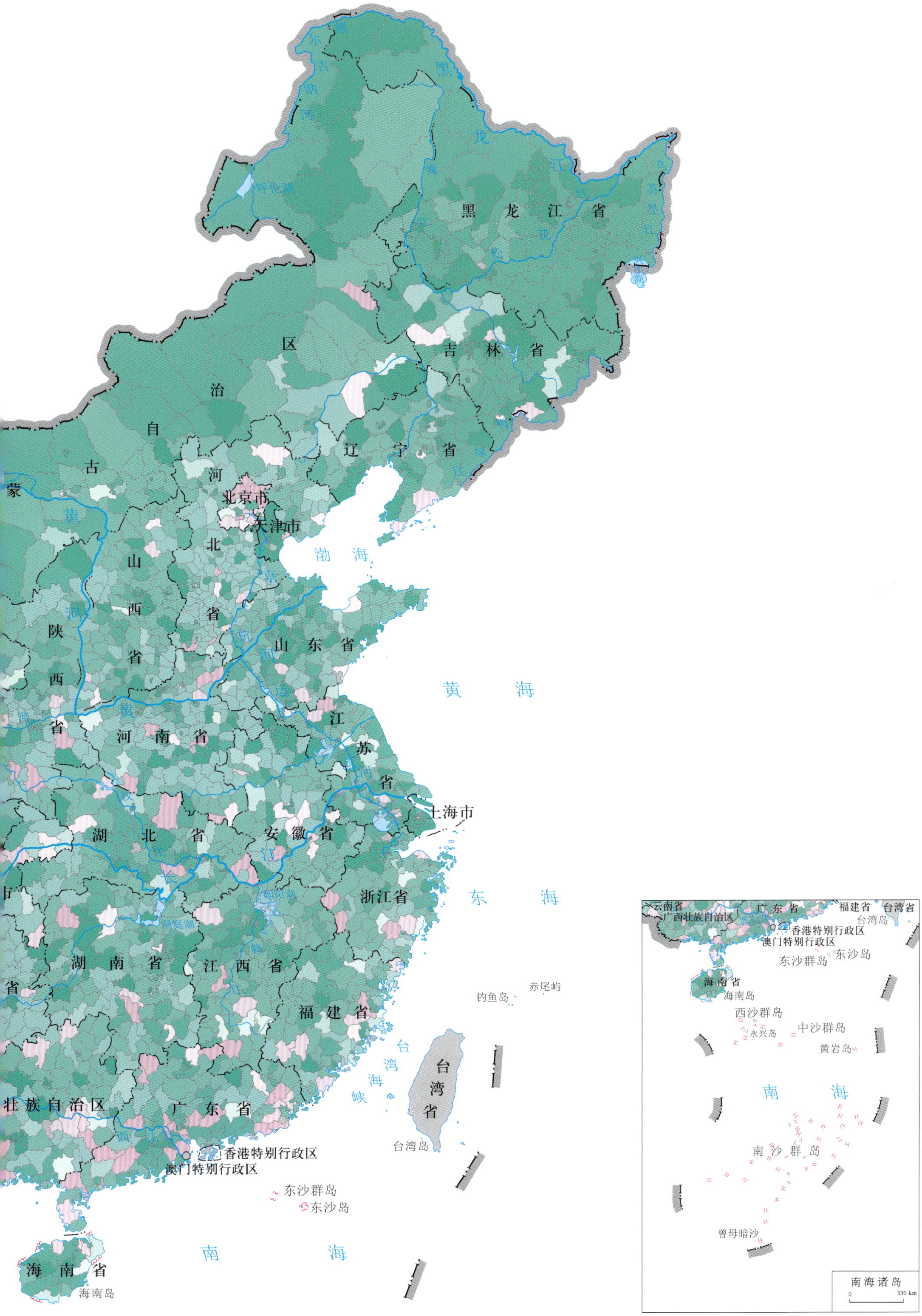

黑龙江省
吉林省
辽宁省
区
治
自
古
蒙
河
北京市
天津市
北
省
山
西
省
陕
西
省
山东省
渤海
黄海
江
苏
省
上海市
河南省
湖北省
安徽省
浙江省
东海
湖南省
江西省
福建省
台湾省
台湾海峡
壮族自治区
广东省
香港特别行政区
澳门特别行政区
东沙群岛
东沙岛
南海
海南省
海南岛
台湾岛
钓鱼岛
赤尾屿
呼伦湖
额尔古纳河
黑龙江
嫩江
松花江
乌苏里江
兴凯湖
鸭绿江
黄河
京杭运河
长江
洞庭湖
鄱阳湖
赣江
西江
云南省
广西壮族自治区
广东省
福建省
台湾省
台湾岛
香港特别行政区
澳门特别行政区
东沙岛
东沙群岛
海南省
海南岛
西沙群岛
永兴岛
中沙群岛
黄岩岛
南海
南沙群岛
曾母暗沙
南海诸岛
0
330 km

女性精神残疾现患率

Prevalence of Mental Disability (Female)

1∶16 500 000

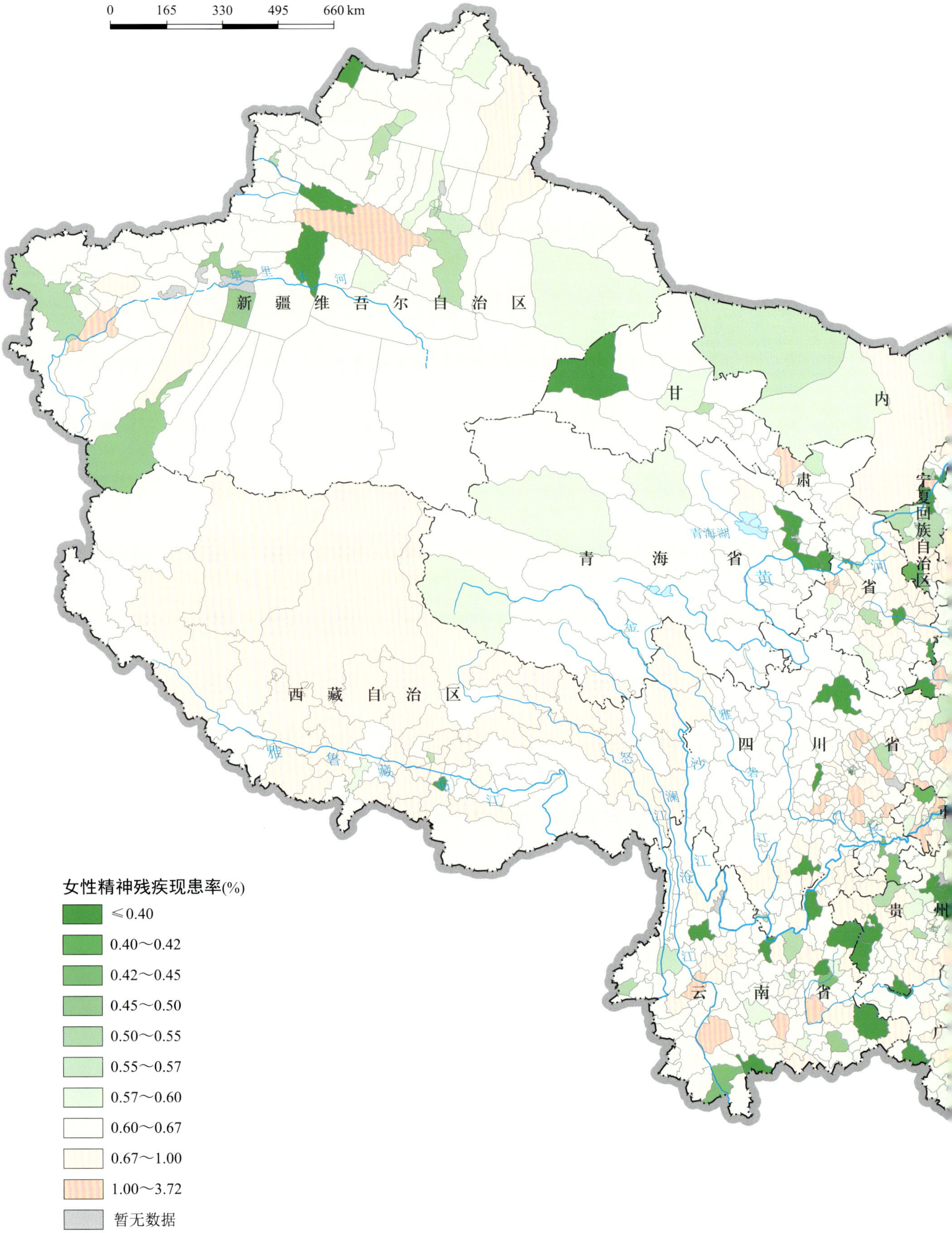

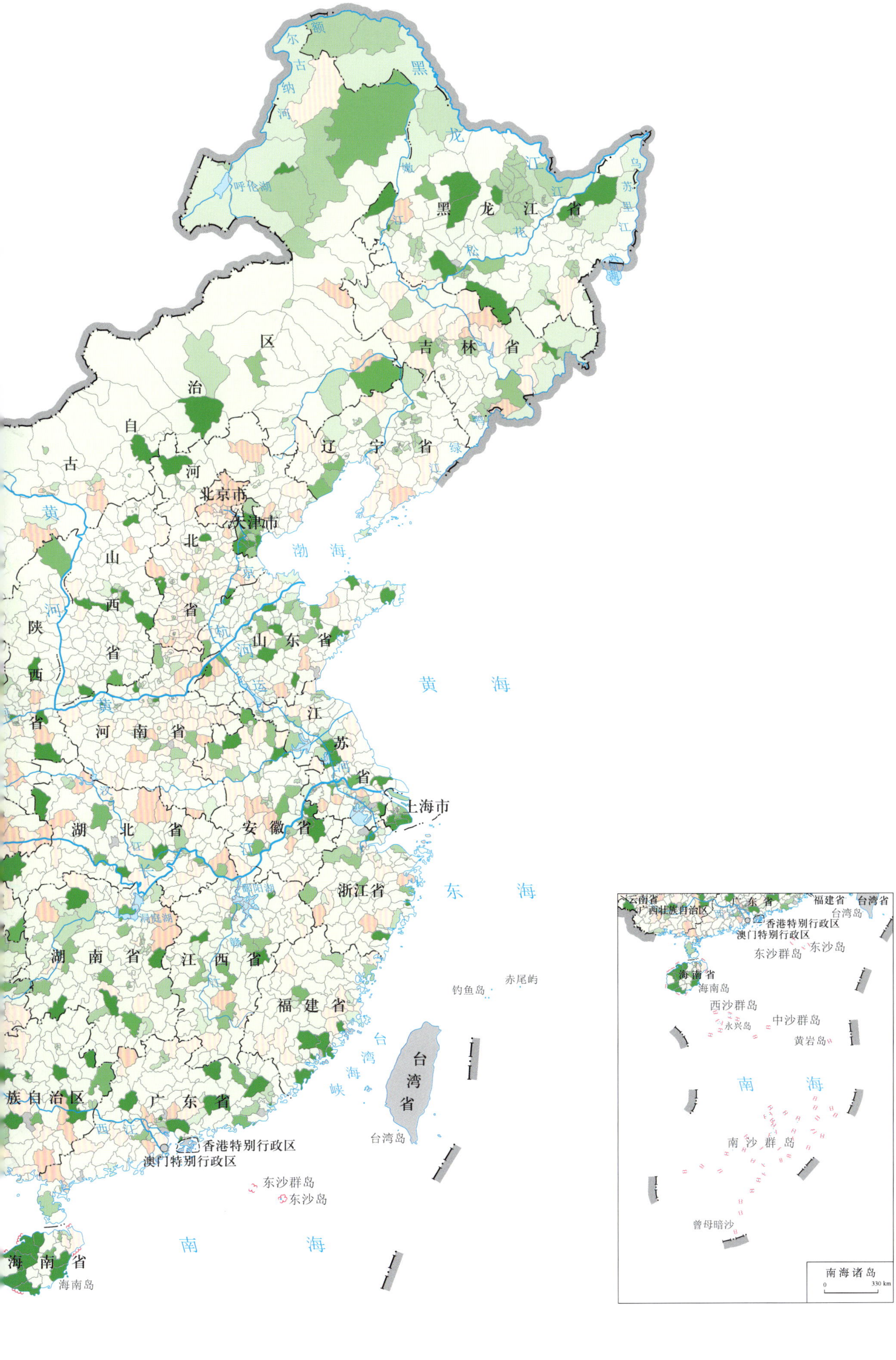

额尔古纳河
呼伦湖
黑龙江
乌苏里江
黑龙江省
松花江
吉林省
区
治
自
古
辽宁省
鸭绿江
河
北京市
天津市
北
京
黄
山
西
省
陕
西
省
河
渤海
山东省
杭
运
河
黄
河南省
江
苏
省
上海市
汉
湖北省
安徽省
长
江
黄海
浙江省
东海
鄱阳湖
洞庭湖
湖南省
江西省
福建省
钓鱼岛
赤尾屿
台湾海峡
台湾省
台湾岛
族自治区
广东省
西江
香港特别行政区
澳门特别行政区
东沙群岛
东沙岛
南海
海南省
海南岛
云南省
广西壮族自治区
广东省
福建省
台湾省
台湾岛
香港特别行政区
澳门特别行政区
东沙群岛
东沙岛
海南省
海南岛
西沙群岛
永兴岛
中沙群岛
黄岩岛
南海
南沙群岛
曾母暗沙
南海诸岛
0
330 km

女性精神残疾年龄标化现患率

Age-standardized Prevalence of Mental Disability (Female)

1：16 500 000

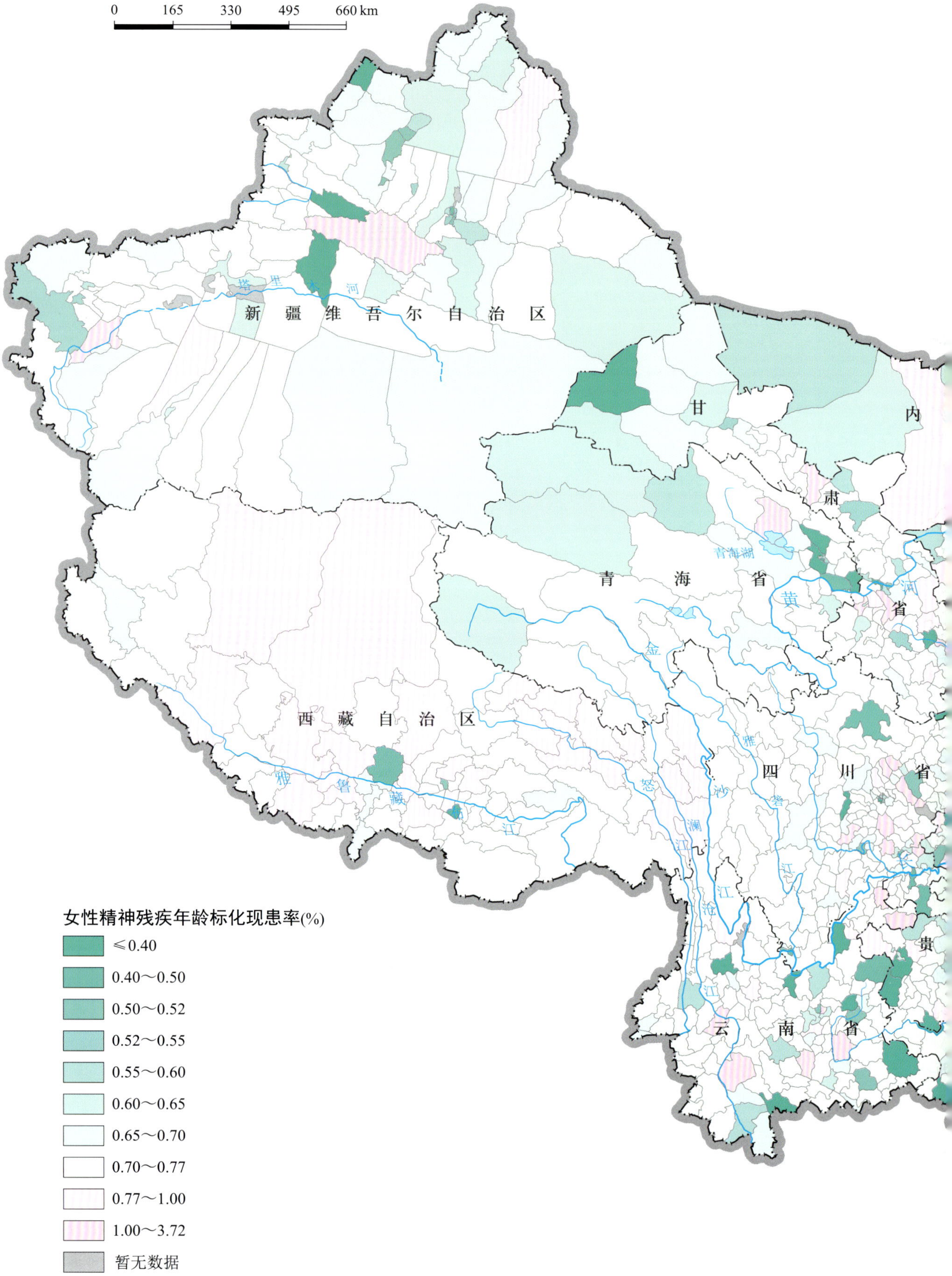

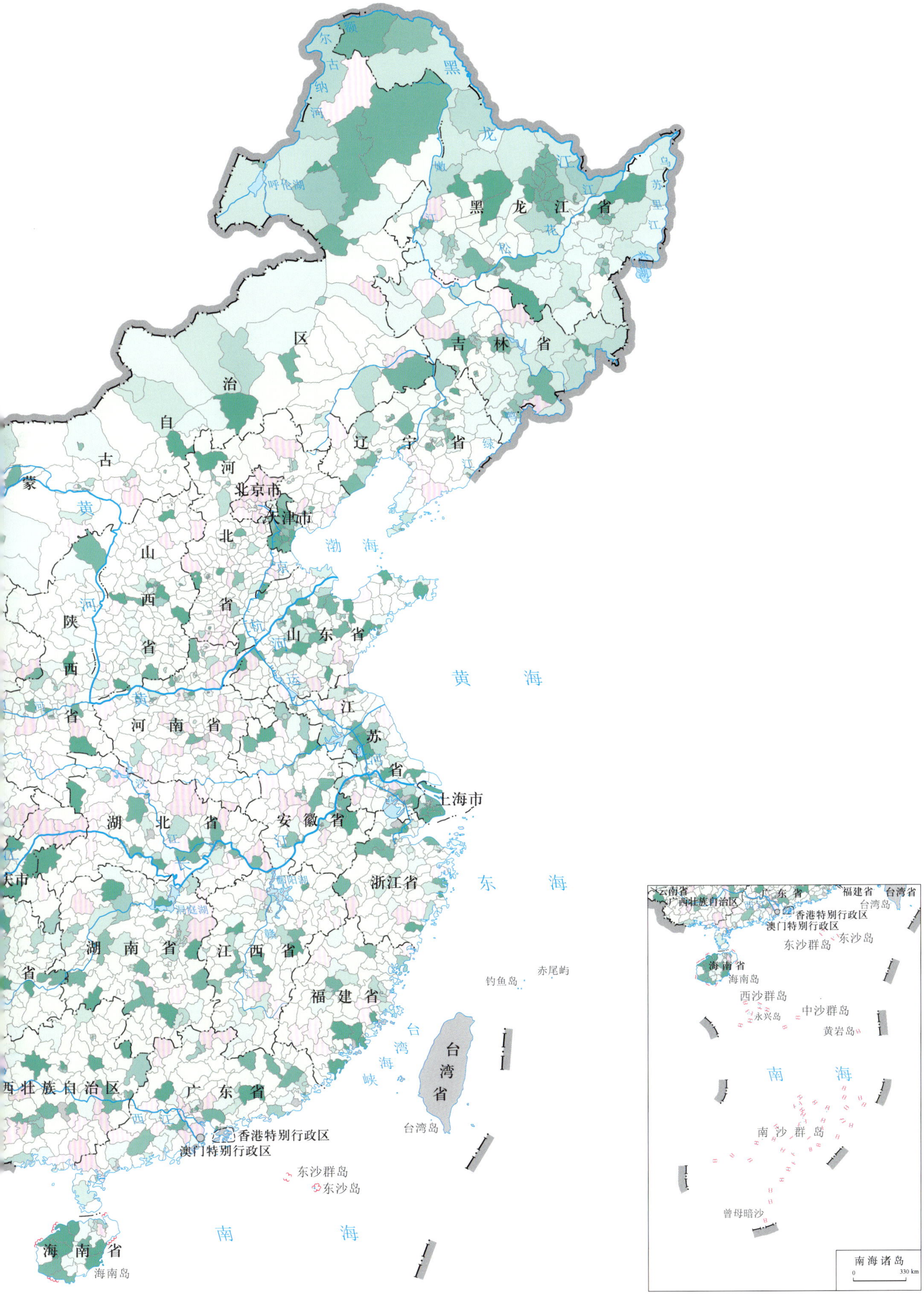

黑龙江省
吉林省
辽宁省
北京市
天津市
河北省
山西省
陕西省
山东省
河南省
江苏省
上海市
安徽省
湖北省
浙江省
湖南省
江西省
福建省
台湾省
广东省
西壮族自治区
香港特别行政区
澳门特别行政区
海南省
海南岛
台湾岛
蒙古自治区
渤海
黄海
东海
南海
台湾海峡
钓鱼岛
赤尾屿
东沙群岛
东沙岛
额尔古纳河
黑龙江
乌苏里江
嫩江
松花江
呼伦湖
黄河
长江
汉江
鄱阳湖
洞庭湖
京杭运河
鸭绿江
云南省
广西壮族自治区
广东省
福建省
台湾省
台湾岛
香港特别行政区
澳门特别行政区
东沙群岛
东沙岛
海南省
海南岛
西沙群岛
永兴岛
中沙群岛
黄岩岛
南海
南沙群岛
曾母暗沙
南海诸岛
0
330 km

多重残疾
Multi-disabilities

根据第二次全国残疾人抽样调查残疾标准（2006），存在两种或两种以上残疾即为多重残疾，按所属残疾中最重类别残疾分级标准进行分级。

Multi-disabilities were refer to co-occurrence of more than one type of disability，including visual，hearing，speech，physical，intellectual and mental，which are graded by one type of disabilities with the most severity（The disability defined in the Second National Sample Survey on Disability 2006）.

第二次全国残疾人抽样调查年鉴数据显示，我国共有26 080残疾人同时患有两种及两种以上残疾，占总残疾人口的16.15%。多重残疾可能的类别组合及其占比如图3-27和表3-1所示。

According to the SNSSD, there were 26 080 people suffer from at least two types of disabilities, it accounted for 16.15% of the total population with disability. The combination types of multi-disabilities and their proportions are shown in Figure 3-27 and Table 3-1.

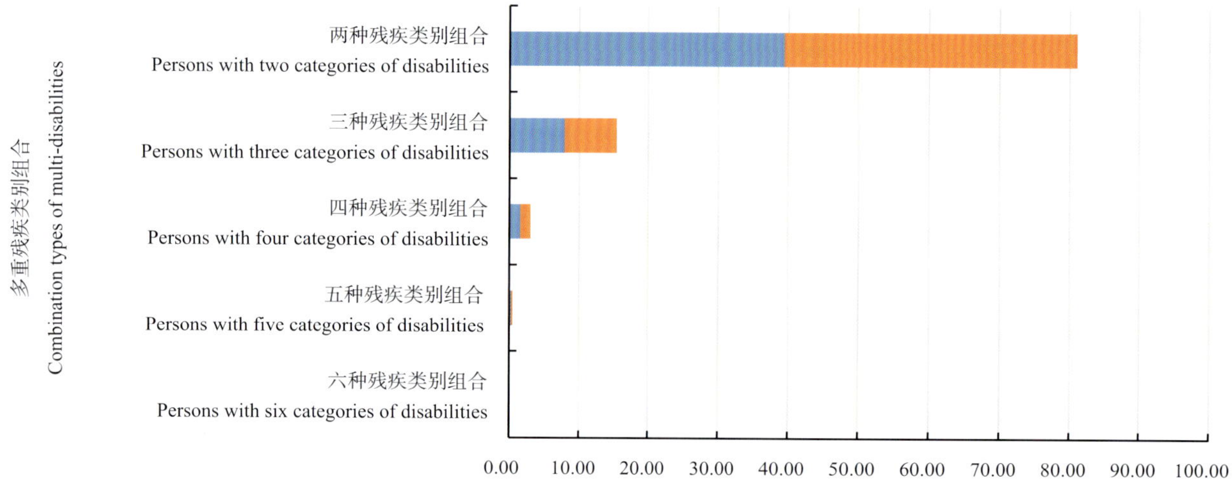

	六种残疾类别组合 Persons with six categories of disabilities	五种残疾类别组合 Persons with five categories of disabilities	四种残疾类别组合 Persons with four categories of disabilities	三种残疾类别组合 Persons with three categories of disabilities	两种残疾类别组合 Persons with two categories of disabilities
■男 Male	0.04	0.20	1.50	7.88	39.43
■女 Female	0.04	0.24	1.52	7.54	41.62

占多重残疾人总数的比重（%）

Percentage of multi-disabilities (%)

图3-27 第二次全国残疾人抽样调查多重残疾类别组合

Figure 3-27 Combination types of multi-disabilities in SNSSD

表 3-1 第二次全国残疾人抽样调查多重残疾类别组合
Table 3-1 Combination types of multi-disabilities in SNSSD

多重残疾类别组合 Combination types of multi-disabilities	合计（人次） Total（person）	男（人次） Male（person）	女（人次） Female（person）	占比（%） Proportion（%）
视力、听力 Visual & hearing	4 764	1 860	2 904	18.27
听力、言语 Hearing & speech	3 975	2 114	1 861	15.24
听力、肢体 Hearing & physical	2 828	1 443	1 385	10.84
视力、肢体 Visual & physical	1 972	705	1 267	7.56
言语、智力 Speech & intellectual	1 837	1 060	777	7.04
言语、肢体 Speech & physical	1 585	969	616	6.08
智力、精神 Intellectual & mental	1 361	679	682	5.22
智力、肢体 Intellectual & physical	1 106	649	457	4.24
言语、肢体、智力 Speech & physical& intellectual	968	572	396	3.71
视力、听力、肢体 Visual & hearing & physical	729	225	504	2.80
听力、言语、智力 Hearing & speech & intellectual	643	373	270	2.47
肢体、精神 Physical & mental	448	208	240	1.72
言语、智力、精神 Speech & intellectual & mental	449	261	188	1.72
听力、智力 Hearing & intellectual	387	208	179	1.48
听力、精神 Hearing & mental	297	125	172	1.14
肢体、智力、精神 Physical & intellectual & mental	227	108	119	0.87
听力、言语、肢体 Hearing & speech & physical	221	131	90	0.85
视力、智力 Visual & intellectual	209	103	106	0.80
视力、精神 Visual & mental	184	56	128	0.71
言语、精神 Speech & mental	141	82	59	0.54

续表（Continued）

多重残疾类别组合 Combination types of multi-disabilities	合计（人次） Total（person）	男（人次） Male（person）	女（人次） Female（person）	占比（%） Proportion（%）
视力、听力、言语 Visual & hearing & speech	80	38	42	0.31
听力、言语、精神 Hearing & speech & mental	81	33	48	0.31
听力、智力、精神 Hearing & intellectual & mental	82	33	49	0.31
言语、肢体、精神 Speech & physical & mental	82	51	31	0.31
视力、听力、智力 Visual & hearing & intellectual	68	27	41	0.26
听力、肢体、智力 Hearing & physical & intellectual	59	36	23	0.23
视力、智力、精神 Visual & intellectual & mental	57	25	32	0.22
视力、言语、肢体 Visual & speech & physical	53	29	24	0.20
视力、听力、精神 Visual & hearing & mental	50	25	25	0.19
视力、言语、智力 Visual & speech & intellectual	50	34	16	0.19
视力、肢体、智力 Visual & physical & intellectual	45	21	24	0.17
视力、言语 Visual & speech	43	22	21	0.16
听力、肢体、精神 Hearing & physical & mental	39	21	18	0.15
视力、肢体、精神 Visual & physical & mental	34	9	25	0.13
视力、言语、精神 Visual & speech & mental	4	2	2	0.02

第二次全国残疾人抽样调查年鉴数据显示，我国多重残疾现患率为1.03%。其中，女性残疾水平（1.07%）高于男性（1.00%），农村人口残疾水平（1.14%）高于城镇人口（0.81%）。在总调查残疾人口中，65岁及以上多重残疾人口约占总残疾人口的47.80%。多重残疾人口-性别年龄分布如图3-28所示。

According to the SNSSD，The prevalence of multi-disabilities was 1.03%. The prevalence of multi-disabilities in females（1.07%）was higher than in males（1.00%），and the prevalence of the rural population（1.14%）was higher than that of the urban population（0.81%）. Among the total surveyed population，people aged 65 and above with multi-disabilities accounted for 47.80% of the total population with disabilities. Figure 3-28 shows the age-sex distribution of the population with multi-disabilities.

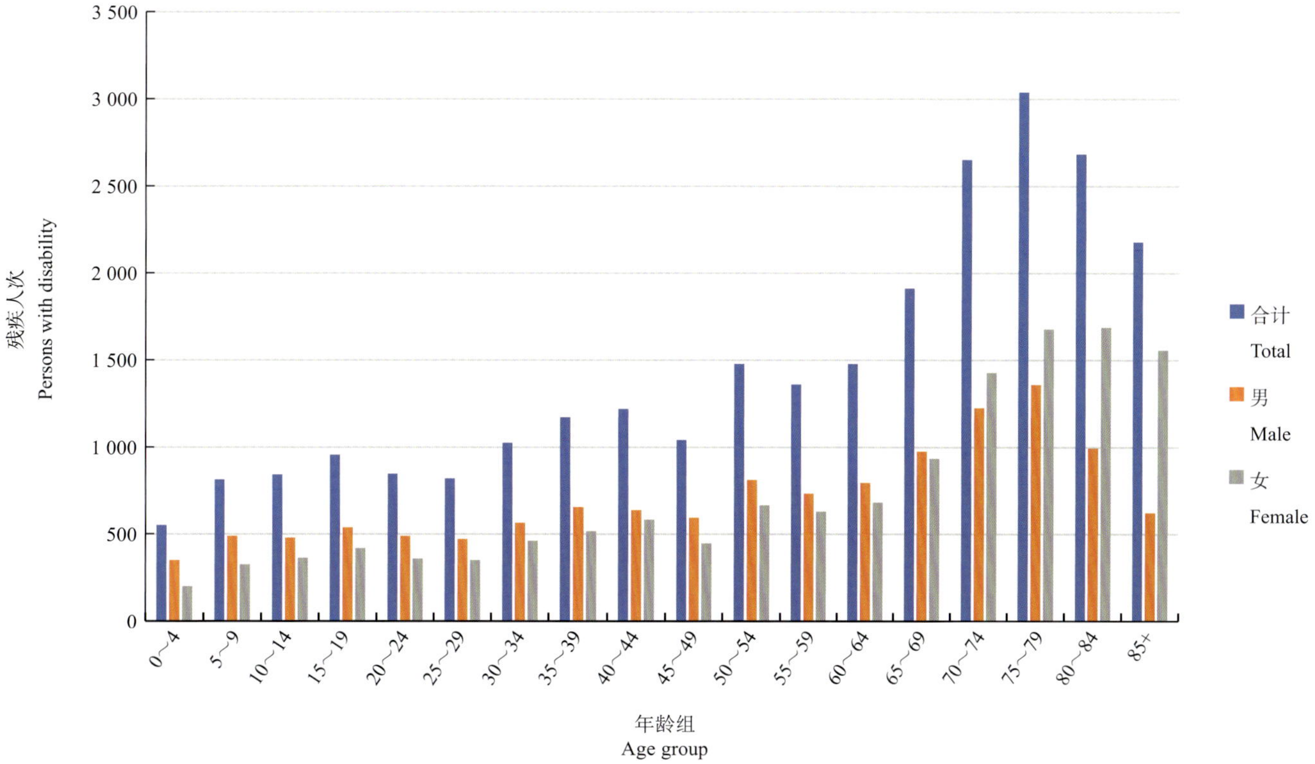

图 3-28　第二次全国残疾人抽样调查多重残疾人口性别-年龄分布

Figure 3-28　Age-sex distribution of multi-disabilities in SNSSD

多重残疾现患率

Prevalence of Multi-Disabilities

1：16 500 000

0 165 330 495 660 km

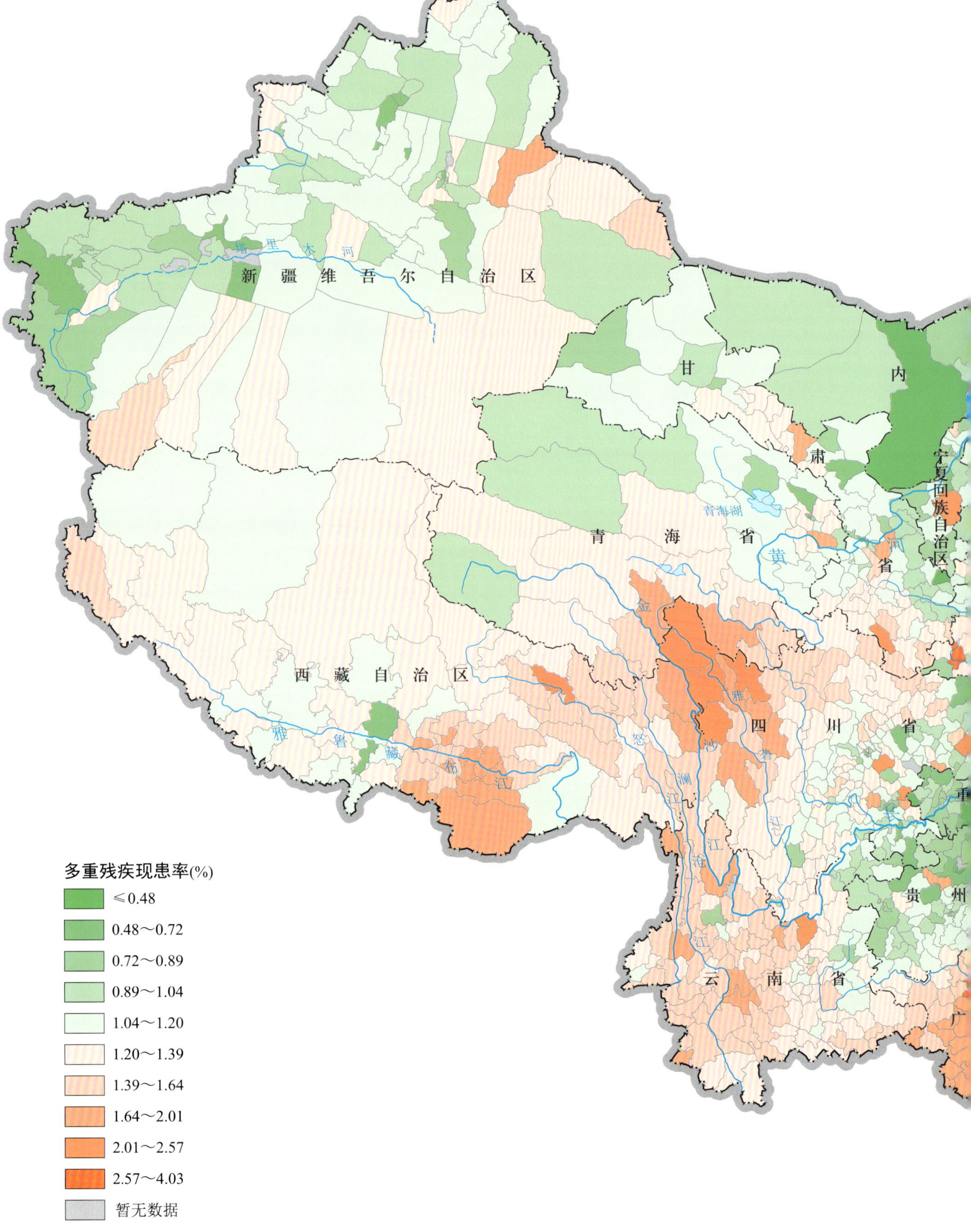

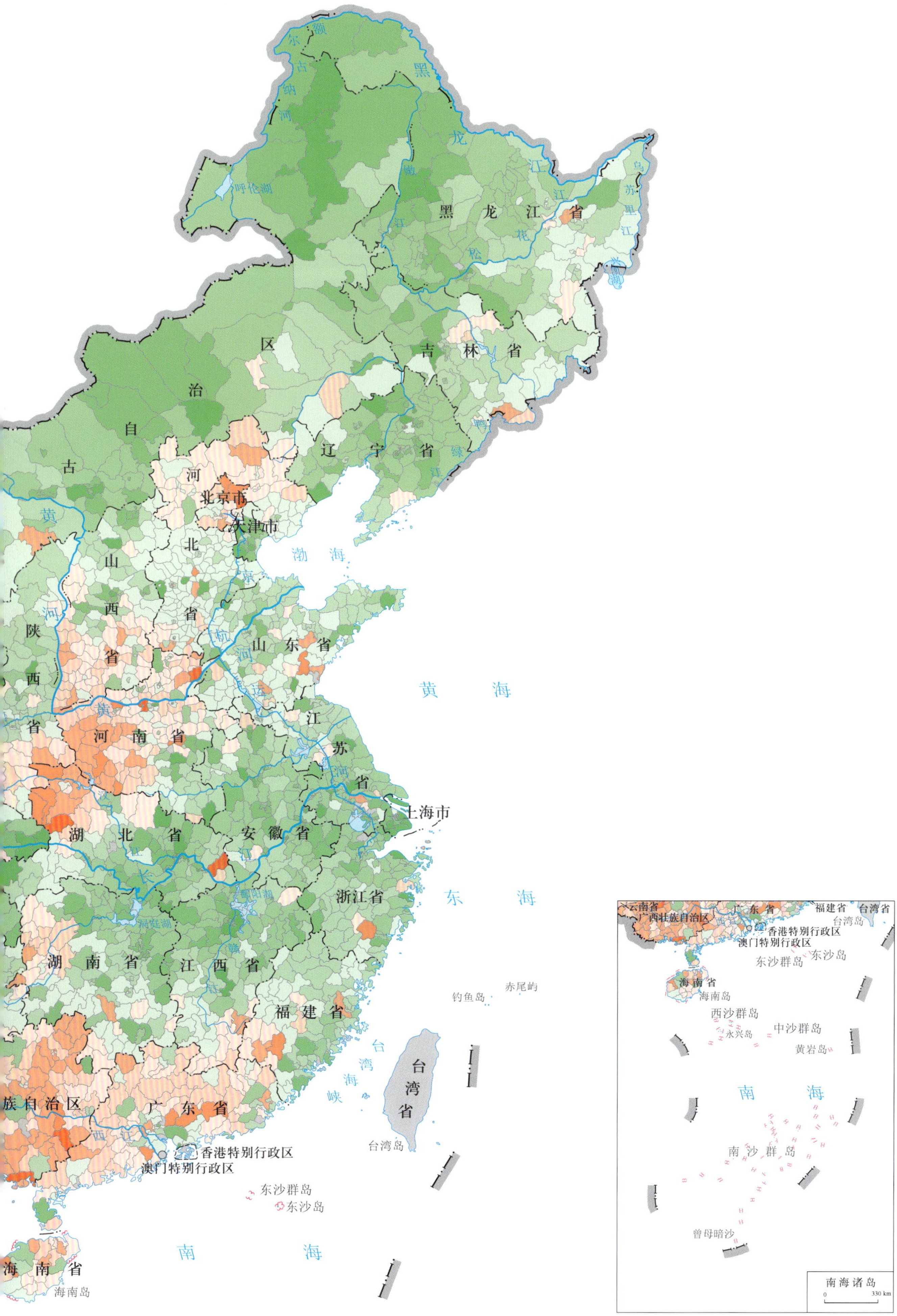

黑龙江省
吉林省
辽宁省
区
治
自
古
河
北京市
天津市
北
省
山
西
省
陕
西
省
山东省
河南省
江
苏
省
上海市
湖北省
安徽省
浙江省
湖南省
江西省
福建省
族自治区
广东省
香港特别行政区
澳门特别行政区
台
湾
省
台湾岛
钓鱼岛
赤尾屿
东沙群岛
东沙岛
海南省
海南岛
渤海
黄海
东海
南海
台湾海峡
额尔古纳河
黑龙江
乌苏里江
呼伦湖
嫩江
松花江
鸭绿江
黄河
京杭运河
淮河
汉江
长江
洞庭湖
鄱阳湖
赣江
西江
云南省
广西壮族自治区
福建省
台湾省
台湾岛
香港特别行政区
澳门特别行政区
东沙群岛
东沙岛
海南省
海南岛
西沙群岛
永兴岛
中沙群岛
黄岩岛
南海
南沙群岛
曾母暗沙
南海诸岛
0
330 km

多重残疾年龄标化现患率

Age-standardized Prevalence of Multi-Disabilities

1：16 500 000

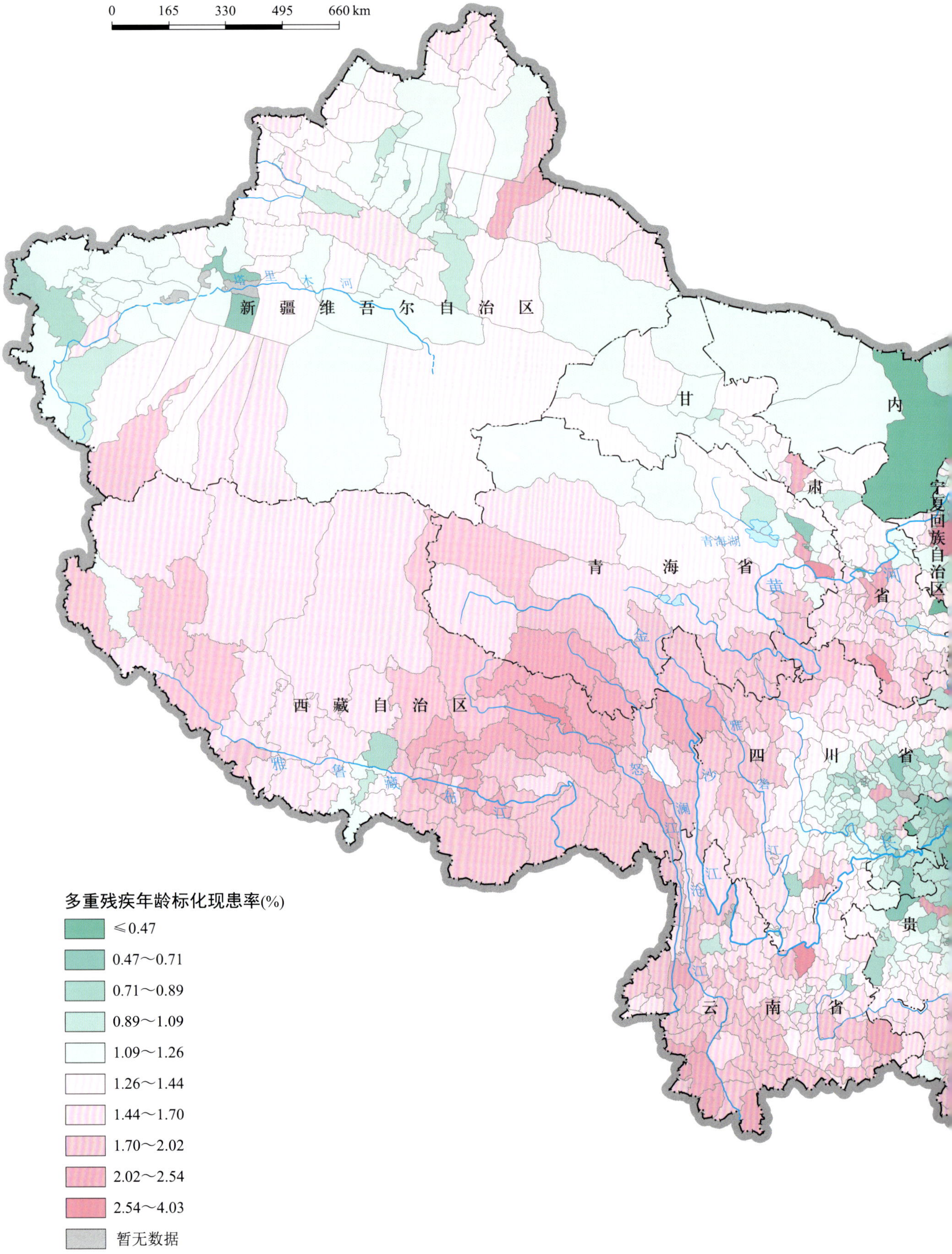

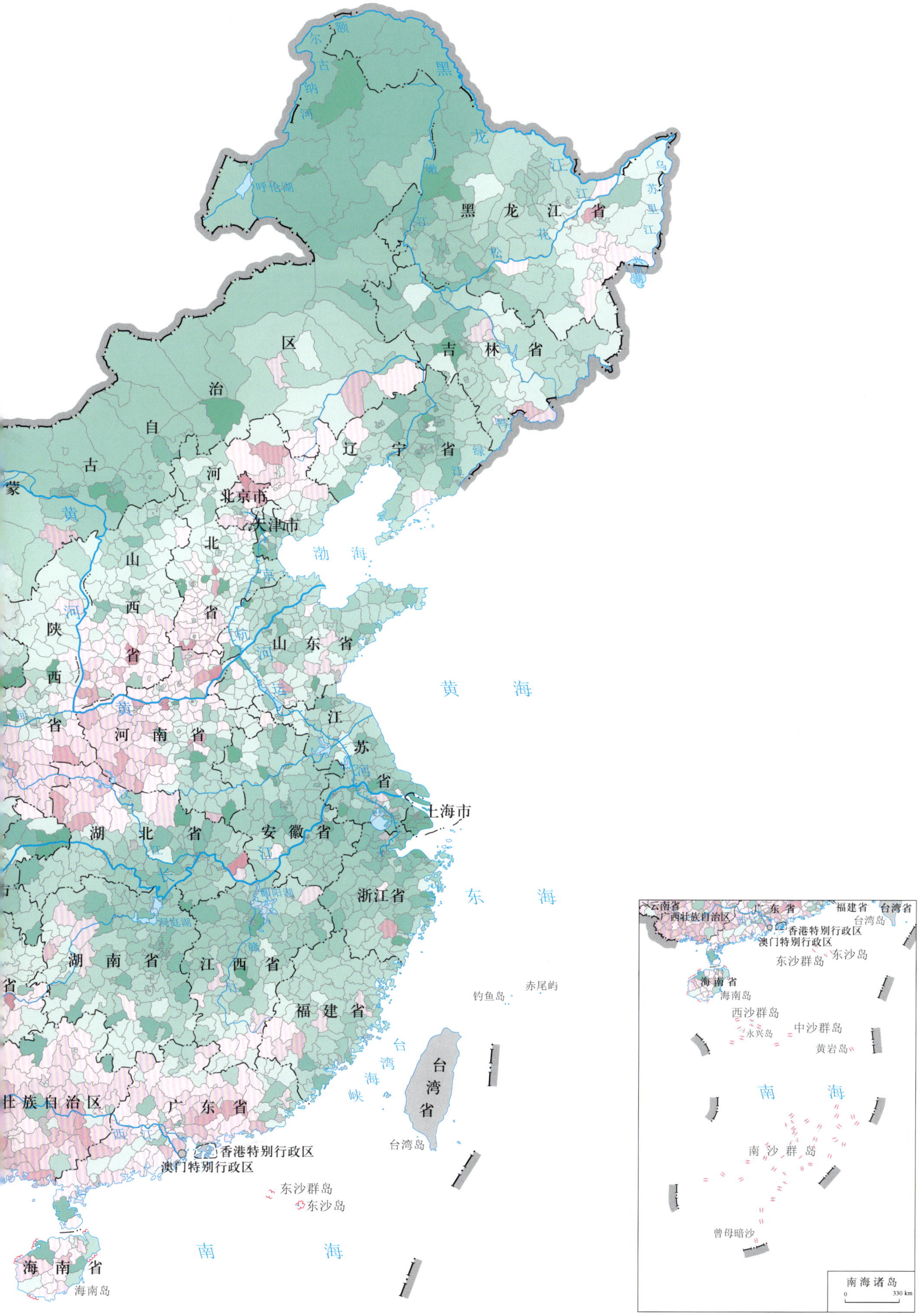

黑龙江省
吉林省
辽宁省
蒙古自治区
河北省
北京市
天津市
山西省
陕西省
山东省
河南省
江苏省
上海市
湖北省
安徽省
浙江省
湖南省
江西省
福建省
台湾省
广东省
壮族自治区
香港特别行政区
澳门特别行政区
海南省
海南岛
台湾岛
钓鱼岛
赤尾屿
东沙群岛
东沙岛
渤海
黄海
东海
南海
台湾海峡
额尔古纳河
呼伦湖
黑龙江
乌苏里江
松花江
兴凯湖
鸭绿江
黄河
京杭运河
长江
洞庭湖
鄱阳湖
太湖
赣江
西江
云南省
广西壮族自治区
广东省
福建省
台湾省
台湾岛
香港特别行政区
澳门特别行政区
东沙群岛
东沙岛
海南省
海南岛
西沙群岛
永兴岛
中沙群岛
黄岩岛
南海
南沙群岛
曾母暗沙
南海诸岛
0
330 km

男性多重残疾现患率

Prevalence of Multi-Disabilities (Male)

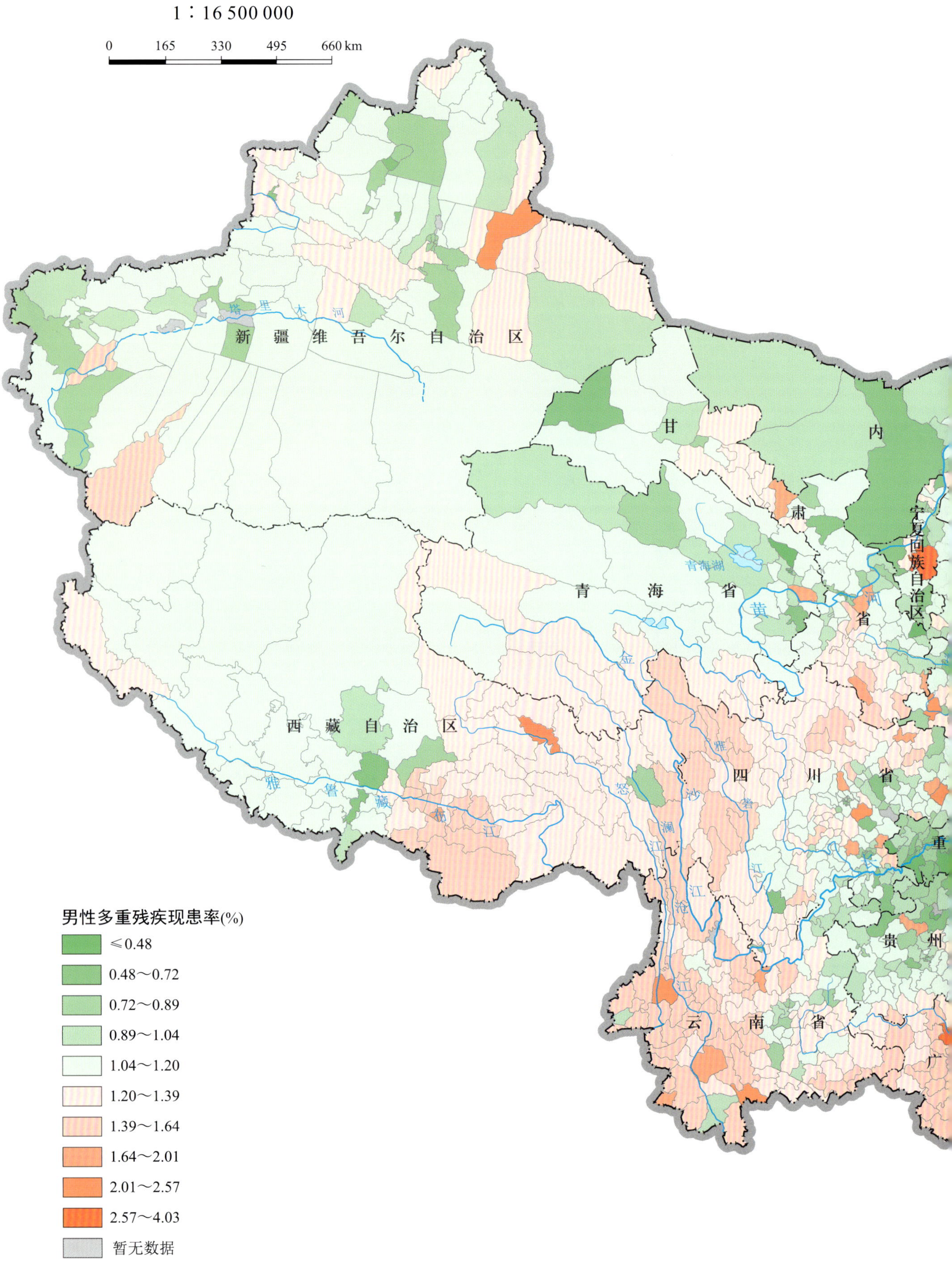

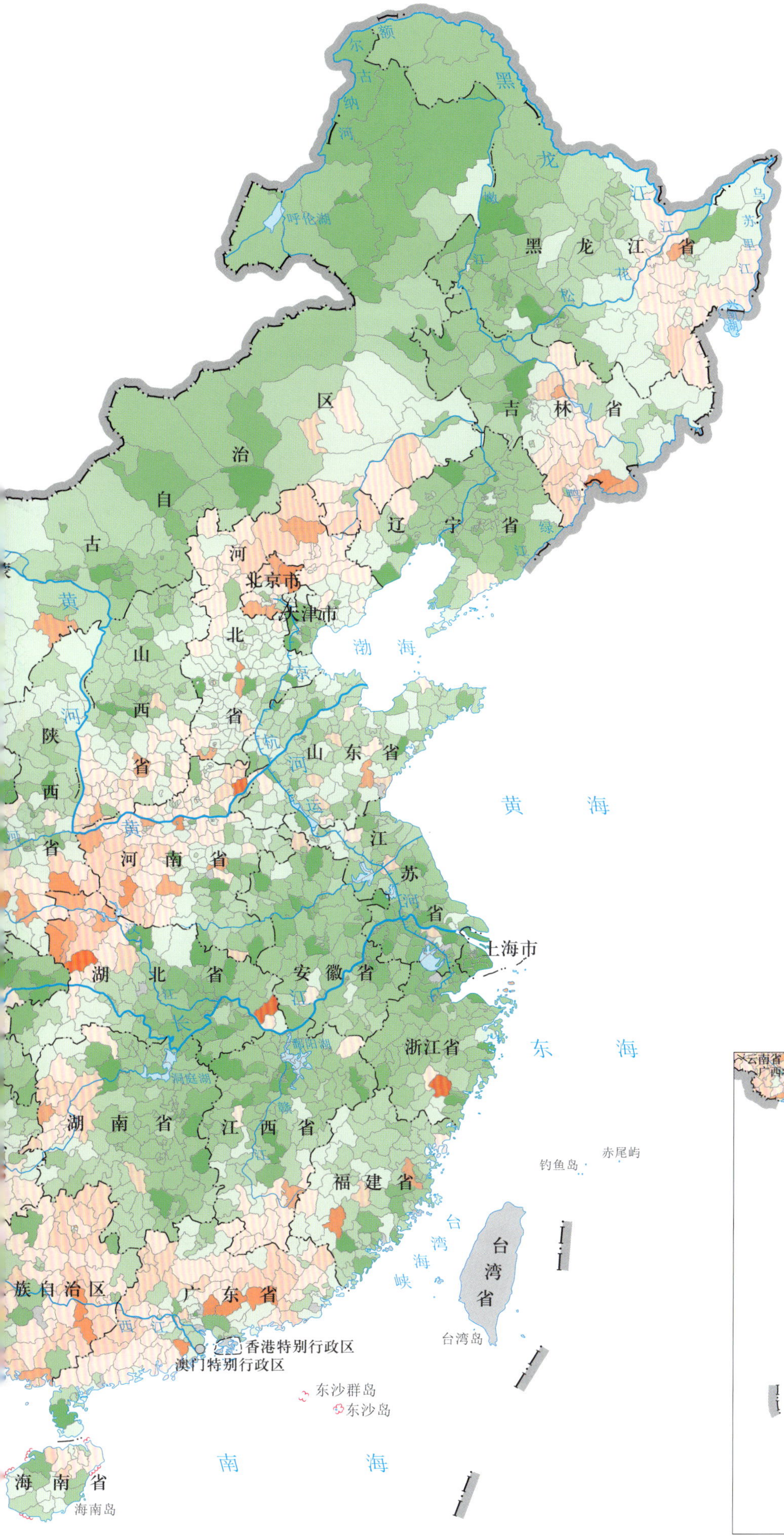

额尔古纳河
黑龙江
呼伦湖
嫩江
乌苏里江
兴凯湖
松花江
黑龙江省
吉林省
辽宁省
内蒙古自治区
河北省
北京市
天津市
渤海
京杭运河
山西省
陕西省
山东省
黄海
黄河
河南省
江苏省
上海市
湖北省
安徽省
长江
鄱阳湖
洞庭湖
浙江省
东海
湖南省
江西省
福建省
钓鱼岛
赤尾屿
台湾海峡
台湾省
台湾岛
族自治区
广东省
西江
香港特别行政区
澳门特别行政区
东沙群岛
东沙岛
南海
海南省
海南岛

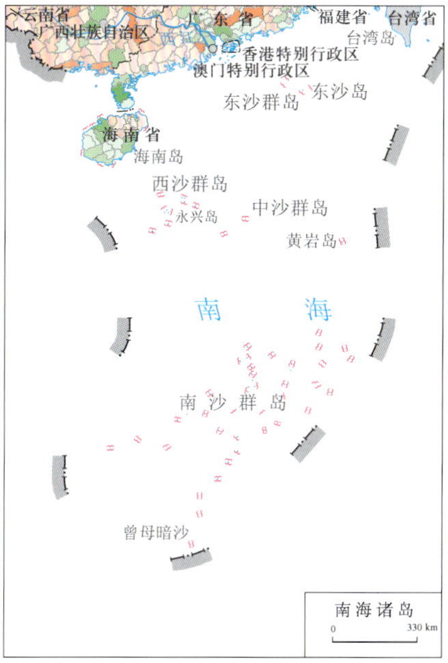

云南省
广西壮族自治区
广东省
福建省
台湾省
台湾岛
香港特别行政区
澳门特别行政区
东沙群岛
东沙岛
海南省
海南岛
西沙群岛
永兴岛
中沙群岛
黄岩岛
南海
南沙群岛
曾母暗沙
南海诸岛
0
330 km

男性多重残疾年龄标化现患率
Age-standardized Prevalence of Multi-Disabilities (Male)

1：16 500 000

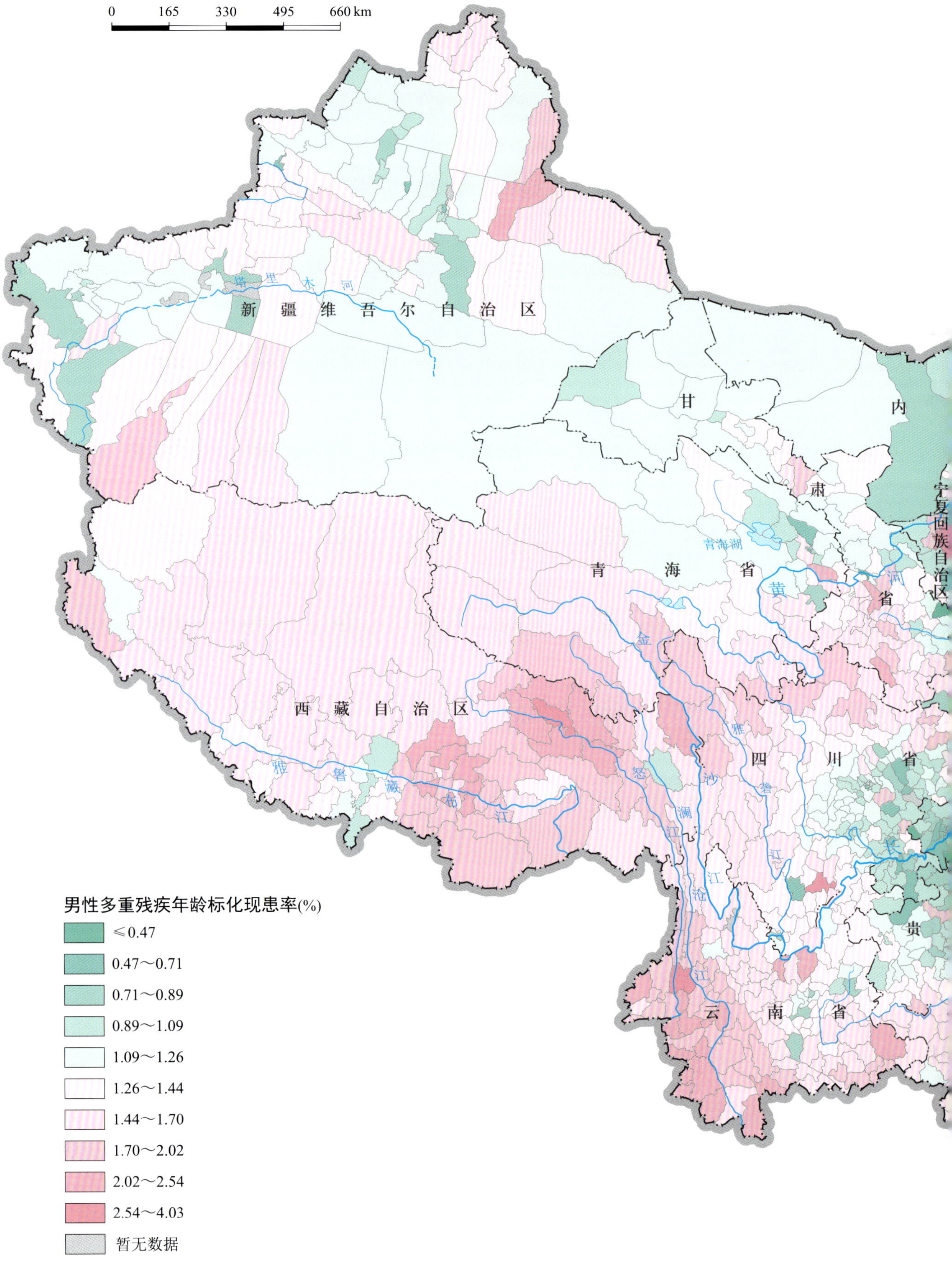

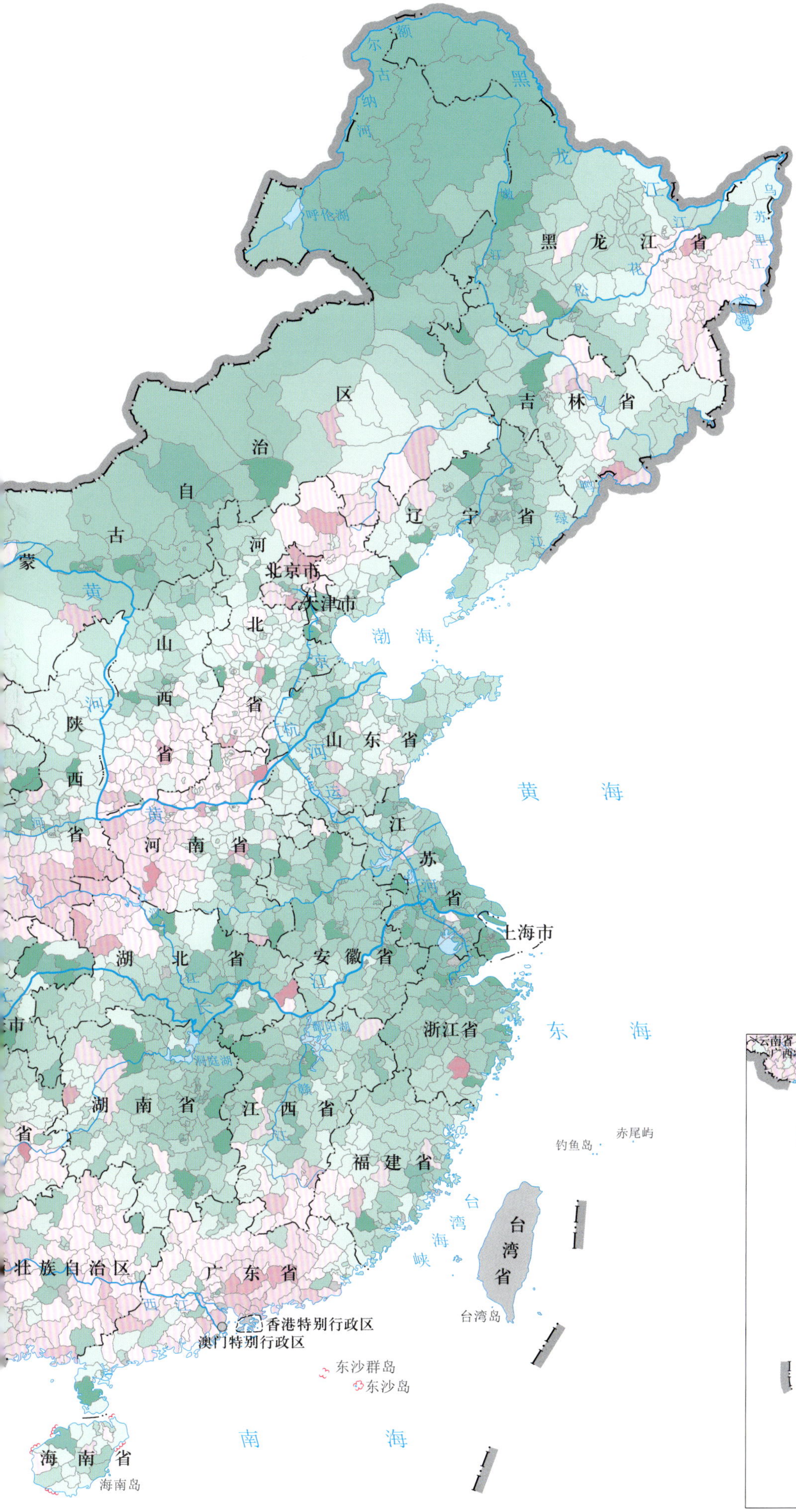
额尔古纳河
黑龙江
呼伦湖
乌苏里江
兴凯湖
嫩江
松花江
黑龙江省
吉林省
内蒙古自治区
辽宁省
鸭绿江
河北省
北京市
天津市
渤海
山西省
陕西省
黄河
京杭运河
山东省
黄海
江苏省
河南省
上海市
湖北省
安徽省
长江
浙江省
东海
洞庭湖
鄱阳湖
湖南省
江西省
赣江
福建省
钓鱼岛
赤尾屿
台湾海峡
台湾省
台湾岛
壮族自治区
广东省
西江
香港特别行政区
澳门特别行政区
东沙群岛
东沙岛
南海
海南省
海南岛

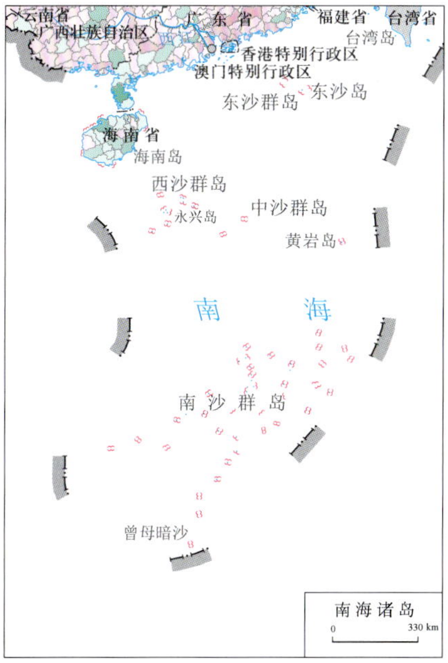
云南省
广西壮族自治区
广东省
福建省
台湾省
台湾岛
香港特别行政区
澳门特别行政区
东沙群岛
东沙岛
海南省
海南岛
西沙群岛
永兴岛
中沙群岛
黄岩岛
南海
南沙群岛
曾母暗沙
南海诸岛
0
330 km

女性多重残疾现患率

Prevalence of Multi-Disabilities (Female)

1∶16 500 000

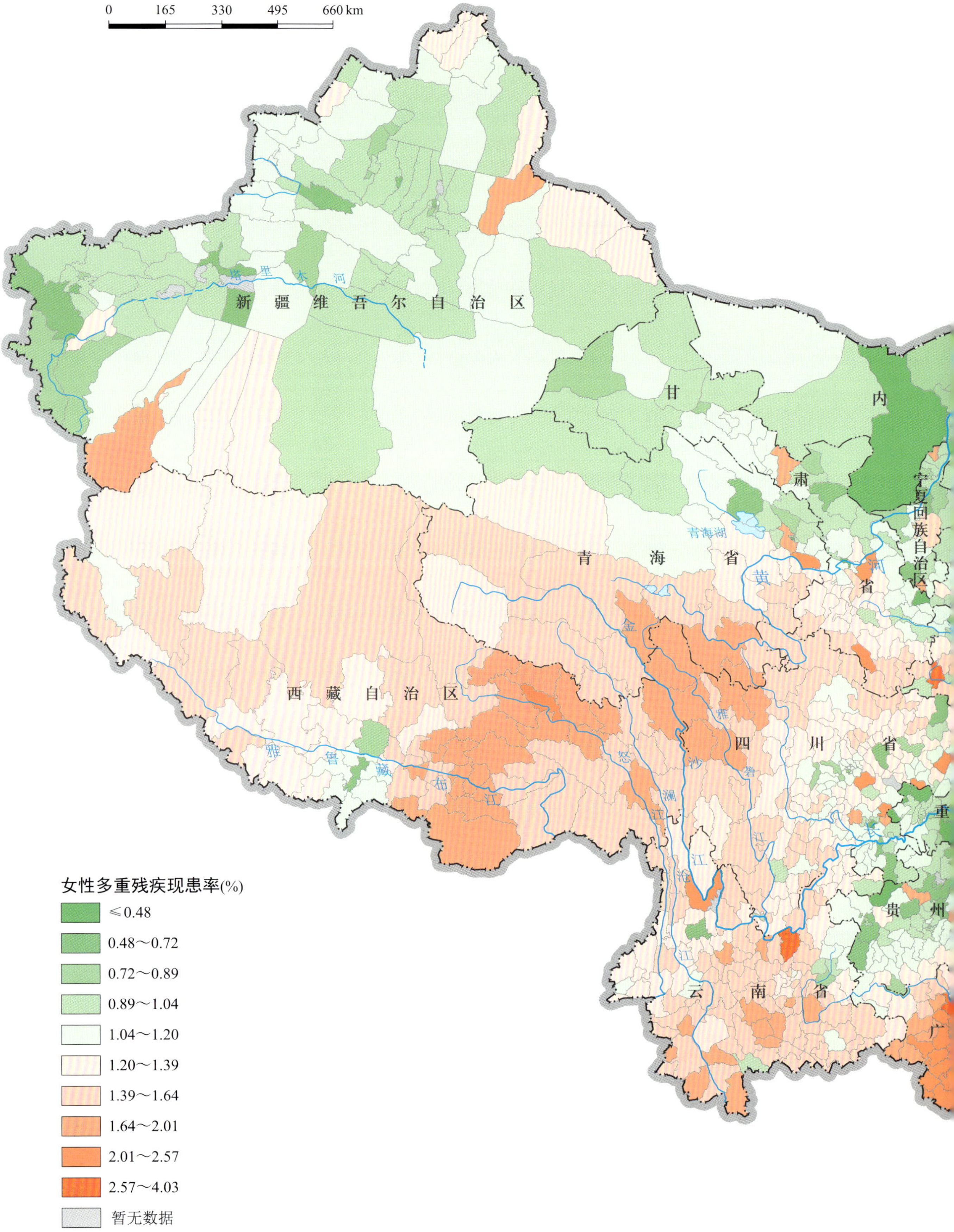

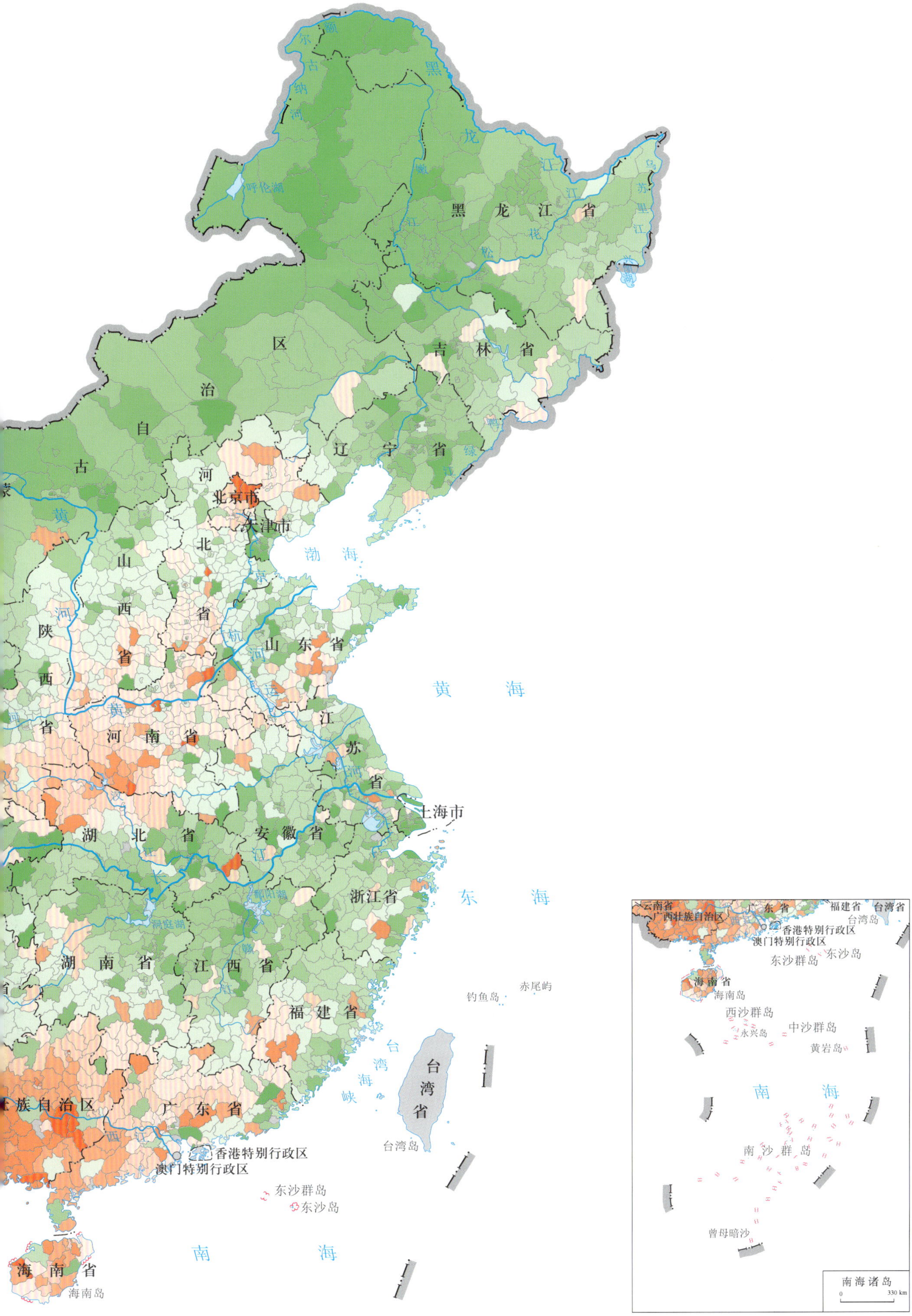
额尔古纳河
呼伦湖
黑龙江
乌苏里江
松花江
嫩江
兴凯湖
黑龙江省
吉林省
辽宁省
鸭绿江
内蒙古自治区
河北省
北京市
天津市
渤海
山西省
山东省
陕西省
京杭运河
黄河
河南省
江苏省
黄海
上海市
湖北省
安徽省
长江
汉江
洞庭湖
鄱阳湖
赣江
浙江省
东海
湖南省
江西省
福建省
钓鱼岛
赤尾屿
台湾海峡
台湾省
台湾岛
广西壮族自治区
广东省
西江
香港特别行政区
澳门特别行政区
东沙群岛
东沙岛
南海
海南省
海南岛
云南省
福建省
台湾省
台湾岛
东沙群岛
东沙岛
海南省
海南岛
西沙群岛
永兴岛
中沙群岛
黄岩岛
南海
南沙群岛
曾母暗沙
南海诸岛
0
330 km

女性多重残疾年龄标化现患率

Age-standardized Prevalence of Multi-Disabilities (Female)

1：16 500 000

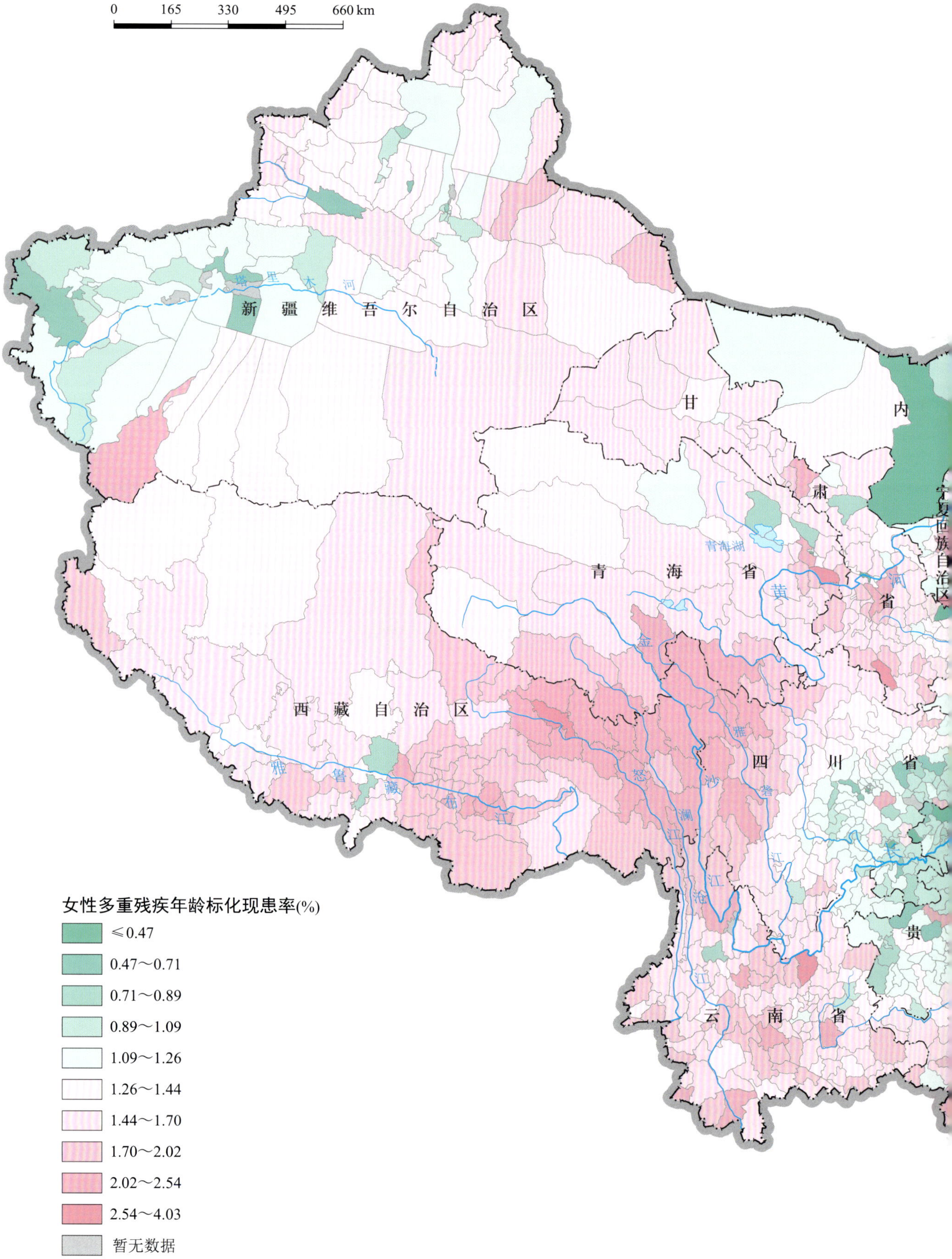

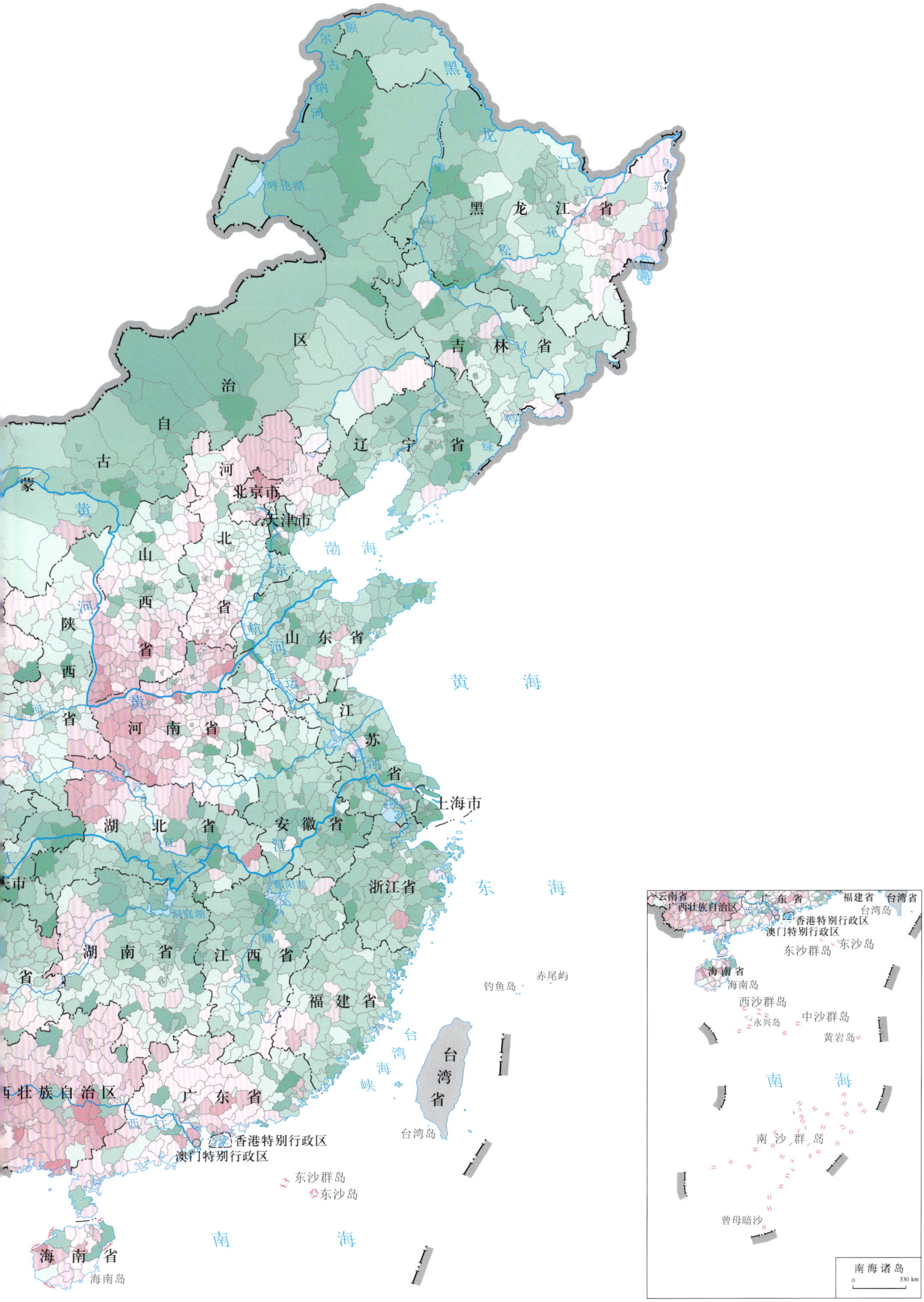

黑龙江省
吉林省
辽宁省
蒙古自治区
北京市
天津市
河北省
山西省
山东省
陕西省
河南省
江苏省
上海市
湖北省
安徽省
浙江省
湖南省
江西省
福建省
广东省
西壮族自治区
海南省
海南岛
台湾省
台湾岛
香港特别行政区
澳门特别行政区
东沙群岛
东沙岛
钓鱼岛
赤尾屿
渤海
黄海
东海
南海
台湾海峡
呼伦湖
额尔古纳河
黑龙江
乌苏里江
松花江
鸭绿江
黄河
长江
汉江
京杭运河
鄱阳湖
洞庭湖
云南省
广西壮族自治区
广东省
福建省
台湾省
台湾岛
香港特别行政区
澳门特别行政区
东沙群岛
东沙岛
海南省
海南岛
西沙群岛
永兴岛
中沙群岛
黄岩岛
南海
南沙群岛
曾母暗沙
南海诸岛
0
330 km

附　　录

附录A　变量说明

残疾类型	残疾指标	风险因素
残疾	县级现患率-合计/男性/女性 （单位：%） 县级标化现患率-合计/男性/女性 （单位：%）	• 年龄（65岁及以上人口占比） • 性别（性别比） • 居住地（城镇化率、地区） • 社会经济条件（受教育年限、文盲率、“三产”从业人员比例、人均收入、婚姻状况） • 疾病与伤害 • 先天遗传
视力残疾	县级现患率-合计/男性/女性 （单位：%） 县级标化现患率-合计/男性/女性 （单位：%）	• 年龄（65岁及以上人口占比） • 性别（性别比） • 遗传发育（遗传、先天异常或发育障碍） • 疾病（白内障、视网膜色素膜病变、角膜病、屈光不正、青光眼） • 伤害（外伤、中毒） • 环境与行为（城镇化率、地区、受教育年限、“三产”从业人员比例、人均收入）
听力残疾	县级现患率-合计/男性/女性 （单位：%） 县级标化现患率-合计/男性/女性 （单位：%）	• 年龄（65岁及以上人口占比） • 性别（性别比） • 居住地（城镇化率、地区） • 社会经济条件（受教育年限、“三产”从业人员比例、人均收入） • 疾病与伤害（中耳炎、全身性疾病、药物中毒）
言语残疾	县级现患率-合计/男性/女性 （单位：%） 县级标化现患率-合计/男性/女性 （单位：%）	• 年龄（65岁及以上人口占比） • 性别（性别比） • 居住地（城镇化率、地区） • 社会经济条件（受教育年限、“三产”从业人员比例、人均收入） • 疾病与伤害（听力障碍、缺血性脑卒中、智力低下）
肢体残疾	县级现患率-合计/男性/女性 （单位：%） 县级标化现患率-合计/男性/女性 （单位：%）	• 年龄（65岁及以上人口占比） • 性别（性别比） • 居住地（城镇化率、地区） • 社会经济条件（受教育年限、“三产”从业人员比例、人均收入） • 疾病与伤害（脑血管病、骨关节炎、创伤和伤害）
智力残疾	县级现患率-合计/男性/女性 （单位：%） 县级标化现患率-合计/男性/女性 （单位：%）	• 年龄（15岁以下人口占比、65岁及以上人口占比） • 性别（性别比） • 居住地（城镇化率、地区） • 社会经济条件（受教育年限、“三产”从业人员比例、人均收入） • 疾病与伤害（脑疾病、先天遗传）
精神残疾	县级现患率-合计/男性/女性 （单位：%） 县级标化现患率-合计/男性/女性 （单位：%）	• 年龄（65岁及以上人口占比） • 性别（性别比） • 婚姻状况（非在婚率） • 居住地（城镇化率、地区） • 社会经济条件（受教育年限、“三产”从业人员比例、人均收入） • 疾病与伤害（精神分裂症、痴呆症）
多重残疾	县级现患率-合计/男性/女性 （单位：%） 县级标化现患率-合计/男性/女性 （单位：%）	• 年龄（65岁及以上人口占比） • 性别（性别比） • 居住地（城镇化率、地区） • 社会经济条件（受教育年限、文盲率、“三产”从业人员比例、人均收入、婚姻状况） • 疾病与伤害 • 先天遗传

注：样本县县级残疾现患率=县残疾人数/县总人口数×100，样本县县级残疾现患率年龄标化调整率=∑（县5岁年龄组残疾现患率×全国5岁年龄组构成比）×100。

附录B　参考文献一（非年鉴资料）

崔斌，陈功，郑晓瑛，2009. 中国残疾人口致残原因分析[J]. 人口与发展，15(05)：51-56.

第二次全国残疾人抽样调查办公室，2006. 第二次全国残疾人抽样调查残疾标准[J]. 中国残疾人，(5)：7-9.

第二次全国残疾人抽样调查办公室，2007. 第二次全国残疾人抽样调查主要数据手册[M]. 北京：华夏出版社：1-20.

国家统计局，2002. 中国2000年人口普查资料[EB/OL]. [2022-12-15]. http://www. stats. gov. cn/tjsj/pcsj/rkpc/5rp/index. htm

罗雅楠，陈薇，王一然，等，2021. 残障人口数据智能分析平台搭建[J]. 卫生研究，50(4)：660-664.

乔尚奎，郭春宁，2014. 如何加强残疾预防[EB/OL]. [2022-12-15]. http://www. gov. cn/zhuanti/2014-03/20/content_2642518. htm

全国地理信息标准化技术委员会，2017. GB/Z 33451—2016 地理信息 空间抽样与统计推断[S]. 北京：中国标准出版社.

世界卫生组织，2014. 世卫组织2014～2021年全球残疾问题行动计划：增进所有残疾人的健康[J]. 中国康复理论与实践，20(07)：601-610.

世界卫生组织，世界银行，2011. 世界残疾报告（概要）[J]. 中国康复理论与实践，17(6)：501-507.

王劲峰，廖一兰，刘鑫，2019. 空间数据分析教程[M]. 第2版. 北京：科学出版社.

张蕾，郑晓瑛，陈功，2012. 中国居民残疾患病现状及其影响因素分析[J]. 中国公共卫生，28(04)：431-435.

郑晓瑛，孙喜斌，刘民，2008. 中国残疾预防对策研究[M]. 北京：华夏出版社.

郑晓瑛，张蕾，陈功，2008. 中国人口六类残疾流行现状[J]. 中华流行病学杂志，4(07)：634-638.

Bernardinelli L，Clayton D，Pascutto C，1995. Bayesian analysis of space-time variation in disease risk[J]. Stat Med，14(21-22)：2433-2443.

Besag J，York J，Mollié A，1991. Bayesian image restoration，with two applications in spatial statistics[J]. Annals of the Institute of Statistical Mathematics，43(1)：1-20.

Blangiardo M，Cameletti M，Spatial and Spatio-temporal Bayesian Models with R-INLA[M]. New York：John Wiley & Sons，2015.

Fan HY，Luo YN，2022. Regional patterns of disability and their relationship with socioeconomic conditions—China，2006[J]. China CDC Weekly，4(43)：962-966.

Guo C，Chang JH，Zheng XY，2020. Utilization rate of healthcare service of the elderly with disabilities—China，1987-2014[J]. China CDC Weekly，2(28)：516-519.

Knorr-Held L，Besag J，1998. Modelling risk from a disease in time and space[J]. Stat，17(18)：2045-2060.

Loyalka P，Liu L，Chen G，et al，2014. The cost of disability in China[J]. Demography，51(1)：97-118.

Luo YN，Su BB，Zheng XY，2021. Preplanned studies：trends and challenges for population and health during population aging—China，2015-2050[J]. China CDC Weekly，3(28)：593-598.

Matheron G，1963. Principles of geostatistics[J]. Economic Geology，58(8)：1246-1266.

Wang JF，Gao BB，Stein A，2020. The spatial statistic trinity：a generic framework for spatial sampling and inference[J]. Environmental Modelling & Software，134.

Wang JF，Haining R，Cao ZD，2009. Sample surveying to estimate the mean of a heterogeneous surface：reducing the error variance through zoning[J]. International Journal of Geographic Information Science，24(4)：523-543.

Wang JF，Haining R，Liu TJ，et al，2013. Sandwich estimation for multi-unit reporting on a stratified heterogeneous surface[J]. Environment and Planning A，45(10)：2515-2534

Wang JF，Zhang TL，Fu BJ，2016. A measure of spatial stratified heterogeneity[J]. Ecological Indicators，7：250-256.

WHO，2011. World Report on Disability[R]. Geneva：WHO，1-325.

WHO，2020. 10 facts on disability[EB/OL]. [2022-12-15]. https://www. who. int/news-room/facts-in-pictures/detail/disabilities

Zheng XY，Chen G，Song XM，et al，2011. Twenty-year trends in the prevalence of disability in China[J]. Bulletin of the World Health Organization，89(11)：788-797.

附录C　参考文献二（年鉴资料）

第二次全国残疾人抽样调查办公室，2007. 第二次全国残疾人抽样调查资料（上）[M]. 北京：中国统计出版社.
第二次全国残疾人抽样调查办公室，2007. 第二次全国残疾人抽样调查资料（下）[M]. 北京：中国统计出版社.
安徽省第二次全国残疾人抽样调查办公室，2007. 第二次全国残疾人抽样调查资料（安徽卷）[M]. 北京：中国统计出版社.
北京市第二次全国残疾人抽样调查办公室，2007. 第二次全国残疾人抽样调查资料（北京卷）[M]. 北京：中国统计出版社.
重庆市第二次全国残疾人抽样调查办公室，2007. 第二次全国残疾人抽样调查资料（重庆卷）[M]. 北京：中国统计出版社.
福建省第二次全国残疾人抽样调查办公室，2007. 第二次全国残疾人抽样调查资料（福建卷）[M]. 北京：中国统计出版社.
甘肃省第二次全国残疾人抽样调查办公室，2007. 第二次全国残疾人抽样调查资料（甘肃卷）[M]. 北京：中国统计出版社.
广东省第二次全国残疾人抽样调查办公室，2007. 第二次全国残疾人抽样调查资料（广东卷）[M]. 北京：中国统计出版社.
广西省第二次全国残疾人抽样调查办公室，2007. 第二次全国残疾人抽样调查资料（广西卷）[M]. 北京：中国统计出版社.
贵州省第二次全国残疾人抽样调查办公室，2007. 第二次全国残疾人抽样调查资料（贵州卷）[M]. 北京：中国统计出版社.
河北省第二次全国残疾人抽样调查办公室，2007. 第二次全国残疾人抽样调查资料（河北卷）[M]. 北京：中国统计出版社.
河南省第二次全国残疾人抽样调查办公室，2007. 第二次全国残疾人抽样调查资料（河南卷）[M]. 北京：中国统计出版社.
湖北省第二次全国残疾人抽样调查办公室，2007. 第二次全国残疾人抽样调查资料（湖北卷）[M]. 北京：中国统计出版社.
湖南省第二次全国残疾人抽样调查办公室，2007. 第二次全国残疾人抽样调查资料（湖南卷）[M]. 北京：中国统计出版社.
海南省第二次全国残疾人抽样调查办公室，2007. 第二次全国残疾人抽样调查资料（海南卷）[M]. 北京：中国统计出版社.
黑龙江省第二次全国残疾人抽样调查办公室，2007. 第二次全国残疾人抽样调查资料（黑龙江卷）[M]. 北京：中国统计出版社.
吉林省第二次全国残疾人抽样调查办公室，2007. 第二次全国残疾人抽样调查资料（吉林卷）[M]. 北京：中国统计出版社.
江苏省第二次全国残疾人抽样调查办公室，2007. 第二次全国残疾人抽样调查资料（江苏卷）[M]. 北京：中国统计出版社.
江西省第二次全国残疾人抽样调查办公室，2007. 第二次全国残疾人抽样调查资料（江西卷）[M]. 北京：中国统计出版社.
辽宁省第二次全国残疾人抽样调查办公室，2007. 第二次全国残疾人抽样调查资料（辽宁卷）[M]. 北京：中国统计出版社.
内蒙古自治区第二次全国残疾人抽样调查办公室，2007. 第二次全国残疾人抽样调查资料（内蒙古卷）[M]. 北京：中国统计出版社.
宁夏回族自治区第二次全国残疾人抽样调查办公室，2007. 第二次全国残疾人抽样调查资料（宁夏卷）[M]. 北京：中国统计出版社.
青海省第二次全国残疾人抽样调查办公室，2007. 第二次全国残疾人抽样调查资料（青海卷）[M]. 北京：中国统计出版社.
上海市第二次全国残疾人抽样调查办公室，2007. 第二次全国残疾人抽样调查资料（上海卷）[M]. 北京：中国统计出版社.
山东省第二次全国残疾人抽样调查办公室，2007. 第二次全国残疾人抽样调查资料（山东卷）[M]. 北京：中国统计出版社.
山西省第二次全国残疾人抽样调查办公室，2007. 第二次全国残疾人抽样调查资料（山西卷）[M]. 北京：中国统计出版社.
陕西省第二次全国残疾人抽样调查办公室，2007. 第二次全国残疾人抽样调查资料（陕西卷）[M]. 北京：中国统计出版社.
四川省第二次全国残疾人抽样调查办公室，2007. 第二次全国残疾人抽样调查资料（四川卷）[M]. 北京：中国统计出版社.
天津市第二次全国残疾人抽样调查办公室，2007. 第二次全国残疾人抽样调查资料（天津卷）[M]. 北京：中国统计出版社.
西藏自治区第二次全国残疾人抽样调查办公室，2007. 第二次全国残疾人抽样调查资料（西藏卷）[M]. 北京：中国统计出版社.
新疆维吾尔自治区第二次全国残疾人抽样调查办公室，2007. 第二次全国残疾人抽样调查资料（新疆卷）[M]. 北京：中国统计出版社.
云南省第二次全国残疾人抽样调查办公室，2007. 第二次全国残疾人抽样调查资料（云南卷）[M]. 北京：中国统计出版社.
浙江省第二次全国残疾人抽样调查办公室，2007. 第二次全国残疾人抽样调查资料（浙江卷）[M]. 北京：中国统计出版社.

后　记

在郑晓瑛教授和王劲峰研究员的主持下，《中国残疾分型谱系：时空格局》一书从前期调研到数据分析再到建模与计算，凝聚了整个团队数十年的工作积累和心血，经过大量试验与调整，攻坚克难，精益求精，数易其稿，终于首次实现了完整的国家级全人口残疾在县级层面的表达，精细解构了中国残疾流行的水平分布格局。

本书所呈现的研究成果，是基于全国残疾人抽样调查年鉴数据及相关文献资料，利用流行病学、人口学、空间统计学、数学、群医学等交叉学科的理论方法，由734个县的残疾调查数据无偏最优推断全国所有区县而得到，高精度复原了人口残疾的数量、结构、分布、发展与转归的同质性和异质性，为残疾的精准防控提供科学依据，并率先为国内外残疾和慢性病的空间流行病学研究做出理论和方法示范。

样本推断总体是统计学的核心议题，将空间统计学的方法用于流行病学、人口学的研究中，发挥空间统计学的优势，对于空间数据更是机遇和挑战。考虑到残疾类型的复杂性，为了最大程度地保障结果无偏最优，整个研究过程以3种主要的外推模型为工具，尝试了基本分层方案10余种，模型融合方案10余种，变量筛选方案10余种，精度评估方案4种，交叉验证方案2种。在前期探索阶段进行实验模拟上千次，根据每种残疾类型确定具体模型方法后，每种残疾平均正式推算、交叉验证累积超过10 000次，每种残疾最终精度调整累积超过10 000次。研究严格遵循空间统计“三位一体”框架等国际同行普遍认可的先进理论，推算结果通过各种精度检验，符合理论预期，证明了其可靠性。

《中国残疾分型谱系：时空格局》的编著凝聚了工作组全体成员的辛勤劳动和不懈努力。在本书出版之际，特别感谢王辰、李成福、李秀彬、杨维中、吴士勇、宋长青、陈子丹、陈育德、胡向阳、饶克勤、徐建国、韩优莉等专家学者（按姓氏笔画排序）对本书的编写和完善给予的悉心指导与大力支持。

期盼各位读者在阅读过程中提出宝贵的意见与建议，帮助我们做好进一步修订，在此谨表诚挚感谢。

《中国残疾分型谱系：时空格局》编著工作组

2023年3月